老人服務事業概論

Introduction to Senior Services

陳年、林伯岡、羅保羅、
簡鴻儒、蔡芳文、盧昱樺、
簡慧雯、王素琴、謝於真、
李佳儒、林清隆、陳永德、
黃久秦、黃鎮墻、徐慶發、
胡舒雯、蔡靜枝、陳美琴◎著

謹將此書用以紀念明新科技大學創辦人　李鴻超博士

　　因著創辦人對於全球老化趨勢的遠見，及辦學興學培育人才的熱誠與精神，使得明新科技大學老人服務事業管理系得已成為全球也是全國第一所設於大學教育的老人相關科系。

　　並將此書獻給所有在老服相關領域發展、貢獻的先進同志及正在這個領域上受教的莘莘學子們。

　　　　　　明新科技大學老人服務事業管理系全體著作群敬上

序

　　從民國八十二年九月，我國六十五歲以上老年人口比率達到總人口的百分之七，正式邁入世界衛生組織所界定之「高齡化社會」；而目前比率更已超過百分之十，約有二百四十萬老年人口，未來老年人口比率更將快速攀升，推估至民國一○七年時，我國老年人口更將達百分之十四。

　　老年人的服務是舊有的工作，但是隨著老年人人口的增加、服務的需求遽增、服務的品質提升，以及服務的多元化，造成老人服務事業管理人才的培育成為新興的行業；為能兼顧服務理論與實務，老人服務事業管理方面的各種研究也成為新的學術研究領域。

　　老人服務事業的服務範圍包含老年人的衣、食、住、行、育樂、理財、養生美容、保險、醫療照護及送終等，一年有三千億台幣的商機（理得創業執行長李文龍所指出）等待相關領域的人才去開發。為建立「老人服務（福利）事業管理科系」相關人員對三千億台幣老人服務事業商機的基本概念，威仕曼文化事業公司整合十八位從事老人服務事業管理相關的產官學界作者共同撰寫本書。本書內容包含：緒論、老人養生保健、老人住宅規劃設計與服務、高齡者教育實務規劃、老人休閒育樂設計規劃與服務、老人商品與創新服務、老人健康照護服務、遠距照護與科技應用、老年人力資源與開發、老年財務規劃、後事規劃與殯葬服務、老人福利服務及結論，共計十三章。換言之，本書將指導老人服務事業從業人員如何經營三千億台幣的老人商機。

　　本書除可供老人服務事業管理、老人福利事業等相關科系學生做為教科書使用外，並可提供照顧（護）機構、老人服務相關產業之從業人員進修之教材。感謝所有參與撰寫本書的學界教授、業界專家們，並感謝明新科技大學服務學院院長張淑珠教授的指導和勉勵，同時更要感謝

iv

威仕曼的閻富萍總編輯及所有工作人員付出，使得本書能順利出版。最後，作者們自認爲才疏學淺，在撰寫過程中如有疏漏之處，期望各界先進能夠不吝指正。

明新科技大學老人服務事業管理系系主任

林清隆

目　錄

老人服務事業概論

 Chapter 6 老人商品與創新服務　　　　　謝於眞　151

 **Chapter 7** 老人健康照護服務　　　　　李佳儒　185

老人服務事業概論

x

Chapter 13 結 論　　　胡舒雯、蔡靜枝、陳美琴　417

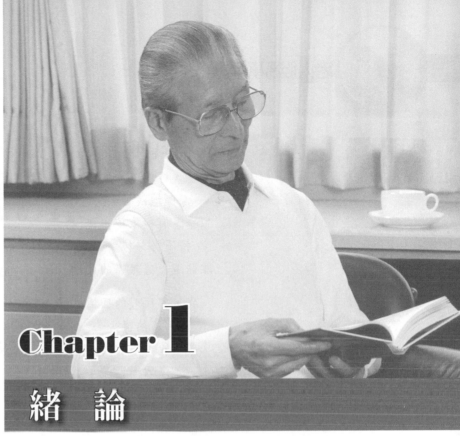

Chapter 1

緒　論

陳年
　美國Indiana University遺傳學博士
　明新科技大學老人服務事業管理系兼任副教授

學習目標

在學習完本章節後，希望讀者能夠：

1. 瞭解高齡社會的來臨與老人服務事業的重要。
2. 探討老人服務事業的實質意涵與務實項目。
3. 掌握老人服務事業的商機。

黃昏與我

黃昏，燦爛繽紛的光彩
漸漸地淡了……
似乎還有些依依與浪漫
捨不得匆匆離開
離開這一望無際的大地

我，雷雨般的回憶
奔瀉的熱情……
將追隨柔美的月光
漫天遨遊
遨遊在那浩翰的星空

青山綠水
春去秋來
未知，情緣何處？
歸期何時？

明天，
煦陽依舊自東方升起
喚醒芸芸眾生
照暖世界萬物
……………

陳鐵平醫師八十二歲時（西元一九九六年）
寫於桃花園無爲居

Revolution of Age

"Our society is undergoing a revolution of age,
an unprecedented decline of mortality and fertility rates."

——Cowgill, D. O., 1977

　　現今二十一世紀，我們面臨高齡化社會挑戰的同時，全世界也正興起所謂「銀髮產業」空前未有的熱潮。老人服務事業的意涵是多元化、多層面的，它的需求是嚴肅而有急迫性的，而它的前景將充滿著精采、光輝、尊嚴與溫馨。

第一節　迎接長壽世代的來臨

　　由於醫療保健、科技文明、社會福利服務以及全球經濟的發展等因素，人類的平均壽命逐年延長，兩百年前，因為嚴酷的生活環境、高頻率的兒童期死亡、營養衛生的缺乏、傳染病與夭折等因素，出生後的平均餘年大約是二十五歲，一百年前為五十歲，現在各國大都已超過七十歲。台灣地區也從一九七〇年的男性六十七歲、女性七十二歲，延長到二〇〇四年的男性73.6歲，女性79.4歲，而二〇〇八年預計男性可達75.09歲，女性則為81.90歲（內政部統計處，2008），再加上近年來出生率的普遍降低，全球高齡人口正在快速增加中。

　　據估計到二〇二〇年時，全世界六十歲以上的老人將超過十億，在二〇二五年時，義大利與日本三分之一的人口會是高於六十歲的。台灣早在一九九三年便已進入聯合國世界衛生組織（World Health Organization, WHO）定義下的高齡化社會（六十五歲以上老年人口占總人口數之比率超過7%），在二〇〇四年，台灣老年人口數已占全數的9.7%，為東南亞第一。而且台灣高齡化的速度僅次於日本，為一般國家的兩倍，二〇〇七年七月底已達到10.09%（內政部戶政司，2007），預估二〇二〇年是14%，而到二〇三〇年，台灣老人比率將會升至20%，亦即每五個人就有一位六十五歲以上的老人。

　　換言之，台灣在未來數十年內，將面臨到老年人口數字持續成長，年輕人數目遞減，青壯人力相對減少的情況。人類在歷史上六十五歲以

4

上的老年人口係數，從未超過3％，而今天在不少已開發國家中，這個
比例已經達到14％（如義大利、日本、瑞典、比利時、德國、法國、英
國、挪威、丹麥、美國等）。

正如Cowgill在一九七七年所說，由於近二十年來人口死亡率與出生
率史無前例地降低，我們的社會正在經歷著一個「年歲時代大革命」。
老年人的世代來臨了，呈現在我們眼前的是長壽時代，高齡化社會，老
人課題，銀色浪潮，樂齡世界……

高齡化人口的增加，將會使得社會文化的價值觀、家庭結構、男
女關係、商品服務、醫療保健、福利制度等產生巨大的變化與衝擊，而
所有的消費生態、娛樂旅遊、日常生活所需的民生用品都將產生「質」
的改變，尤其是老年人醫療安養各層面的需求，急待全面整體規劃。這
個事實，令我們一則以喜，一則以憂；憂者是整個國家在民生安全與經
濟發展方面如何因應社會年齡層的快速老化，是否能及時做出有效的措
施，而求得合理的解決，否則隨之而來的經濟和社會之代價，對我們的
未來必定造成危害。喜者有二，一是人們因高壽而可享受較長的人生，
二是老人服務事業將蓬勃發展而提供無限的商機。

第二節　老人服務事業的範疇

高齡長者需要各層面有尊嚴的照護與服務，老年人的需求顯然日益
廣泛，據內政部統計處問卷分析報導，老年人對福利服務的需求，依次
為醫療保健、經濟補助、休閒活動、老人安養機構、心理諮商輔導、進
修機會、居家服務、就業輔導等。廣義地說，舉凡有關維護老人健康、
安定老人生活、保障老人權益、增進老人福利、弘揚敬老美德的事情，
都是老人服務事業的內涵。具體地說，與老人相關之文教活動、休閒娛
樂、健康維護、經濟安全、居住安逸、家庭生活、身心適應、長期照

護、老人安養皆為老年人口多元化服務之目標。這些服務項目的核心更
對整個國家之醫療衛生、社會福利、投資理財、勞動就業、退休制度、
國民年金、金融制度、社會安全等影響巨大。老人福利機構包括：長期
照護機構、養護機構、安養機構、文康機構，與其他以提供老人日間照
顧、臨時看護、就業資訊、志工活動、在宅服務、飲食服務、短期保護
與安置、退休準備服務、法律諮詢服務等相關或綜合性的服務機關。簡
單地說，老人服務事業的範疇可以說是包含上述全部有關提供老人生活
中食、衣、住、行、育樂、醫療財務、養生美容、心理諮詢、健康促
進、重返校園、再度就業、法條法規、後事規劃、通訊網路、家庭社會
倫理、社區衛生安全等民生實用性的需求、產品與服務。

　　理得商機智庫執行長李文龍在其《抓住3000億老人商機》書中，整
理出二十五項老年人未來商機及未來熱門商品：(1)老人住宅、公寓、社
區；(2)安養、養護與長期照護；(3)健康食品；(4)抗衰老餐飲；(5)抗老飲
品；(6)老年人在醫療、營養方面的需求商品；(7)老年人服務、宅配；(8)
衣飾、鞋子等；(9)老年人化妝品、保養品；(10)保全業及相關服務；(11)
汽車；(12)輪椅及其他輔助工具；(13)手機；(14)網路；(15)教育學習上
百種的課程；(16)旅遊；(17)玩具；(18)人力資源；(19)保險；(20)醫療器
材；(21)心理諮詢；(22)生物科技；(23)抗衰老診所；(24)中醫療法；(25)
生前契約、禮儀服務。書中並分析其市場規模、目前市場情況、未來市
場可能發展，以及提供進入市場的方式與策略，值得有興趣者參考。

　　另外，由於工業化社會的高度發展，以及退休制度的普及實施，
在高齡人口增加的同時，提早退休的人口亦逐日增多中。他們退休後的
日子，將成為一生中最漫長的時光，而他們很多是社會中菁英分子，收
入甚高，如二次世界大戰後嬰兒潮（一九四七至一九六二年出生）的人
口，即將邁入中老年，台灣約有近六百萬，占總人口的四分之一，而這
些人擁有社會上將近55%的財富。由於這個年齡層族群的特殊性，他們
的生活所需將與老人服務事業匯合，開創出新的一波中高齡服務事業潮

流與商機。

 ## 第三節　老人服務事業的特質

　　老人服務事業牽連著整個社會照顧與經濟發展，要做到人性合理化、現代科技化、在地實用化。關心老人服務事業者應當明瞭老人服務與一般服務在本質上的不同，對老年人的特殊性要有所瞭解，應主動提升老人專業知識的水平，隨時增進對老人政策與實務的智慧，才能達到有效實用、正面積極且具厚生福祉的服務目的。

　　以下就老年生物學、老年醫學與老年社會心理學的三個層面，簡述一下老年人的特殊性與老人服務的務實性：

一、老人的定義，老化機制，衰老現象

　　現今社會一般認定六十五歲以上為老年人，「老人福利法」第一章第二條亦明定老人係指年滿六十五歲以上之人。但此定義並無生物學上的依據，許多六十五歲的人身心健壯，精力充沛，也有四十歲的人已飽受慢性病之苦而失去活力。六十五歲被稱為老年人是世界上第一個建立退休制度的德國所選定的。一八八九年德國總理Bismarck本來是定七十歲，後來在一九一六年改為六十五歲。

　　以上所提的六十五歲，是我們慣稱的年齡，在學理上，這稱作「時序年齡」（chronological age），純粹是一個人出生後的年歲，此年歲大致與一個人的體能健康是有關聯性的，因此作為一般法律、財務、醫療等政策制度上「老人」定義的指數。然而如前所述，一些四十歲的人，其「生理年齡」（physiological age），也就是其生理機能狀況，可能已經很衰老了，而許多六十五歲以上的人，其生理年齡仍然還

是非常年輕的，他們的生理機能狀況宛如青壯年人一般。另外，「心理年齡」（psychological age）表示一個人的心理狀態、情緒或智能（cognitive）、行為與感覺等等，決定一個人是「未老先衰」還是「人老心不老」。現在不少退休的人或年紀大的人，生活規劃得更充實，照樣工作，還是相當積極地計劃與展望著未來，社會角色與社會活動都很活躍，那他們的社會年齡（sociological age）可說一點也不老。

目前人類的平均壽命已普遍延長，健康狀況一般也較前進步，現代對「老人」的定義認為：只要是六十五歲以下仍屬中年人，六十五到七十四歲為年輕老人，七十五至八十四歲為中老年人，高於八十五歲則為老老年人。根據生物學理論的估算，人的壽命應是一百二十歲左右，如法國Jeanne Calmeat（1875-1997）女士就活到一百二十二歲。

人為什麼會老？老化機制（aging mechanism）是什麼？生物的生命是由生命誕生、發育、成熟、衰老、死亡這幾個過程組成。從人的誕生到死亡，經歷著一個既漫長又短暫的歲月，老化是多層面漸進式的，是生物、生理、社會、環境等因素交互作用的結果。人生旅途中，在任何一個時間點上，我們身體的反應或狀態，都是個人基因（gene）的表現（expression）與環境的影響結果的總體呈現。因而老化的機制大致上可歸納成兩大類理論：

1. 遺傳因素（genetic component）：如常聽到的所謂人類天年、個人基因、先天體質、生物時鐘、染色體終端極限性、長壽基因等等。

2. 環境經歷（environmental experience）：即有機體日久自然舊損，或遭受一系列隨機環境的損傷，如自由基、輻射能、葡萄糖焦糖化、蛋白質損傷、心理或社會壓力等。

老化（aging）或衰老（senescence）是人生多環節、累積性的自然現象，是有機體在退化時期功能下降與組織結構紊亂的綜合表現。老年的生理改變包括細胞、分子的變化，形體變化，身體構成成分與功能的變

8

化，代謝變化，與適應能力的變化。在生物醫學的層面上，各器官系統如皮膚、骨骼、肌肉、呼吸、免疫、心血管、內分泌、神經……等系統出現結構與功能的變異。譬如說皮膚系統，隨著年歲的增加，真皮層的厚度可能減少20%，因而易受損傷而較難癒合，缺少水分、缺乏彈性，汗腺的數目減少與功能的減低，感覺神經元自十歲到九十歲時將減少30%，因而皮膚的功能，如保護、吸收、排汗、感覺等都會降低，尤其在保持代謝衡定與維持體溫方面，更為顯著。因而在服務老人的時候，當然就要隨時注意到他們與年輕人不同的生理特徵。

二、老年醫學的重點在預防醫學與老人流行病學

大部分老年人都患有一種或多項慢性病，如心血管疾病、神經系統疾病、視力惡化、腸胃道毛病等，一些常見因衰老而引起的慢性病，會在不知不覺中，隨著年歲的增長而加劇，如高血壓、心臟病、糖尿病、白內障、關節炎、骨質疏鬆、聽力問題等。老年醫療之龐大費用，是極其嚴重的經濟負擔，美國六十五歲以上者占總人口數的12%，卻花掉了全國三分之一的醫療保健費用。

隨著時代的發展，人們逐漸明白了預防保健在醫學和社會中的重要地位，尤其對老年人進行宣傳保健教育，從事於預防性之身心保健工作，可以減少老年人許多退化性疾病。平時注意飲食營養，適當鍛鍊身體，養成良好的生活習慣，定期進行健康檢查，無病早防，有病早治，並提供良好的衛生環境等，以維護老年人的身心健康與長壽。簡言之，預防醫學的三大支柱就是：(1)健康的生活方式（healthy lifestyle），包括健康的飲食習慣、體能活動與運動、安全的性關係、不吸煙、少喝酒、防止身體傷害、瞭解藥物常識等；(2)預防注射（vaccine）；(3)健康檢查與醫療篩檢（screening）。

同時，也要做好老人流行病學的工作，包括調查人群中老年人的

健康狀況、長壽因素、常見老年疾病的發病情況、老年人致殘和致死原因，可為制定防治老年疾病的相應規則和措施，解決老年人的預防保健問題與老年疾病的診治等提供可靠的依據。並且政府應當積極努力訂出一份適合全民經濟的老年人醫療保健與長期照護政策，鼓勵醫院發展老人醫學科以及設置老人醫療門診，使老年人在求醫的過程中不必轉來轉去，可以得到綜合且完整的診療照顧。

三、老年人的心理與社會需求

老年期之生命轉換，從社會心理學的角度觀察，可描述為「角色失落」、「無角色之角色」或「人生晚期之自由」等等。一個人的老化直接或間接受到社會結構、社會角色與社會功能的影響，也可以說是自我概念與認知功能的變化，同時老邁在不同民族、社會、團體、特殊人口、殘疾老人等特異族群中，亦有其本身各自不同的意義、概念與複雜性，而導致不同文化背景的老化經驗。

這些元素與一個國家的社會制度、社會風氣、家庭結構、風俗習慣等有密切的關係，瞭解人生晚年所遭遇之各種個人與社會問題，如失落感、無用感、孤獨恐懼感、社會價值下降感、身心健康退化感、無經濟安全自力感、失去家庭生活與居住安樂感、面臨死亡與缺臨終安寧感等等，對老人保健之科學研究與策略，以及對老人福利政策之制訂、人口政策與勞工政策之修訂、老人教育與老人休閒之服務措施、老年人居住區之環境保護、高齡老年人的護理、老年人合法的權益等，將有極明顯的啟示與依據，對整個老人族群之民生福祉才會作出有實質的貢獻。

 ## 第四節　老人服務事業的實務內涵與商機

　　本書將二十一世紀老人服務事業的重要內涵與意義綜合歸納，深入淺出地依其實務內容之類別，分別探討各種服務項目的理論基礎、需求現況、設計應用創新規劃與未來展望等，以供關心老人議題和有意參與老人服務事業者參考。

一、老人養生保健

　　在二十世紀初，醫學用於「對抗疾病，遠離死亡」，而到二十一世紀的現在將轉化為「追求不老，享受生命」的趨勢。每個人都害怕變老，健康就是財富，藥補不如食補，抗衰老的健康食品如雨後春筍般愈賣愈多。近年來全球的醫藥、食品、化學等工業，逐漸向生物科技靠攏，養生保健將蓬勃發展。抗老化基因治療研究盛行，基因解碼將改變傳統藥品生產與保健商業的模式。現代人工作壓力大，提早老化的現象也日益嚴重，由歐、美、日經驗來看，抗老化風潮也會成為台灣的全民運動，「抗衰老工程」可能引發第二次醫學革命。

二、老人住宅設計規劃與服務

　　台灣和美國的趨勢一樣，老人與子女同住的比例下降了，夫妻同住的比例上升了，未來老年人生活中重要的關係，再也不是建構在子女，而是夫妻、朋友與宗教的關係。可以預測在未來老年人的生活中，含飴弄孫的畫面，其實是很美、很溫馨的畫面，但只會在少數特殊互動互利之情況或在假日子女探望父母的時候出現，養兒防老的觀念不復存在，老年人可能是夫妻兩人同住或是住在老人公寓、養老院、安養或養護機

構,而非三代同堂。

美、日已經有很多老人群居的情形,因為興趣相投,從事同樣的休閒活動,信仰同一宗教,或是同住在老人安養機構等,同時也有不少所謂的老人社區、老人村落的形成,以台灣的趨勢來看,已經有少量類似專為老年人規劃的聚落出現,預料未來將會增加。老人住宅在設計上應專為老人著想,一般選擇在交通方便之處,距離商店和公共場所都很近,儘量與公共設施結合在一起,環境安靜而不偏僻,有良好充足的陽光,有戶外活動場地。根據對未來房屋市場的調查,老人住宅就是其中重要的一項,內政部於二〇〇四年提出的「促進民間參與老人住宅建設推動方案」之目標,盼能早日達到。

三、老人教育

老人教育的願景,在二〇〇六年政府提出的「老人教育政策白皮書」中討論甚多,為增強民眾規劃自身銀髮生涯的能力,及對相關法令、福利的瞭解,協助其心理、生理與社會的適應性,鼓勵老人參與社團活動或社會服務,增進社會互動關係及精神生活,安排老人參加各項教育活動,如衛生保健、財務規劃、人際關係等各種研討會或講座課程。此外,亦推動各項老人福利與敬老活動,包括老人人力銀行、志工服務、屆齡退休研習,提供老人休閒、康樂、文藝、技藝進修及聯誼等需求。在高齡教育與終身學習方面,除重返校園,接受正式教育外,各地也都成立有長青學苑、松年大學等,長者可以一種相當輕鬆的心態去學到很多娛樂的常識和各種靜態或動態的休閒技藝,如畫畫、書法、音樂、電腦、遊戲、太極拳等。

四、老人休閒育樂設計規劃與服務

老年人比一般人更有閒，也可能更有錢，台灣老年人常常到各地旅遊、進香，大清早公園跳舞、運動，假日爬山或投入其他合乎趣味的活動或志工項目。隨著年齡的增長，適合老人的休閒、育樂、文康的活動也與年輕時不同。目前台閩地區文康活動中心有近三百所，提供老人休閒、康樂、文藝、技藝、進修及聯誼活動，如各類形式的園遊會、長青運動會、歌唱比賽、登山健行、才藝觀摩、金鑽婚慶等。無疑地，休閒育樂扮演了增進退休生活品質、追求健康快樂的重要角色。

五、老人商品與創新服務

有關老人商品種類繁多，羅明旭在其〈如何應因高齡化社會需求之研究〉一文中，例舉如健康器材、輔助器材、助行器材、便利器材、健康食品、服飾商品、沐浴商品、飲食器具、衛生用品、消耗性清潔用品、臥床商品、智慧機器人與其他商品等。

老人服務事業是二十一世紀全球茁壯的新興事業，日本產經調查指出，全球高齡產業市場在二○二五年時將達37.38兆美元，較二○○一年市場規模增長三倍。銀髮族的消費市場與創新服務的趨勢將是運用現代科技投入老人產業、各類醫療保健、照顧服務、教育休閒、食品、服飾、住宅、輔助器材、便利器材、居家用品，以及其他食衣住行民生商品與服務。

另外，對未來高齡化社會影響最大的可能是生物科技的進步，這也是人們壽命延長的依據，生物科技的運用包括人體生化技術、基因療法與細胞工程、針對人體特殊部分與器官的再造、有機繁殖製造再生器官備用、荷爾蒙治療、生化營養結合中醫療法的靈活應用、組織與器官的移植等。生物醫學的發展使得許多慢性疾病有更好的新療法，設計出智

慧機器手精密地動手術，複製人體器官或部分的產品或壞死的組織、器官等。

六、老人健康照護服務

人生再沒有比健康更重要的了，人到了老年，許多病痛將會接踵而來，平均罹患三至四種慢性疾病，因此對於老人的健康服務需求將會日益增加。一般來說，健康照護服務可分為預防保健、醫療服務與長期照護。此外，除了正統的服務外，另類療法也是大眾常會使用的健康照護服務。

在健康維護方面，目前台灣對於老年人有提供預防保健服務與健康檢查、中低收入老人醫療費用補助，以及中低收入老人重病住院看護費補助等福利措施。而在老人健康照護服務的未來發展上，尤其在長期照護方面，為達在地老化之目標，應持續強化社區照顧，以居家支持為主，結合社區中的長期照護服務與醫療服務資源，並運用科技的力量，提供有需要的老人及其家庭整合性且持續性的照護服務，如提供喘息服務，給予家庭照顧者必要的支持；開辦所謂的「服務時間銀行」；加速建構社區長期照護網絡；改革公立醫療體系與社區結合；發展老人醫學科或設置老人醫療門診；以及促進老人健康照護產業的發展等。

七、遠距照護與科技應用

運用現代高科技，將超越時空，擴大更新老人服務事業，包括遠距照護，其潛能與效率無可限量。經濟部技術處自二〇〇六年度起，開始推動「銀髮族U-Care旗艦計畫」，以鼓勵高科技產業者與相關醫療照護機構合作，利用科技工具，提升銀髮族照護品質，加速發展國內銀髮族健康照護服務產業。依照銀髮族的照護需求，結合照護、管運、系統、

設備或居家等相關業者組成服務網絡，發展整合或服務體系，研發或銷售相關產品，建置資訊平台或系統。

八、老年人力資源與開發

老年人的智慧以及在生活與工作方面的經驗是社會的資產，尤其在許多老年人提前退休的今日，開發老年人力資源亦將是世界各國方針之一。

九、老人財務規劃

老年人對於經濟自主的需求絕對是無庸置疑的，要使老年人有尊嚴，必須確保老年期的經濟安全。現代化國家強調老年期之經濟安全保障與醫療保健之整合服務，均有社會安全制度或國民年金制度以保障老年期的安養，所謂社會安全就是經濟安全，經濟安全就是收入安全，老人沒有收入就沒有安全，也就沒有尊嚴的存在。

台灣雖有社會保險和社會救助兩大項，比起美、日的社會經濟安全體系，台灣顯得不太完善，制度也不統一。從過去到現在，有公保、農保、勞保以及現行的全民健保與失業保險，對於老人經濟安全的保障猶如杯水車薪，而津貼之預算過度依賴政府的移轉性支付，並未建立健全的財務觀念。國民年金制度從民國八十二年開始研議，終於在九十七年十月開始實施，以保障國民的經濟安全。其做法包括定額給付、定額保費的國民年金保險，以及妥善修正並強化現有職業退休金制度。同時，以美國的經驗來看，台灣有關老年人的保險還有相當大的成長空間，美國的老年人在保險上的消費，占了長期保險的90%，有38%的生命保險，美國老年人占所有保險市場的35%，而美國老年人只有全美的15%不到。目前台灣老年人之金融保險業，極待業者積極研發，國內的保險市場和國外相較，台

灣的投保率仍然是較低的。台灣老年人已經不像過去一定要依賴子女生活，所以經濟來源是很重要的，不但要儲蓄，而且還要會投資理財才行。種種數據顯示，有關老人財務規劃、投資理財如債券、股票、基金與保險業等方面的需求是殷切的，而其商機也是龐大的。

十、後事規劃與殯葬服務

不管壽命再長，終究會面臨死亡，以「老人」為主題的議題，一般人注意的焦點著重在「生」的方面，不過在高齡化的社會中，「生」的另一面「死」的議題也將被嚴重地關切，「生死學」的問題，「死」的後事處理等已公開地研究討論，老人服務事業也需要提供老人之終身教育，協助老人之往生準備，以增進老人對於人生終站之認知，更要協助老人達成善終的心願。人生最後一次的消費，殯葬服務業的現代化更是一個不可抵擋的趨勢。

台灣的殯葬服務市場，以及在喪葬禮俗方面與老人遺體處理方式等，部分仍有混亂、不專業、不文明等問題，是需要改進的地方。因此，政府於二〇〇七年起開始實施證照制度，希望殯葬業不但是專業的服務，而且能有系統地管理葬儀事務，讓葬禮呈現出平和的氣氛與莊嚴冥思之流程。

另外，所謂的「生前契約」在台灣已有不少年紀較輕的人能接受，配合靈骨塔環境的美化與管理的完善，可能有愈來愈普及的情形。生前契約指的是生前針對後事內容做規劃，並訂立將來依規劃執行的契約。它是將保險的觀念與身後事做結合。生前契約的概念起源於十九世紀的英國，當時有關遺產的保管分配與身後事的處理，均以遺囑、信託的方式委託受託人辦理，包括遺體接運、設置靈堂、治喪協調、奠禮儀式等內容。大致情況，購買一份生前契約，在未來可得到價值較高的殯葬服務。

總之，後事規劃也是老人服務事業不可缺少的一環，而且應有制度

化的發展，協助與指導老人思考面臨死亡時應有的後事安排，包括瞭解並悅納人生畢竟無法事事完美，仍有努力過後無法達成的事務；去拜訪想念的親友，去想去的地方；欲留給親友的最後告別，臨終醫療照護的囑咐與指定；遺留財物的分配與捐贈；死後遺體喪葬事務的處置等。讓老人臨死之前毫無牽掛，在親友的陪伴與祝福中心平氣和地等待死亡的降臨，生有尊嚴，死有尊嚴，圓滿如意地結束充實的一生。

十一、老人福利服務

「老人福利法」開宗明義已確定老人服務事業要做好為維護老人尊嚴與健康，安定老人生活，保障老人權益，增進老人福利而努力。「保護老人就是保護自己的未來」，「關懷老人就是關懷自己的未來」。隨著人口老化的快速進展，關心老人福利服務的人也愈來愈多，在這高齡化社會的大時代裏，每個人都有權利與義務，分享我們的時間、精力與愛心，與長者共同追求心靈的成長，享受安樂溫馨的生活，「兩代結伴同行，航向老年國度」。

十二、結論

本書於最後討論老人服務人員應具備的能力，及老人服務中的倫理問題，並附上行政從業人員工作內容與倫理之Q&A，可供有意從事老人服務事業人員擔任行政業務工作之參考。

第五節　結論：老人服務事業（從業人員）發展的 方向及展望

老人服務事業將在二十一世紀蓬勃發展，它有其嚴肅面、急迫感，也有其溫馨的特色。銀髮產業也將在二十一世紀開花結果，並會閃爍出如黃金般的光輝燦爛。

老人服務事業要順應時代脈動與世紀潮流，配合社會需求，循序發展，永續經營，建立中、高齡銀髮族之優質生活環境，連結高品質的產品與服務，以達到老年人不但老有所養、老有所終，而且是享受更具人性光輝、更有尊嚴實質，與身心愉快的長壽幸福晚年。

參考書目

內政部戶政司（2007），〈近年我國老年人口數一覽表〉，97年6月30日取自 http://sowf.moi.gov.tw/04/07/1/1-03.htm。

內政部統計處（2008），〈96年平均餘命估測結果〉，97年6月30日取自http://sowf.moi.gov.tw/stat/Life/96平均餘命估測結果.doc。

李宗派（2004），〈老人保護與啓能發展〉，《實踐大學學術研討會論文集》，台北：實踐大學民生學院。

李文龍（2003），《抓住3000億老人商機》，台北：知本家文化事業有限公司。

吳老德（2003），《高齡社會理論與策略》，台北：新文京。

明新科技大學（2006），《老人服務事業管理系第一屆老人尊嚴照護國際論壇報告》，新竹：明新科大。

耿德章（2002），《中國老年醫學》，北京：人民衛生出版社。

莊秀美（2008），《長期照顧機構服務變遷發展之研究》，松慧有限公司。

黃旐濤、徐慶發、賴添福、蔡芳文、吳秀鳳、黃梓松、辛振三、林梅雅、黃偉誠、周慧敏、戴章洲（2007），《老人服務事業經營與管理》，台北：心理出版社。

黃旐濤、戴章洲、黃梓松、徐慶發、官有垣、黃志隆（2008），《社會福利概論——以老人福利爲導向》（第二版），台北：心理出版社。

羅明旭，〈如何應因高齡化社會需求之研究〉，http://www.tpa.gov.tw/study/tw_study_01_3_b11.asp。

Beers, M. H. (Editor-in-Chief) (2004), *The Merck Manual of Health & Aging*. NY: Ballantine Books.

Miller, J. (2004), *The Savry Senior*. NY: Hyperion Books.

Monk, A. (1990), *Handbook of Gerontological Services*. NY: Columbia University Press.

Small, G. (2006), *The Longevity Bible*. NY: Hyperion Books.

Chapter 2

老人養生保健

林伯岡
　　美國Texas Tech University食品科學及生物化學博士
　　明新科技大學老人服務事業管理系助理教授

羅保羅
　　輔仁大學國文系博士
　　明新科技大學老人服務事業管理系副教授

學習目標

在學習完本章節後，希望讀者能夠：

1. 從老化理論中學習生理學上如何解說老化的發生。

2. 老人養生保健的方法與其在學理上的基礎。

3. 如何運用老人養生保健創造商業契機。

 摘要

老化是生理上的結構和機能隨著年齡的增加產生的變化，根據老化理論的論述，老化是由於個體先天遺傳基因的控制和後天環境的影響，兩因素相互作用造成的結果。麥克阿瑟研究基金會長期研究發現，基因對老化的負面影響是可以經由適當調整生活型態，並接受藥物治療而得以改善。老人養生保健的方法可從攝取均衡的營養、持之以恆的運動、保持健康的心智、維持良好的人際互動等四個方向做起。

第一節　老化理論

老化（aging）是指生理上的結構和機能，隨著時間的進行而緩慢產生的變化，這個變化的程度，跟著年齡的增加而惡化，最終引導生命體步向死亡。因此，老化從生命形成的那一刻就開始了，胚胎期胚胎的發育，嬰兒期、幼童期、學童期到青年期的成長，時刻都表現出旺盛的生命力，持續到成年後，這股生命力逐漸減緩停頓；最後，衰老（senescence）替代了成長和發育，生理機能開始逐步地退化，人生也由中年步入了老年矣。

生、老、病、死，乃人生必經之路，自古以來就被視為「世間之苦」，歷史上記載著很多有名的人物，為了逃避衰老和死亡，求神問卜，不辭勞苦，尋求根本長生不老之道。究竟人為什麼會老？人到底有多長的壽命？這個問題一直困擾著人們。中外的古聖先哲們對這個問題苦思不可得之下，編寫了許多美麗的神話故事，企圖把老化、疾病和死亡這些難解的問題予以神秘化，交給了宗教來處理。譬如說，「生命前定論」就是一例，論述中說，每個人在出生時，攜帶著不等量的生命物

質，在世間生命的流逝，生命物質也隨著逐日消耗，待生命物質消耗殆盡之日，也就是生命結束之時。

現今的老化理論，不再有類似神話般的說法，論述上都具深厚的生物科學理論做基礎。審視這些理論，可以把它們分成「後天外界環境的影響」和「先天內部遺傳基因的控制」兩個主流來討論。

一、後天外界環境的影響

支持這類理論的科學家相信，細胞遭受外界環境不良因子長久的破壞而受損。老化是細胞損害的累積，而造成不可逆的結果。主要的理論有：

(一)交聯的老化理論

理論的基礎是根據觀察老化細胞內的蛋白質、DNA和其他結構性有機化學分子之間有形成彼此交聯的現象。蛋白質的交聯，導致蛋白質失去了蛋白質原有的特質，例如膠原蛋白的交聯，失去了原有的彈性，造成皮膚老化的皺紋；眼睛晶體內蛋白質的交聯，造成老年人白內障的疾病。正常的情況，細胞內損壞和不用的蛋白質，會經由體內蛋白質分解酵素分解而代謝，然而，交聯的蛋白質會抗拒蛋白質分解酵素的分解，積存在細胞內，日積月累以致引發老化的問題。

(二)磨損的老化理論

在細胞核內，組成基因的DNA受到外界環境有毒的化學物質、輻射線和紫外線的照射而損壞。雖然細胞內有DNA修復的機制，然而持續不斷的破壞，修復時總有失誤，長期累積損壞基因的結果，引發老化和死亡。粒線體內的DNA，修復能力薄弱，一旦造成損害，修復失誤的機率會更多，引發老化和死亡的機會更高。

(三)自由基的老化理論

自由基是細胞代謝時產生的副產品，本身極不穩定，具有非常強烈的化學作用。細胞內部含有天然的抗氧化劑，可以中和自由基，消除自由基對細胞內蛋白質或DNA的破壞，但是難免有自由基逃離被中和的過程，造成細胞的危害。

(四)代謝速率的老化理論

根據動物學家的研究，動物的基礎代謝率和壽命呈現反比的關係，也就是說，基礎代謝快的動物，生命期較短；基礎代謝慢的動物，生命期較長。等同此理，基礎代謝率低的人，老化較慢，壽命會比較長；基礎代謝率高的人，老化較快，壽命會比較短。正如運動會的馬拉松比賽，跑得快的人，早到終點線；跑得慢的人，晚到終點線。

(五)軀體細胞突變的老化理論

生殖細胞基因的突變，會隨著基因遺傳，並在下一代身上顯現出基因突變而造成生理上的變異，嚴重的變異，甚至會因此而死亡。軀體細胞基因的突變，經過基因表達，同樣地會顯現因基因突變而造成生理上的變異，不過，軀體細胞基因的突變，其結果只影響到個人，對未來的下一代無關。

二、先天內部遺傳基因的控制

支持這個理論的科學家認為，後天外在環境的影響，並不足以解釋老化的現象。他們相信老化是一種宿命，人類壽命的長短，像電腦程式一般，在個體尚未出世之前，已經設定完成，儲存於基因內，以後老化起始的時間，身體各部器官衰退的程度，和死亡的時機，全數由基因所

管控。以下介紹兩個重要的理論：

(一)生物時鐘的老化理論

　　這個理論認為，神經內分泌和免疫兩系統，在身體中扮演著節律器和生物時鐘的角色。神經內分泌系統是腦、神經系統和內分泌腺相互交織成為一個非常複雜的生理組合。位於大腦底部的下視丘，透過腦下腺垂體，控制了子宮、睪丸、腎上腺和甲狀腺等腺體分泌激素的時機，來調節身體各系統正常的運作。當個體上了年紀，內分泌神經系統的功能降低，對腺體有失控的狀況，高血壓、糖尿病和睡眠失調等的問題因而跟著發生。生理學家對人類老化每一個階段的內分泌各腺體所分泌激素的濃度，都有詳細的研究。他們觀察到，女性更年期間，有部分激素的分泌大量減少，內分泌濃度的不穩定，造成了老化的發生。

　　免疫系統正如內分泌系統一般，具有生物時鐘的作用，系統中負責製造T-淋巴球的胸腺，在個體進入青春期就開始逐漸萎縮、退化。白血球中的T-淋巴球和B-淋巴球的數量和功能，也隨年齡的增加有明顯的減退。生物學家認為，胸腺的退化，是老化的結果，而非造成老化的原因，如果利用生物科技的方法，使胸腺重新生長，可改善老年人的免疫力。另一實例是，癌細胞侵害人體的機率不因年齡而有差異，年輕人的免疫系統功能正常，足以抑制癌細胞的發作；然而老年人免疫力降低，導致癌症病例增加。

(二)遺傳基因的老化理論

　　這個理論的論點是，壽命的長短是由遺傳基因而定。因此，同種類動物的自然壽命極為相同；女性的壽命要比男性活得久些（不僅人類如此，對大多數的動物而言，同樣屬實）；同卵雙生兄弟或姊妹的自然壽命，接近的程度，比他們其他同父母兄弟姊妹的自然壽命，都來得靠近。研究數據證實，人類長壽和遺傳有密切關聯，長壽父母的子女，壽

命也較長，調查中發現，九十歲高壽和百歲人瑞，在少數的幾個家族中出現頻率較高。

基因理論提出的另一個有力的證據，是老年癡呆症和帕金森氏症，這兩種因老化而發生的疾病，與粒線體內部基因突變有密切的關係。

當今大多數的學者都同意，生理的老化，必然是內在的基因和外在的環境，兩者相互共同造成的結果，不是單一或有限的老化理論足以解釋。生理老化過程的研究，在目前僅是一個開端，深度的研究正在進行之中。從事研究者應該具有更寬廣的見識，避免個人狹隘、偏執的想法，以免阻礙、影響到研究的方向。

環視周遭熟悉的人物，不難發現，有人年逾七十，仍然生龍活虎，全身上下充滿了活力；也有人剛步入五十之齡，已顯露出龍鍾老態，多種慢性疾病纏身。每個人老化開始的時期和老化的速率差異性很大，差異的主要原因，是個人基因和環境的不同所造成。對於基因和環境孰輕孰重的問題，美國專門研究老化的麥克阿瑟研究基金會（John D. and Catherine T. MacArthur Fundation）的研究報告指出，基因對老化過程有影響力，並不表示基因所造成的危險因子就不能改善。在許多情況下，只要能適當調整生活型態，並接受藥物治療，基因的負面影響是可以減緩，甚至完全避免的。

譬如說，那些普遍發生的正常老化現象，如頭髮灰白、肌肉無力、行動遲緩和腦力減退等，是人類的宿命，是無力避免的；然而，如視力減弱、聽力喪失、高血脂、肥胖、身體瘦組織減少和骨質的流失等，過去被認定為正常老化的現象，經過麥克阿瑟研究基金會長期垂直追蹤研究後證實，都應該被視為疾病，是由於噪音、偏食、吸菸、缺乏運動等不良的生活環境和方式造成的結果。

麥克阿瑟研究基金會的研究結果，對於重視養生保健、有意減緩老化和延長壽命的人士，從事改善生活環境和生活方式的做法，有了科學上的依據，而更加充滿了信心。

 ## 第二節　老化引起的生理變化

　　人生步入中老年之後，生理機能開始老化衰退，有一些老化現象，表現得特別明顯，如韓愈在〈祭十二郎文〉中所說「……吾年未四十，而視茫茫，而髮蒼蒼，而齒牙動搖。……吾今年來，蒼蒼者或化而爲白矣，動搖者或脫而落矣！」就這幾句話，把中年進入老年，表現在外的老化，述說得極爲傳神。畢竟如韓愈所言，三十多歲就有視茫茫、髮蒼蒼、齒牙動搖如此老態的顯現，在現今這個社會實屬少見。

　　對老年人來說，生理機能的退化是漸進的，並不會影響到正常的日常作息。如果是明顯地感覺到生理上的退化時，通常是因爲工作或運動超過了負荷，或是身體的某部分出現了狀況。心智方面的活動，也是相同，除非你想要學習一項新的事務，才會感覺到腦力的不足。生理機能突然出現明顯的低下，幾乎都是疾病造成的，而非正常老化的現象，應當即刻尋求醫生的治療，恢復健康的身體。

　　個人老化來臨的時間不可期，然而老化現象發生的過程卻是相同的，及早學習生理老化發生的特性，可以充分地事先做好適應老化的準備。

一、眼睛

　　視力的變化，對絕大多數的人來說，是步入中年以後，第一個老化的警訊。年齡介於四十至五十歲時，由於眼睛內的水晶體逐漸硬化，不再輕易地能夠隨著視距，改變水晶體的厚薄，來調整焦距，因此觀察近距離的物件，視力感到特別吃力，必須要戴眼鏡來調整視力。

　　年齡更老一些，水晶體的硬化不但更強，而且密度也增加了，光線透過晶體到達視網膜的強度相對地也減弱了，加上視網膜的細胞老化，

靈敏度降低，所以閱讀書報時，六十歲的長者需要的光線強度，三倍於二十歲的年輕人。

視力對色彩、色調和色差感應的遲鈍，與水晶體老化後略帶黃色，以及視覺神經傳遞訊息至腦細胞效率減低，都有相當的關係。

老年人乾眼的情況很多，發生的原因是製造眼淚細胞的減少，無法生產足夠的眼淚，潤滑眼珠。

眼睛的外觀也會隨著年齡而改變。上、下眼簾的肌肉、肌腱和皮膚因老化而鬆弛，無法抵擋地心引力的作用而下墜。至於年長者的眼眶下陷，則是由於眼睛週遭脂肪組織的減少而造成。

眼睛需要特別關注的，應該是預防疾病的發生，例如，青光眼、視網膜病變和白內障都是老年人易患的疾病。這些疾病絕對不是老化所造成，應該即時尋求診治和醫療。

二、耳朵

聽力的損傷，多數是因為長期處於高分貝噪音的環境所造成，因老化而引起的失聰較少。人老了，聽力減退，行走時的平衡感也差了，發生的原因是在內耳主管聽力和平衡感的神經系統和半規管的老化。年長者發現他們對高頻率的聲音感受度變差，例如笛子和小提琴的聲音不再像以前那麼悅耳，小孩和婦女說話也變難懂了。在嘈雜的環境與人交談，更顯得困難，配戴助聽器可以恢復聽力，在人群中，不再因為無法溝通而感難堪，人際互動的關係可大幅地改善。

三、口腔和鼻腔

一般的情況，當個人的年齡超過五十歲後，味覺和嗅覺都會逐漸退化。舌頭上味蕾數減少和靈敏度降低，雖然嗅覺的退化並不如味覺嚴

重，但對美食評賞的能力就打了折扣。年長者的唾液分泌減少，有口乾的問題。牙齦退縮，牙根外露，容易藏汙納垢，引起牙周病和蛀齒的疾病，平時要注意口腔的衛生。

四、皮膚

老化的皮膚缺乏膠原蛋白，喪失了彈性，變得乾燥，也比較薄，並且顯露出細微的皺紋。經年暴露於陽光之下的老年人，皮膚粗糙，並有斑塊的出現。

皮膚上層的神經末稍減少，觸覺和疼痛的敏銳度減低，皮膚受到傷害的情形因而增加。皮膚下層的汗腺和微血管的減少，血液在真皮下流通量的減少，依靠血液將身體內部體溫帶往皮膚散熱的功能降低，因此老年人中暑的機會大增，同時由於皮下血液流量的減少，皮膚一旦受傷癒合較慢。

皮膚下生產色素的黑色素細胞減少，因此老年人的膚色較淡，對於照射紫外線的保護力降低，切記勿暴露於陽光下過久。

五、骨骼和關節

老化會使骨質密度減低，骨骼變得脆弱，容易骨折，尤其是女性在更年期後，骨質流失得會更快。骨質的流失，起因於消化道對鈣吸收的能力降低，血液中維他命D的濃度不足。鈣質是使骨骼強化的主要礦物質，鈣的缺乏，造成骨骼脆弱，長者一旦跌倒，造成骨折的首要部位是髖骨、手腕和脊椎。

老化使包圍在關節骨頭上的軟骨組織變薄，關節活動時，兩骨彼此滑動的順暢程度減弱，容易造成傷害，連續性的關節受傷，會引發關節炎，也是老年人最常罹患的疾病。

老化的韌帶，缺乏纖維蛋白質，彈性減弱，關節變得僵硬，因而老人家的活動緩慢，行動受到限制，關節韌帶扯傷的機會增加，復元的時間則變得非常的漫長。

六、肌肉和身體的脂肪

人的歲數增加，肌肉組織減少，肌肉的強度減弱。肌肉組織減少的發生，大約在三十歲開始，並且持續到終生。肌肉組織的減少是由於肌肉纖維的減少，主因是血液中刺激肌肉成長的生長激素和雄性激素的濃度降低。

經常性的運動，可以增加肌肉的強度，同時明顯地降低肌肉組織消失的速率。相反地，如果平時不從事運動或是生病臥床，身體的肌肉組織會加速消失。如果生病臥床一日，老年人必須加強運動兩個星期，方可補回臥床前肌肉組織量和強度的水準。

年歲增加，身體上脂肪的量也隨著增加。身體累積太多的體脂肪是健康的一大警訊。健康均衡的飲食和經常性的運動，可避免體脂肪過度累積。

七、腦和神經系統

老化對於腦細胞的損失和減少是有限的，但是在腦部負責神經傳導的化學物質以及酵素量的紊亂，減低了腦的生理機能。老人家的反應略為遲緩，短期記憶稍退，學習新事物的能力較以往稍許困難，但是這些正常的老化現象對於年長者的日常生活不會造成太大的影響。

八、心臟和血管

老化對心臟和血管的影響是多方面的，其中心臟的肌肉硬化，使心臟充血的速度變慢。動脈血管壁的彈性減弱，厚度增加，使血管無法有效應付心臟搏動時輸出的血液量，因此，老年人的血壓比年輕人的高。雖然有如此的變化，在休息的情況下，正常老年人的心臟功能，幾乎和年輕人的沒有太大的差異。唯有在劇烈運動時，老年人的心臟無法和年輕人的心臟一般，快速地跳動，輸出大量的血液，提供足夠氧氣和養分，讓肌肉消耗。規律的運動，可以減低因老化而造成心臟和血管不良的影響。

九、呼吸系統

人老後，用於呼吸的肌肉，如橫膈膜肌肉變得衰弱，肺壁的彈性減低，因此，吸入的空氣量減少，呼氣時又無法完全排除肺內的餘氣，導致呼吸的效率降低。正常老化的肺，應付日常生活的需求沒有問題，但是在劇烈運動下，需氧量增加時則顯得困難。

老化的肺，抵抗感染的能力減弱，一方面是清除呼吸道內的纖毛細胞減少，另一方面是肺泡內清除病源菌的巨噬細胞減少。

十、消化系統和肝臟

老化影響到消化系統是多方面的，唾液的分泌減少，潤滑食物的能力降低，加上食道肌肉的力道減弱，較易引起食物吞嚥困難。胃的彈性減弱，排空的時間增長，胃酸分泌減少，會影響到小腸消化吸收的功能。小腸內壁吸收營養物的絨毛變短，吸收養分的能力減弱。大腸的蠕動減慢，消化吸收後的糞便停留的時間增長，可能導致便秘的發生。

老化的肝臟，肝細胞解毒和排毒的功能減低，藥物停留在血液的時間增長，因此老年病患服藥需經過醫生的指示。

十一、腎臟和泌尿系統

年齡達到三十歲後，腎元的數量開始減少，腎臟過濾血液、製造尿液的功能隨之降低。然而，正常老化的腎臟，終其一生，腎的功能可以毫無困難地應付生理的需求。

膀胱肌肉的鬆弛，是泌尿道老化的現象，鬆弛的膀胱，導致頻尿、遺尿的發生。女性過了更年期，雌性激素的分泌降低，造成尿道的平滑肌肉萎縮，尿道口的括約肌鬆弛，無法有效地控制尿液的遺漏。

男性到老年後，攝護腺會開始腫大並且硬化，嚴重的會緊箍尿道，阻擋尿液順利地排解體外。

十二、生殖器官

更年期後，女性雌性激素分泌減少，停經，喪失了生育的能力。雌性激素的減少，也會導致卵巢、子宮和陰道平滑肌肉組織的萎縮，陰道變得乾燥，並失去了年輕時具有的彈性。

男性生殖器官老化後的生理變化，不像女性如此明顯。大多數的男性，終其一生都保有生育的能力，即使是雄性激素分泌減少，影響的只是精子的數量和性慾的降低。正常老化的男性仍可從事性活動，不過性具勃起困難的現象困擾著大多數年長的男性。

十三、內分泌系統

內分泌系統是由體內分泌激素的腺體和器官所組成。激素擔負訊息

的工作，控管和協調體內的生理活動。老化的內分泌系統，激素分泌的濃度和激素的活性都會減低，例如：性激素的減少，造成男、女性器官的老化和性能力喪失；腎上腺分泌的醛固酮激素減少，無法有效地控制腎臟回收水份，造成年長者易有脫水的現象；生長激素分泌的減少，造成年長者肌肉組織的消失。

十四、免疫系統

免疫系統的老化，使身體對疾病防疫的功能減低。免疫系統辨認自體細胞和外來病原體的能力降低，導致自體免疫性疾病的發生率提高。同時，注射疫苗後，預防疾病的效果也明顯地降低，這可以解釋老年人對流行性感冒和肺炎的高感染率以及高死亡率的理由。

 第三節　老人養生保健的方法

綜合中國傳統老年養生保健的方法，配合現代國民日常生活起居的習慣，老人養生保健的方法可歸納為：(1)攝取均衡的營養；(2)持之以恆的運動；(3)保持健康的心智；(4)維持良好的人際互動，四個方向來討論。

一、 攝取均衡的營養

食物提供人體所需的營養，而良好的營養，可以維護人體正常的生理功能，避免疾病的發生，是健康身體的保證。要如何養成正確的飲食習慣，得到均衡的營養，我們可以從行政院衛生署頒布的「每日飲食指南」和「國民飲食指標」開始做起。

　　人的一生從嬰兒期、幼兒期、學童期、青春期，最終進入了老年期，在這個生命周期的每一階段，身體生長、發育或退化的情形各不相同，對總熱量和每一種營養素的需求量也不盡相同。以下我們將分別的討論總熱量和各營養素在老人期的重要性和需求量。

(一)總熱量

　　人過中年後，基礎代謝率降低，體力活動減少，肌肉組織因而逐漸消失，而明顯地被脂肪組織取而代之。脂肪組織消耗的熱量遠比肌肉組織要低，所以老年人使用的熱量減少，多餘的熱量轉變成為脂肪後積存體內，增加了更多的體重。

　　營養素中的醣類、脂肪和蛋白質三種，是熱量的來源，其中脂肪所含的熱量最高，每公克的脂肪釋放的熱量，是醣類或蛋白質所釋放的兩倍以上。因此，要從食物中獲取足夠的維生素和礦物質，又要避免高熱量，選擇食物時需要用心。

　　富含維生素和礦物質的低熱量食物，包括粗製帶麩的五穀，如糙米、全麥和燕麥，以及深色的蔬果，如青花菜、胡蘿蔔、菠菜、番石榴和草莓等。

　　高熱量的食物，多是精緻加工後的零食，如蛋糕、甜甜圈、甜餅和糖果等，這些食物在製造的過程中添加了許多糖和油脂，增加了熱量，但是維生素和礦物質的含量卻極低。有一些富含營養的食物，經過油炸後加入了過多的油脂，在選擇食物時，要儘量避免。

(二)醣類

　　又名碳水化合物，是供給身體熱能的主要來源，應占總熱量的55～60％。提供醣類的澱粉性食物有米飯、麵食、馬鈴薯、甘藷和豆類等，食用時儘量從中挑選天然性的，避免過度加工的，天然性的除了提供醣類之外，也可從中獲得維生素、礦物質和纖維素。

(三)脂肪

脂肪含有高熱量，每日攝取量應占總熱量的20～30%。植物油含有多量的單元不飽和脂肪酸和多元不飽和脂肪酸，動物油脂則多為飽和脂肪酸。多元不飽和脂肪酸ω-3具有降低心血管疾病的功效，普遍存於深海魚油和花生油中。飽和脂肪酸存於肉類食品，在食用過程中常會伴隨肉類食品中的膽固醇共同攝入體內，造成血脂和膽固醇過高，增加動脈粥狀硬化和心血管疾病的罹患率。在飲食上應避免富含飽和脂肪酸的食物。

(四)蛋白質

老年人的運動量減少，刺激肌肉生長的生長激素分泌降低，肌肉隨之逐漸減少，如果從飲食中攝取蛋白質的量不足，肌肉流失的情況將更形嚴重。瘦肉組織是蛋白質很好的來源，不過有時瘦肉質地堅硬，不易咀嚼，價格又貴，可用魚、雞肉、蛋和奶製品取代。花生醬、核果仁、黃豆和豆腐是素食者獲取蛋白質的良好選擇。

(五)纖維素

老年人的消化道運動減緩，食物停留在體內的時間加長，攝入適量含高纖維素的食物，可促進消化道的蠕動，加速食物排空的時間。富含纖維素的食物熱量低，食用後具飽足感，可增加排便量，解除便秘的問題，並可清潔腸道，減低大腸癌的發生的機率。良好的纖維素食物來源是含有麩皮的五穀雜糧、果皮和蔬菜。老年人每日至少應攝取二十至三十公克。

(六)維生素和礦物質

維生素和礦物質對老年人的健康極為重要，為了骨骼和牙齒的健康，鈣和維生素D不得缺乏。礦物質和維生素的主要來源是動物性和植物

性的食物，然而老年人的食量減少，小腸吸收能力減弱，恐有吸收不足的疑慮。為預防骨質疏鬆症和其他因缺少維生素和礦物質的疾病發生，應考慮服用礦物質補充劑和綜合維生素丸。

(七)水份

老年人的生理機能退化，腎臟保水的功能降低，對口渴的感覺也變得比較遲鈍，因此老年人應該學習定時補充水份，不應等到自己感到口渴方知飲水。用餐時喝湯，平時飲用果菜汁的習慣應鼓勵養成，含高糖的汽水和含酒精的飲料不可用來補充身體的水份。

專欄

每日飲食指南

選擇食物首要考慮食物的營養價值，同時也要注重新鮮、衛生及經濟。

食物的種類繁多，要怎麼選擇才能獲得均衡的營養呢？營養專家建議我們每天從下列六大類基本食物中，選吃我們所需要的份量：

■五穀根莖類 3～6碗

米飯、麵食、甘藷等主食品，主要是供給醣類和一些蛋白質。

■奶類一至二杯

牛奶及發酵乳、乳酪等奶製品都含有豐富的鈣質及蛋白質。

■蛋、豆、魚、肉類四份

蛋、魚、肉、豆腐、豆腐乾、豆漿都含有豐富的蛋白質。

■蔬菜類三碟

各種蔬菜主要供給維生素、礦物質與纖維。

深綠色與深黃紅色的蔬菜，例如：菠菜、甘藍菜、胡蘿蔔、南瓜等所含的維生素、礦物質比淺色蔬菜多。

■**水果類二個**

水果可以提供維生素、礦物質與纖維，例如：橘子、柳丁、木瓜、芭樂、鳳梨、香蕉等。

■**油脂類二至三湯匙**

炒菜用的油及花生、腰果等堅果類，可以供給脂肪。

二、持之以恆的運動

醫學上早已證明，人體的器官和系統，如果放任不去使用，這些器官和系統就會萎縮、發生疾病，失去正常的機能，進而引起整個身體的老化。隨著年齡增長，肌肉、骨骼、神經、心肺功能和荷爾蒙調節功能，都會產生一定的變化，甚至有慢性疾病發生，這些變化和疾病常常與缺乏運動脫離不了關係。想要延遲老化的來臨，保持年輕的活力，必須要持之以恆地運動，藉著外部肌肉和骨骼的運動，帶動身體內部神經、循環、呼吸、消化、泌尿、免疫和內分泌等各系統都能正常運作，避免慢性疾病危害健康。中老年人規律地運動，可以防止或改善下列的慢性疾病：

1. 心血管疾病：規律的運動可增強心肺的功能，降低高血壓，降低血液中三酸甘油脂和膽固醇的濃度，進而減低冠心病和中風的風險。心臟病通常都發生在缺乏運動的人士身上。

2. 糖尿病：肥胖是糖尿病患者致病的一個重要因素，減輕體重可以有效地控制病情。增加運動量，配合飲食療法，對中高齡的病人，比藥物治療的成效還好。

3. 骨折：中年以後，尤其是更年期後的婦女，骨骼中鈣質的流失，造成骨質脆弱。持之以恆的運動，可以增強肌肉的張力、骨骼的強

度，進而減少跌倒、骨折的意外發生。

4.癌症：醫學研究顯示，大多數罹患大腸癌的病人，沒有規律運動的習慣；乳癌和子宮癌絕少發生在熱愛運動的女士身上。

5.便秘：持之以恆的運動和吃含高纖維的食物，可避免便秘的發生。

6.憂鬱症：運動時，精神專注，體力的活動加速了血液的循環，全身血氣舒暢，會忘卻發生在個人身上不愉快的事，無形中化解心中的焦慮和憂鬱。

適合中高齡長者的運動項目很多，如高強度的運動有：慢跑、騎腳踏車、打球、或游泳等；中強度的運動有：慢走、太極拳、舞劍、瑜珈或元極舞等。甚至散步、甩手、彎腰、扭身或柔軟操，都是很好的運動。重點在你選擇的項目，能配合你的體力，不要太逞能，由低強度、間歇式的運動開始，每次持續十五至四十五分鐘左右，而且每星期至少要運動三次。肌力訓練最好能配合全身性的關節運動。運動前需要三到五分鐘暖身活動，結束前要緩慢地停止，平緩地回復心跳的速率。年長者做運動時，還需要注意的一些重要事項：

1.運動最好的時間是早晨或黃昏後。

2.選擇自己喜歡的、能夠勝任的運動項目。

3.平時缺少運動或久未運動者，應從低強度的運動開始訓練。

4.運動的目的不是自我要求快速晉級到高一層次；重要的意義是鍛鍊自己的體能，能夠長期維持在一定的水準。

5.避免從事身體接觸和撞擊的運動，以防止危險的發生。

6.飽食後不得立即從事任何運動。

7.運動前的暖身和結束前的柔軟活動，可預防抽筋和其他的運動傷害。

8.集體性的運動項目，會成為社交活動的一部分，隊友間彼此的鼓勵，成為持續參與的動力。

9. 運動時隨時注意補充身體的水分，和維生素C與電解質的補充。

10. 如果身體發生疼痛或不適的現象時，應即刻尋求醫生的檢查和診療。

11. 有慢性疾病者，應聽從醫生的建議，慎選運動的項目或方式。

12. 糖尿病引起的視網膜病變的患者，應避免身體過度前傾或倒立的動作。

三、健全的心理

(一)健全的老人心理

心理健康是指心理活動和心理狀態的正常，它包括心理過程和個體心理特徵的正常。進一步說，它的涵義有四：(1)個體心理活動內部一致，知、情、意心理過程協調。(2)個體心理活動與外部環境一致，表現一致，即主觀反應與客觀現實相符。(3)個體與環境協調，人際關係和諧。(4)人格健全，個體心理特徵相對穩定。

人到老年，隨著個人在生理上的老化以及在社會角色上的轉變，老年人在心理方面，也呈現極大的變化。因此，衡量老年人的心理是否健全，必須彈性地看待。下面所列是一套衡量老年人心理健康與否的參照標準：(1)感覺、知覺良好，判斷事物不常發生錯誤，如果官能稍有衰退，可以透過適當的手段進行彌補。(2)記憶力良好，不會總是要人提醒該記住的事情。能輕易地記住一讀而過的七位數字。(3)邏輯思維健全，說話不顛三倒四。考慮問題或回答問題，條理清晰，語言明白。(4)想像力豐富，不拘於現有的框架。做的夢常常新奇有趣。(5)情感反應適度，積極的情緒多過消極的情緒。(6)意志堅強，辦事有始有終，不輕易動怒，不常抑鬱。能夠承受悲痛和歡喜。(7)態度和藹可親，人際關係良好，樂於幫助他人。(8)始終能夠堅持學習，有正當的業餘愛好。(9)與

大多數人的心理活動基本保持一致，遵守社會公認的道德觀念和倫理觀念。(10)堅持正常的生活學習、工作和活動，能有效地適應社會環境的變化。

(二)老年人的心理表現

常見的老年人心理特徵有：(1)孤獨失落。離開職場的老年人失去了與同事相處的機會，而兒女也因為成家立業，無法時時刻刻陪在身旁，於是在情感上很容易感到孤獨、失落，不被需要。(2)焦躁抑鬱。生活作息改變，一時無法適應。家庭失和、親故相繼老病、自己身體老化或是慢性疾病纏身，都容易造成心理空虛，心情焦躁抑鬱。(3)恐懼不安。生理出現病痛，對於病痛不知所措，或是經濟情況不穩，家人生計不易維持，這也會造成老年人的恐慌。(4)固執不易溝通。老年人擁有豐富的人生經驗，很希望受到人們的尊重，但由於世代觀念差異，如果本身沒有適度的調整，缺乏包容的彈性，一旦意見沒有被採納，就容易故步自封，拒絕與他人溝通。(5)情緒控制失調，沒有恆心，容易發怒。老年人腦部逐漸退化，性格會發生變化，而體力衰退，也使得自己在面對事情時，不易繼續堅持。(6)主觀多疑。老年人如果過於封閉，不參加社交活動，不規劃休閒娛樂，則對事物的看法就容易流於主觀；對於是非的判斷，也容易陷於單一、偏執。另一方面，由於與他人的溝通不易，擔心自己的生活沒有依靠，所以很容易對人猜疑，反應過度。

(三)促進老年人心理健康的可能做法

促進老年人心理健康，可以從個人、家庭、社會三方面努力。就個人層面說：(1)老年人應當有正確的自我認知和評價。現代觀念認為，衰老過程是一個多向性的生理、生化、免疫和行為的總和，是移時性的，並不與年齡的遞增平行一致。部分老年人受到世俗影響，以為年齡到了，於是生理、心理都謂為老，這容易變得消極，產生悲觀絕望的心

理。老年人還應瞭解到，人的衰老是一種非常自然的現象，人不可以違反規律、逃避規律。反過來看，生命每一個階段，都有它的風采，人要克服心理老化，接受事實，在有限的條件裏，創造無限的價值。老年期不是人生發展的終止，老年人仍可充實自我、實現自我、超越自我。(2)積極參與社會活動。老年人要發揮主觀的能動性，積極走入人群，參與活動，在與社會人群的互動中，老年人可以適時回饋社會，獲得友誼，增進自我的歸屬感與價值感。(3)培養個人的興趣。過去在職場上，個人無法自由地運用時間、發展興趣，到了老年，正是發展興趣、怡情養性的大好時機。無論是讀義理書、尋清談友，或聽琴養鶴、焚香茗茶，或澆花種竹、臨帖寫字，在在都可以使老年人身、心、靈達到平衡。(4)適度地運動。醫學證明，老年人適度運動，可以防治疾病、延緩老化、提高老年人的適應能力。老年人可以考慮自己的體質，持續進行適當的運動。

　　就家庭層面說，老年人一方面害怕無人關心照顧，身心無法得到安頓；另一方面，老年人也希望自己能夠自立自強，擁有尊嚴，不給家人帶來拖累。因此，為人子女除了要關心老年人的物質生活是否滿足，還要適度地做到善體親心、尊重長輩、體貼長輩。

　　從社會層面看，老年人應該感受到社會的支持。所謂社會支持應該包括愛、被愛、關懷、自尊心、價值感、人際彼此的溝通聯繫與體恤。社會上尤其應該發揚尊老敬老的傳統美德，普遍地成立老人機構或組織。

四、良好的人際互動

(一)老年人人際互動的重要

　　一個人的人際關係如何，是衡量他心理健康與否的重要指標。美國

學者馬斯洛論述心理健康，涉及十方面：(1)是否有充分的安全感。(2)是否對自己有充分的瞭解，並有評價自己的能力。(3)自己的生活目標和理想能不能切合實際。(4)能不能與現實保持良好的接觸。(5)能不能保持個性的完整與和諧。(6)有沒有具備從經驗中學習的能力。(7)能不能保持良好的人際關係。(8)能不能適度地表達和控制自己的情緒。(9)能不能在集體允許的前提下，有限度地發揮個性。(10)在社會規範內，能不能適度地滿足個人的基本需求。在十種衡量的尺度中，大多數都與人際的互動有關，人際關係的重要，於此可見一斑。

人際關係構成的基礎是人，而人必須是兩人以上。在社會上，這種人際的構成，大致可以分作兩人相對關係、多方多對關係與群體複合關係。這三種關係的人，彼此還必須相互認知、培養情感，並透過具體的交往行為來維持。老年人因為脫離職場，身心退化，所以在人際互動方面，無論是從主觀或是從客觀來看，都相對呈現弱勢。因為缺乏機會，少了情感的滋潤和自信的培養，久而久之，常見的老年人心理，如孤獨、懷舊、牽掛、憂慮、恐慌、焦躁、多疑、沮喪等，便接踵而生。在高齡化社會已然到來之際，如何協助老年人擁有健康的人際關係，應該已是當前重要的課題。

(二)老年人的人際關係

中國人向來重視家庭，所謂「國之本在家」，「家和萬事興」，這顯示出家庭是中國社會的基本單位，一個人無論是任何年齡、任何身分，生命意義的實現，情感的歸屬，都需透過家庭來完成。老年人的人際關係，最主要也是藉著家庭來體現。這又可以分三方面來看：(1)夫妻關係，俗話說：「少年夫妻老來伴」，人到年老，子孫各有天地，朋友逐漸稀少，於是夫妻成為最根本的依靠。因為朝夕相處，所以彼此的習性及優缺點，自然最能掌握。這時候夫妻相處，應該包容，應該真誠，對於優點，常懷讚美感激；對於缺點，儘量體諒忘卻。為了讓生活溫馨

有趣，夫妻雙方一方面要給予對方空間，一方面要適度地瞭解參與對方的興趣。有時別具巧思，安排休閒、遊憩，或許更能讓感情益加甜蜜。(2)父母與子女的關係。父母與子女之間，雖然是先天的血緣關係，非常親密，但是畢竟是兩代人，彼此的文化修養、生活習慣、興趣愛好，甚或是人生閱歷、經濟條件、時間的支配程度，也都存在著差異。老年人在面對子女時，必須做到一視同仁。對於子女的孝心，要普遍地肯定；對於子女的困難，能夠公平地援助；對於子女的個別接觸，不要隨便評論好壞，讓他們彼此傳話；如果自己經濟困難，面對子女的孝養，這是天經地義的事，為人父母可以坦然接受，但也不要太過強求，為子女帶來負擔。老年人千萬不能把子女視為是私有財產，強迫子女要絕對地服從。如果生活能夠自理，老年人也不必要求子女一同居住。要知道，愛之適足害之，給子女空間，就是給自己空間。(3)祖父母與孫輩間的關係。大多數老年人都喜歡孩子，而且在與孫輩的相處上，往往會童心復現，歡樂無限。老年人的這種心理，既是自己快樂幸福的來源，但也可能是導致自己成為失職長輩的原因。原來長輩在面對孫輩時，可能出自疼愛而忽略了限度，有時子女在管教兒孫，老年人卻奮臂干涉，這反會破壞子女所建立的規範。老年人必須不斷地調整自己，與兒孫做到相互關心、相互理解，但也相互成全。

鄰里是家庭通往社會的基本群落，俗話說「遠親不如近鄰」，便相當傳神地表示出鄰里在人際關係中所占的分量。老年人在與鄰里的互動中，要儘量克服自卑、妒忌或是自大、不屑的心理，而要以一種公平、尊重、友好的態度對待。當然，鄰里相處未必一定就是敦睦通暢的，如果彼此因為某些問題而產生矛盾，這時要忍讓協商，避免讓問題擴大。在協商互動中，還要力戒蠻橫無理、以勢壓人。

老年人除了老伴、近鄰以外，與親戚、朋友的互動也是相當重要的人際關係。「朋友」在五倫中是「天倫」以外的「人倫」，與朋友的相處的原則有二，一是信，二是淡。因為信，所以即便是時間、空間有所

阻隔，但也可以相互關懷、歷久彌新。因為淡，所以才能「有點黏又不太黏」，彼此都有自己的空間。親戚關係在舊社會強調的是五服之內的親密，在現代社會中，則因為大家族群聚的形式式微，所以彼此的關係產生較大的變化。老年人與親戚之間的相處，可以依據血緣的親疏及實際相處的久暫來衡量。

　　老年人也是社會不同年齡結構中的重要環節，無論是主觀方面的考量，或是客觀方面的必需，老年人都是社會的重要資產。老年人可以衡量個人的條件與興趣，參加適當的社團，這可以是宗教的，也可以是藝文的；可以是公益的，也可以是個人性的。只有透過社群間的互動，老年人的人際互動才能做更深、更廣地實踐。也唯有如此，老年人才能積極健康地自我實現，社會才有更高層次的文化內涵。

第四節　相關工作與展望

一、生機飲食

(一)生機飲食的起源

　　生機飲食作為一種主張和推廣，起源於一九六三年美國安威格爾摩博士的實踐和提倡。安威格爾摩自幼體弱多病，三十歲後，又先後罹患子宮瘤、直腸癌和氣喘，就在她身心俱疲時，她想起自己的外婆。外婆是一位草藥專家，她經常利用野生植物來治癒晚輩、鄰居的病痛，而且總是能把他們的病痛治療好。此後，安威格爾摩專心致力從事生食研究，她像神農嚐百草般地親身嘗試各種植物，並體驗這些植物對身體可能造成的影響，後來，她發現自己身體逐漸改善，直至康復。安威格爾摩又用同樣的方式幫助其他病患，結果連痲瘋病患、癌症患者都在她的

生機調理下獲得康復。為了幫助更多的病患，她在波士頓創建一所慈善醫療機構——希波克拉底中心。良好的療效以及簡單清新的方式，立刻引起各界的關注，於是形成一種風潮。

(二)生機飲食的界定

所謂的生機飲食，是指不吃經過農藥、化學肥料、化學添加物和防腐處理或污染的食品。嚴格地說，它起初是限定在植物性食物，而且這些植物性食物必須是在耕種、生產、製造、冷凍保存、運送等各過程，都沒有任何人工程序的污染或干擾。但也有人用較寬廣的態度對待，而把在自然環境生長未經化學添加污染的動物性食物，同樣地視之為生機食物。

(三)生機飲食的正面影響

生機飲食所以受到注目，主要原因在於它可能比一般飲食法對於人體更有助益。根據研究顯示，生機飲食所攝取的蔬菜瓜果，含有較多的酵素與維他命，這可以增加血液的含量，同時也可以將人體的PH值調整到7.35至7.45之間，讓體質趨向鹼性，免疫能力才能增強。其次，人體內有大量的酵素，這些酵素具有多種功能，其中一種就是人體受到病菌入侵、免疫系統降低時，能夠擔負起修護細胞的重責大任。反之，當人體遭受癌細胞侵害時，免疫力以及更新再生細胞的能力下降，這對於治療行為必會造成不利的影響。而生機飲食含有大量酵素，持續進用生機飲食，便可以幫助細胞修護更新，進而讓免疫力提升、克服疾病。再次，生機飲食都沒有經過太多烹調，甚至只是清洗乾淨之後直接食用，或打成汁飲用，營養素較可以被有效地吸收。傳統的料理方式，食物經過一再加熱後，營養則往往會被破壞。生機飲食強調多吃蔬果，減少肉類、蛋奶的攝取，基本上它符合現在防癌的飲食觀念。愈來愈多的研究顯示，蔬果、穀類裏面的植物化學成分（如β胡蘿蔔素、維生素C及E）可

以用來對抗疾病，尤其是防癌。生鮮蔬果所含維生素A及維生素C是極好的抗氧化劑，可以中和食物中的致癌物及消除自由基對細胞的破壞。

(四)適合中老年人的生機飲食食譜

除了癌症已經成為現代人的夢魘以外，中老年人身體功能日漸退化，還常患有某些慢性病或出現某些症狀，如有高血壓、糖尿病、記憶衰退、骨質疏鬆、消化不良等。為中老年人安排生機飲食，不但可以延緩老化速度，提升消化吸收，而且可以幫助利尿、排便，淨化血液，降低血壓，補強骨質。下面我們參考一些專家的建議，提供幾種生機料理：

■精力湯

● 馬齒莧果菜汁（增強抵抗力、抗老化／李聯鑫審訂，《神奇生鮮蔬果汁對症療法》）

材料：馬齒莧50克，蘋果1/2個，鳳梨1/4片，礦泉水100cc、蜂蜜1大匙。

作法：馬齒莧切碎，蘋果、鳳梨去皮去籽，切成適當塊狀。將前所切馬齒莧、蘋果、鳳梨及水放入果菜機攪拌濾過，再加蜂蜜混勻。

● 花椰菜汁（增強抵抗力、抗老化／李聯鑫審訂，《神奇生鮮蔬果汁對症療法》）

材料：花椰菜100克，胡蘿蔔1/2條，蘋果1/2個，檸檬1/4片，礦泉水100cc，楓糖1匙。

作法：花椰菜切碎，胡蘿蔔、蘋果去皮，切成適當塊狀。將所切花椰菜、胡蘿蔔、蘋果放入果菜機榨汁。再加入檸檬汁、礦泉水、楓糖混勻。

● 消渴精力湯（改善糖尿病／歐陽英《生機飲食對症調養》）

材料：紅鳳菜50公克，番石榴1粒，腰果5粒，海帶芽酌量，苜蓿
　　　芽1碗，大豆卵磷脂1匙，小麥胚芽1/2匙，啤酒酵母1/2匙。

作法：紅鳳菜去梗，將葉片洗淨，番石榴去子切片，腰果泡溫開
　　　水20分鐘，海帶芽泡溫開水10分鐘。將所有材料放入果汁
　　　機中，加冷開水打成汁。

■五穀米飯

材料：糙米、黑糯米、燕麥、小麥、蕎麥、高粱、薏仁、紅豆、黃
　　　豆、黑豆。其中糙米占一半。

作法：煮五穀米飯，先將五穀米洗好，浸四小時，甚至一夜，每一
　　　杯五穀米加一杯半水，煮之即可。

■清熱雜糧粥（降血壓／歐陽英《生機飲食對症調養》）

材料：綠豆2匙，燕麥仁4匙，海帶芽1/2匙，香菇3朵，小芹菜2枝，
　　　胡蘿蔔1/3條，馬鈴薯1個，玉米粒2匙。

作法：香菇洗好、泡軟切成絲，胡蘿蔔與馬鈴薯削皮切丁，海帶芽
　　　泡軟。上項材料與綠豆、燕麥仁、玉米粒一起下鍋，加水適
　　　量（至少1000CC），大火滾後，小火續煮45分鐘，關火後將
　　　小芹菜切末撒入，即可起鍋進食。

■紅豆銀耳地瓜粥（改善便秘／歐陽英《生機飲食對症調養》）

材料：紅豆30公克，小米100公克，地瓜1小條，銀耳10-15朵，寡糖
　　　少許。

作法：地瓜先削皮切丁，紅豆、小米、地瓜丁與銀耳加水煮成粥。
　　　吃時加入寡糖1匙。

■黃豆糙米地瓜稀飯（歐陽英《生機飲食50問》）

材料：黃豆30公克，糙米120公克，地瓜一條。

作法：黃豆與糙米洗淨後，泡入適量的沸水。泡30分鐘，使軟化，

再將地瓜去皮刨成細絲，加入合煮成稀飯。

■强化優酪乳（適合作為老年人的點心／歐陽英《生機飲食50問》）

材料：優酪乳200cc，黑芝麻粉8公克，糖蜜15cc。
作法：調勻即可。

(五)注意事項

然而生機飲食並不是萬能的，採用生機飲食至少要注意四點：(1)生機飲食方式本身的限制。郭素娥（2004）女士認為，有些食物經過適當加熱，反而較利於蛋白質的消化吸收。酵素的本質為蛋白質，食物中的酵素如同蛋白質，必須經過水解為胜及胺基酸，合成身體所需的酵素及蛋白質，如果人體直接吸收未經消化水解的蛋白質，便會發生過敏的反應。豆類食物中含有抑制胰蛋白酶的成分及血球凝集素，如果生食豆類，將使小腸中胰蛋白酶的作用受阻，蛋白質的消化被干擾，血球凝集素則會破壞紅血球，使得紅血球攜氧量降低，而加熱的過程可以破壞這兩種成分，提高豆類蛋白質的利用率。蔬果中含有多量的天然抗氧化劑，如維生素E、β 胡蘿蔔素及茄紅素等這一類抗氧化劑屬於脂溶性，也就是說在少量油的存在下，可以使其吸收率提高數倍。如果一切生食，沒有烹調油，那麼進食者在這方面的營養吸收，顯然是不足的。(2)生機飲食栽種、生產、運儲的過程如果產生問題，必然影響進食的效果。生機飲食要求完全沒有受到污染，但在臺灣現在的生態環境，要達到這樣的標準，並不是件容易的事。消費者如果所購買的是受到污染的商品或是根本就是黑心食品，那麼消費者不但無法得到生機飲食的諸般好處，反而會遭受到無法預期的害處。(3)儘管生機蔬果來源可靠，但因為植物在栽種過程中並沒有施加任何農藥，所以蔬果可能潛藏著寄生蟲卵，消費者如果沒有正確地清洗處理即逕行進食，輕則可能發燒、噁心，重則

引起腸胃甚或神經系統的傷害。(4)進食生機飲食必須考慮個人的體質。許多生機食品中含有大量纖維，攝取纖維固然能夠促進腸胃蠕動，預防大腸癌及一些慢性疾病，但是纖維在腸胃道中會吸收水份，產生膨脹效應，對於甫進行腸胃道手術或腸胃功能不佳者而言，進食生機飲食，就可能產生腹脹的影響。另外生機飲食強調使用精力湯、回春水及多種蔬果所打成的果汁，這對於腎功能不好的人而言，也可能造成雪上加霜的效應。基於以上四點的認識，我們建議進行生機飲食，應該注意食品來源、確保清洗乾淨、循序漸進進食、注意營養均衡、考慮個人體質、生食熟食搭配。

專欄
國民飲食指標

■維持理想體重

體重與健康有密切的關係，體重過重容易引起糖尿病、高血壓和心血管疾病等慢性病；體重過輕會使抵抗力降低，容易感染疾病。維持理想體重是維護身體健康的基礎。

維持理想體重應從小時候開始，建立良好的飲食習慣及有恆的運動是最佳的途徑。

■均衡攝食各類食物

沒有一種食物含有人體需要的所有營養素，為了使身體能夠充分獲得各種營養素，必須均衡攝食各類食物，不可偏食。每天都應攝取五穀根莖類、奶類、蛋豆魚肉類、蔬菜類、水果類及油脂類的食物。食物的選用，以多選用新鮮食物為原則。

■三餐以五穀為主食

米、麵等穀類食品含有豐富澱粉及多種必需營養素，是人體最理想的熱量來源，應作為三餐的主食。為避免由飲食中食入過多的油

脂，應維持國人以穀類為主食之傳統飲食習慣。

■儘量選用高纖維的食物

含有豐富纖維質的食物可預防及改善便秘，並且可以減少患大腸癌的機率，亦可降低血膽固醇，有助於預防心血管疾病。

食用植物性食物是獲得纖維質的最佳方法，含豐富纖維質的食物有豆類、蔬菜類、水果類及糙米、全麥製品、番薯等五穀根莖類。

■少油、少鹽、少糖的飲食原則

高脂肪飲食與肥胖、脂肪肝、心血管疾病及某些癌症有密切的關係。飽和脂肪及膽固醇含量高的飲食更是造成心血管疾病的主要因素之一。平時應少吃肥肉、五花肉、肉燥、香腸、核果類、油酥類點心及高油脂零食等脂肪含量高的食物。日常也應少吃內臟和蛋黃、魚卵等膽固醇含量高的食物。烹調時應儘量少用油，且多用蒸、煮、煎、炒代替油炸的方式，可減少油脂的用量。

食鹽的主要成分是鈉，經常攝取高鈉食物容易患高血壓。烹調時應少用鹽及含有高量食鹽或鈉的調味品，如味精、醬油及各式調味醬，並少吃醃漬品及調味濃重的零食或加工食品。

糖除了提供熱量外幾乎不含其他營養素，又易引起蛀牙及肥胖，應儘量減少食用。通常各式糕餅不僅多糖也多油，更應節制食用。

■多攝取鈣質豐富的食物

鈣是構成骨骼及牙齒的主要成分，攝取足夠的鈣質，可促進正常的生長發育，並預防骨質疏鬆症。國人的飲食習慣，鈣質攝取量較不足，宜多攝取鈣質豐富的食物。

牛奶含豐富的鈣質，且最易被人體吸收，每天至少飲用一至二杯。其他含鈣質較多的食物有奶製品、小魚乾、豆製品和深綠色蔬菜等。

■多喝白開水

水是維持生命的必要物質，可以調節體溫、幫助消化吸收、運送養分、預防及改善便秘等。每天應攝取約六至八杯的水。白開水是人體最健康、最經濟的水分來源，應養成喝白開水的習慣。市售飲料常含高糖分，經常飲用不利於理想體重及血脂肪的控制。

■飲酒要節制

在外應酬飲酒，應加節制。

飲酒過量會影響各種營養素的吸收及利用，容易造成營養不良及肝臟疾病，也會影響思考判斷力，引起意外事件。

懷孕期間飲酒，容易產生畸形及體重不足的嬰兒。

二、藥膳食療

(一)藥膳食療定義

藥膳是指以中藥與食物為材料，透過烹調加工而製作成兼具色香味形的菜餚；食療是指依據病情，運用飲食，而進行調理治療。前者重在養護身體、預防疾病（治病祛邪）；後者重在針對病情進行治療（扶正補虛）。兩者都是以中醫理論為基礎，製作方法又相通，所以也有人把兩詞合併，廣義地對待，將之視為同一個概念，以為藥膳食療是指以藥物與食物結合。依據中醫學的理論，藥膳食療是指藉助燉、燜、煨、蒸、煮、熬、炒、滷、燒等傳統烹調方式，製作成具有養護、療效的食物，對於病患或亞健康者所進行的調養或治療。

(二)藥膳食療起源

藥、膳二字連用，最早見於《後漢書·列女傳》「親調藥膳，恩

情彌篤。」以後，《魏書·外戚》中也出現「靈太后親侍藥膳」字句，《宋史·張觀傳》記載：「蚤起奉藥膳。」可知至少在一千多年前，中國已經使用「藥膳」一詞。至於藥膳理念主要是寓醫於食、藥食同源。探本溯源，則早在先秦時候，文獻便有記載。《周禮·天官·疾醫》：「五味、五穀、五藥養其病」，〈瘍醫〉：「以酸養骨，以辛養筋，以鹹養脉，以苦養氣，以甘養肉，以滑養竅」，已經掌握一定的食療技術；《黃帝內經》：「凡欲診硬者必問飲食起居」、「治病必求於本」、「藥以袪之，食以隨之」，對於食療也有相當的認識。現存最早藥書《神農本草經》記載藥材三百六十五種，其上品藥中之大棗、人參、枸杞、五味子、地黃、薏苡仁、茯苓、山參，中品藥中之生薑、蔥白、當歸、貝母、杏仁、烏梅、鹿茸，下品藥中之附子等，均常用於藥膳。唐代孫思邈《備急千金藥方》中專置〈食治〉一篇，分果實、菜蔬、穀米、鳥獸並附蟲魚五部分，共收載藥用食物一百五十四種，載有藥膳食療方一百一十七首。此後經過歷代醫家的辨證實踐，藥膳食療的理論與實務就日趨成熟完善。

(三)藥膳食療原則

藥膳施用所遵循的原則大致有二：一是辨證論治原則。所謂辨證論治，是指運用望、聞、問、切的手段，全面瞭解病患或亞健康者所出現的症候，之後透過這些症狀進行分析，判斷病兆的發生原因，推測引起病兆的部位和性質，結合病患或亞健康者的體質，而確定運用的方法，選擇相應的藥物或食品。二是因人、因地、因時制宜原則。關乎人者，或陽盛，或陰虛，或瘀血，或痰濕，或氣鬱，人的體質各異；有男性，有女性，男性以腎為先天，常思補腎，女性以肝為先天，便須養肝，這是人的性別考慮。工商社會，人的分工轉細，從事腦力勞動的，先補益心脾腎，從事體力勞動的，補脾、補腎外還需顧肝，這是人的職業考量。嬰兒肉脆血少氣弱，壯年氣盛肌滑，老年氣衰肉枯，這是人的年歲

使致。孫思邈《內經》說：「東方之域，天地之所始生也。魚鹽之地，海濱傍水，其民食魚而嗜鹹，……魚者使人熱中，鹽者勝血，故其民皆黑腠理」，「西方者，金石之域，沙石之處，天地之所以收引也。其民陵居而多風，水土剛強，其民不衣而褐存，其民華食而脂肥」，「北方者，天地所閉藏之域也，其地高陵居，風寒冰冽，其民樂野處而乳食，臟寒生滿病」，「南方者，天地之所長養，陽之所藏處也。其地下，水土弱，霧露之所聚也。其民嗜酸而食腐，故其民皆致理而赤色」。四方地域不同，氣候、水土自異，人民的生活條件、生理特質與風俗習慣，也都產生相應的影響。《內經》說：「陰陽者，寒暑也。熱則滋雨而在上，根荄少汁。人汽在外，皮膚緩，腠理開，血氣減，汗大泄，肉淖澤。寒則地凍水冰，人汽在中，皮膚致，腠理閉，汗不出，血氣強，肉堅澀。」寒暑變化，對人之氣血、皮膚、汗液造成影響，這是季節與人的密切關係。

(四)老年人的藥膳食療

老年人應是最適合以藥膳方式來調養的族群。人到老年期，便出現各種老化現象，如皮膚乾燥、皺紋增多，肌肉鬆弛，關節失去柔軟，鬚髮變白，動作遲鈍，視覺、味覺、聽覺、觸覺不再靈敏，記憶衰退等，伴隨這種種生理、心理的衰退，許多病症也相繼產生，例如膝關節退化、動脈硬化、高血脂症、高血壓、糖尿病、心臟病、腦血管疾病、腎臟病、癌症等，便是銀髮族常見的疾病。這一時期，如果能在進食的方式與內容方面，做適度調整，那麼至少應該可以達到減緩老化、預防疾病的效果。所謂方式的調整，所指有三：(1)均衡諧調，這是五味的調和、寒熱的互補。(2)清淡稀軟，這是指避免高糖、高油、高鹽或色素、香精過多的食物，而儘量食用稀軟容易消化的食物。(3)飲食有節，講究衛生。中醫學界以為飲食入胃後，「胃滿則腸虛，腸滿則胃虛，更虛更滿，故氣得上下，五藏（臟）安定，血脉和利，精神乃居。」依時進

餐，能使腸胃維持更虛更滿的功能活動，使胃腸之氣上下暢通，消化吸收功能正常。另外清潔衛生是使食物保持它的功能的先決條件，酸腐不潔，不唯破壞食物的營養，而且還讓病菌入侵傷害人的身體。而所謂內容的調整，是指進食合乎中醫理論、合乎個人體質的藥膳。參考古今中醫典籍，下面列出幾方適合一般銀髮族的藥膳：

■ 當歸羊肉羹（參考《濟生方》）
　　配方：當歸、黃耆、黨參各25克，羊肉500克，蔥、薑、食鹽、料酒、味精各適量。
　　作法：將當歸、黃耆、黨參裝入紗布袋中，扎口，與洗淨的羊肉一起置入鍋中，加入適量蔥、薑、食鹽、料酒和水，用武火煮沸，改用文火慢燉，至羊肉爛熟即成。
　　功效：補血益氣。

■ 人參蓮肉湯（參考《經驗良方》）
　　配方：白人參、蓮子各10克，冰糖30克。
　　作法：取白人參、蓮子（去心），置碗內加水浸泡，入鍋前加入冰糖，隔水蒸燉1小時即得。
　　功效：補氣健脾。

■ 補虛正氣粥（參考《聖濟總錄》）
　　配方：人參3克，炙黃耆30克，粳米50克，白糖適量。
　　作法：先將人參、黃耆切成薄片，浸泡後入沙鍋煮沸，後改用小火煎成濃汁。取汁後，再加冷水，如上法煎取二汁。去渣，將二次煎汁混合，分兩份，於每日早晚用粳米加水適量一起煮粥。粥成後，加白糖調味，稍煮即可。
　　功效：益氣固本。

■松子粥（《士材三書》）

　　配方：松子仁50克，粳米50克，蜂蜜適量。

　　作法：將松子仁研碎，同粳米煮粥，粥熟後，沖入適量蜂蜜，即可
　　　　　食用。

　　功效：補虛、養液、潤肺、滑腸。

■豬肉枸杞湯（黃兆勝《中華養生藥膳大全》）

　　配方：瘦豬肉250克，枸杞子15克，精鹽、蔥、薑、料酒、胡椒粉、
　　　　　熟豬油、肉湯適量。

　　作法：將枸杞子去掉雜質，洗淨，蔥切段，薑切片，豬肉洗淨切
　　　　　絲。鍋內放豬油燒熱，放入肉絲、蔥、薑、料酒，鹽煸炒，
　　　　　注入清水，放入枸杞子煮至豬肉熟爛。用鹽、胡椒粉調味即
　　　　　成。

　　功效：治療肝腎不足、精血虧虛，防治老年性疾病。

■人參蓮子粥（《經驗良方》）

　　配方：人參10克，蓮子10枚（去心），冰糖30克，粳米100克。

　　作法：將人參、蓮子同粳米同煮為粥，待熟，加入冰糖溶化，攪勻
　　　　　即成。

　　功效：大補元氣，開心益智。

問題與討論

1. 請問在日常生活中要注意哪些事項才能達到延緩老化的目的？

2. 老年人在運動時應該注意的事項為何？

3. 如何強化老年人的人際關係？試說明之。

4. 食用生機飲食應注意哪些問題？

5. 說明老人的藥膳食療在進食方式與內容方面應該如何做調整？

參考書目

何冠清（2003），《消費者對藥膳餐廳食品品質的態度與飲食行為之研究》，中國文化大學生活應用科學研究所碩士論文。

李克夏（1994），〈略論老年人的心理健康〉，《蘇州大學學報》，1994年4期。

李聯鑫審訂（2001），《神奇生鮮蔬果汁對症療法》，三悅文化。

邱少宏（2002），〈養生飲食療法與藥膳保健概念〉，《鄉間小路》，五月號。

林文俐（2004），《生機飲食誌》，積木文化。

林章儒（2007），〈休閒運動對於銀髮族之價值性探討〉，《中華體育季刊》，第21卷第4期。

吳燦（2005），〈銀髮族實用養生藥膳〉，《食品工業》，37卷12期。

周建卿（1985），《老人對社會家庭應如何適應》，中華日報出版部。

周談輝（2006），《人際關係與溝通》，全華科技。

胡偉希（2003），〈中國休閒哲學的特質及其開展〉，《湖南社會科學》，2003年6期。

徐立忠（1995），〈中老年的休閒與娛樂〉，《社會福利》，117期。

耿德章（2002），《中國老年醫學》，人民衛生出版社。

袁緝輝等（1991），《當代老年社會學》，水牛圖書。

袁緝輝、張鍾汝（1994），《社會老年學教程》，水牛圖書。

陳台芬（2008），《有機飲食不生病》，時報文化。

陳文喜（1999），〈政府推展老人休閒活動的預期效益分析〉，《大專體育》，44期。

陳燕禎（2007），《老人福利理論與實務——本土的觀點》，雙葉書廊。

崔玖（2008），〈生機飲食與健康食品在醫療的應用〉，《台灣醫學》，12卷2期。

卿前龍（2006），〈什麼是休閒——國外不同學科者對休閒的理解〉，《國外社會科學》，2006年第4期。

郭素娥（2004），〈生機飲食的迷思〉，《科學發展》，375期。

梅陳玉嬋、齊銥、徐玲（2004），《老年學理論與實務》，社會科學文獻出版

社。

黃兆勝（2004），《中華養生藥膳大全》，廣東旅遊出版社。

張烽（1998），〈淺談人際關係的構成因素特點和作用〉，《鄭州大學學報》，第31卷第2期。

張嘉倩譯（1999），約翰‧羅伊、羅伯‧康恩原著，《活力久久》（*Successful Aging*），天下文化。

劉雨齋（2004），《臺灣月刊》，259期。

歐陽英（2001），《生機飲食對症調養》，時報文化。

歐陽英（2005），《歐陽英生機飲食五十問》，天下遠見。

蕭健、王炳德（2000），〈人際關係與老年人心理健康〉（上、下），《中老年保健》，2000年4期、5期。

竇麗麗（2007），〈淺談老年人心理健康〉，《實用醫技雜誌》，第14卷第32期。

Beers, H. M. & Jones, V. T. (2004), *The Merck Manual of Health and Aging,* Merck Research Laboratories, Merck & Co., Inc., Whitehouse Station, NJ, USA.

Chapter 3

老人住宅規劃設計與服務

簡鴻儒
　英國Glamorgan大學營建管理博士
　明新科技大學老人服務事業管理系助理教授

學習目標

在學習完本章節後，希望讀者能夠：

1. 瞭解高齡化社會對老人住宅的需求。
2. 瞭解老人住宅規劃設計的相關法令。
3. 擁有初步規劃老人住宅的概念及能力。
4. 預測老人住宅未來的發展趨勢。

 摘要

　　由於科技發達、醫療衛生進步、國民營養改善及教育水準提高等因素，使得台灣地區國民的「平均餘命」逐年顯著地增加。依據內政部統計處的調查資料顯示，二○○七年，台灣地區國民的「平均餘命」，男性為75.1歲、女性為81.9歲。當人生可以活到八十幾歲的現在，我們是否已具備可以讓老者獲得安全、舒適、尊嚴、有良好居家感的居住環境呢？為回答此一問題，本章將從許多簡單的理念來探討老人住宅的規劃設計與服務，並且希望透過此一探討，能夠達到內政部於二○○四年推動之「促進民間參與老人住宅建設推動方案」之目標，那就是：(1)老人住宅設施設備標準化。(2)老人住宅生活機能便利化。(3)老人住宅服務功能人性化。(4)老人住宅經營管理產業化。

第一節　緒論

　　談到「老人住宅」，你會想到什麼？陰暗狹小，廚房、廁所、餐桌及臥室都靠得很近，老人整天待在家裏看電視，等著子女、小孩回家，或者是一個每天能讓老人身體休憩、心靈放鬆的地方呢？曾經有一些朋友互相詢問：「到底我們現在居住的房子能夠讓我們住到老嗎？」也有學生希望規劃一棟鄉村老人住宅當作他們的專題製作題目，詢問他們的動機，他們很率真地回答，當他們的父母老的時候，希望能有一處「功能完善」的住宅可以讓他們終老。所以如何規劃設計一個具安全性、舒適性、溫馨的、快樂的及符合老人個人需求的居家環境，對已邁入高齡化的台灣社會而言是極為重要的一件事。

一、何謂老人住宅？

依照往例，彷彿任何一本書都要先為它的主題下一個定義，才算完整，所以筆者也不能免俗地要為「老人住宅」下一個定義。根據內政部推動之「促進民間參與老人住宅建設推動方案」，針對「老人住宅」之定義為「本方案所稱老人住宅，係指供住宅使用之建築物依『老人福利法』第十五條第一項第二款及第三款或依其他相關法令規定興建，且其設施及設備符合『建築技術規則』建築設計施工編第十六章老人住宅規定者。」相信讀者看完這一段定義後，一定一頭霧水，有看沒有懂；雖然「老人福利法」及「建築技術規則」在後續的篇幅中，將會陸續為各位說明，但如果依照上述之官式定義，似乎無法很簡單地表達「老人住宅」的涵義，所以筆者有義務用比較親切的用語，來為「老人住宅」作一淺顯易懂的說明，那就是「針對不同身體狀況之銀髮族，對於其希望保有自我空間，且能和子女維持『有點黏又不會太黏』的關係，所興建之照護住宅或社區；其最大的特色，就是能提供安全的環境及保護措施、合格的照顧人員、休閒活動空間、健康管理及餐飲照顧等服務稱之」。老人住宅與一般住宅最大的差異點，在於住宅內部設備及功能皆需配合老人身心狀況，及所需的各種服務規劃設計，服務種類也需視不同身體狀況老人之需求而定。

二、每個人都會碰到的問題

高齡化的社會現象在臺灣已是一個事實，政府相關部門的研究資料都不斷顯示高齡人口的比率在不斷地快速成長，所以每個家庭幾乎都會面臨到如何照顧老年人，以及安排其居住的問題。

(一)台灣地區人口高齡化

根據行政院經濟建設委員會（經建會，2006）的統計資料顯示：自一九七〇年之後，台灣地區的老年人口比率約以每年0.1%以上的速度逐漸增加。一九九三年九月，台灣地區的老年人口達到一百四十七萬人，占總人口的7%，正式跨入了「高齡化社會」的門檻。經建會推估至二〇一八年時，台灣老年人口數將占總人口數之14%，正式邁入「高齡社會」；經建會更進一步推估到二〇二五年時，每五個人中就有一個是老人，即老年人口數將占總人口數的20%（超高齡社會）。

觀察世界各國的統計資料中（經建會，2006），可明顯看出日本面臨嚴重高齡化的挑戰，而美國因接受大量年輕移民的關係，高齡化則較為緩和。資料同時顯示首先進入「高齡化社會」的國家是法國，但是增加到高齡化率14%最快的國家是日本，才經歷二十四年就達到「高齡社會」；而台灣地區也緊緊跟隨在日本之後，依經建會推估只要二十五年也會邁入「高齡社會」。台灣與日本雖然是高齡化的後發國，但台灣地區人口老化的趨勢卻緊跟在日本之後，已經是世界各國中老化速度最快的國家之一（謝瑩蕙，2005）。

由於平均餘命的延長，造成生命週期的內容也產生變化。在農業社會，台灣人民大都靠著體力為生活打拼，直到體力衰竭才會退休，且因為醫療科技不如現在進步，所以大部分退休的人，過不了幾年也就結束了餘生。反觀在二〇〇七年，六十五歲退休的老年人應該還有十至十七年，甚至長達二十至三十年要過生活，但因夫妻壽命長度不同，所以衍生不少鰥、寡、孤、獨之老人問題，同時亦衍生許多養老的課題。

(二)高齡化與家族型態

老年人居住安排是邁入二十一世紀的今日，各國政府和家庭所需面對的重要課題。從國際趨勢來看，歐洲及美、加國家的六十歲以上老人有70%為夫妻兩人或獨居的居住安排（台灣經濟研究院，2007）；以美

國為例，美國三代同堂的比例只有1%，大部分老年人選擇住安養機構或老人住宅、老人社區而不與子女同住（傳法生命教育學院，2008）。

　　反觀台灣地區的家族型態，因少子、高齡化現象的持續發展，產生居住機能與居住安排的重大改變。根據內政部統計處（1990，1995，2000，2005）統計資料顯示：一九九〇年台灣老人獨居者占所有居住型態之13.55%，至二〇〇〇年增加為15.87%，雖然二〇〇五年較二〇〇〇年有減少的趨勢，但仍較一九九〇年增加（13.66%）。在老老照顧方面（僅與配偶同住），由一九九〇年的14.67%增加至二〇〇五年的22.20%，增加幅度達7.53%；然而從「僅與子女同住」的比例來看，從一九九〇年的61.85%減少至二〇〇〇年58.05%（詳見**表3-1**）。由上述之數據可看出，台灣老人與伴侶同住或自己獨居的比例將會逐年增加。

　　另外根據內政部統計處（2005）「二〇〇五年老人狀況調查結果摘要分析」顯示，將近60%之六十五歲以上國民認為理想居住方式為「與子女同住（含配偶、子女配偶及孫子女）」，其次為「僅與配偶同住」占20.01%，然而喜歡獨居者亦高達11.32%。一般而言，老人由其子女

表3-1　六十五歲以上人口之居住概況　　　　　　　　單位：%

居住概況	1990年	1995年	2000年	2005年
獨居	13.55	8.02	15.87	13.66
僅與配偶同住	14.67	15.52	17.28	22.20
與配偶及子女同住				9.71
僅與子女同住	61.85	57.15	58.05	9.00
與父母同住				0.66
與（外）孫子女同住				3.13
與子女及（外）孫子女同住				37.11
與父母及子女同住				0.76
四代家庭				0.70
與親友同住	6.70		6.89	0.76
住安養機構及其他	3.23	19.31	1.91	2.31

資料來源：內政部統計處（1990，1995，2000，2005）。

奉養最爲妥適，但由於社會的變遷、子女同住意願降低、婦女就業比率的提升等因素，讓三代同堂的家庭型態難以實現。未來老人是否能達到在宅安享晚年？尤其當老人無法與子女同住，又必須面對身體的退化、心理的老化時，如何使老人「安養有處」，也就成爲一個重要的社會議題。

(三)高齡者的居住問題

當每個人的生命周期隨著年齡的增長，進入老化階段時，個人的生活能力也將會隨時間由具有自理能力可獨立生活，慢慢惡化至因輕度失能而需要他人協助照顧、中度與重度失能而需要專業照護，以及臨終需要安寧照護等各階段。然而目前一般住宅的規劃設計，對於居住者在生理機能衰退後，所需相對應之空間改變及服務之考慮甚少，所以大部分居住者都得視需要照顧的程度而不斷進行遷移（黃耀榮，2007）（詳見圖3-1）。

但根據上述內政部的統計資料顯示，將近60％之六十五歲以上國民認爲理想居住方式爲「與子女同住（含配偶、子女配偶及孫子女）」，僅有1.03％或0.96％的受訪者認爲理想的居住方式爲「住老人安養機構」或「住養護機構或護理之家」。

探討台灣地區老人入住安養、養護機構或護理之家意願偏低的原因，有下列四項：(1)傳統的價值觀念中，一向認定奉養父母是子女的責任，僅在不得已的情況下，才將父母送往安養機構。(2)安養機構的制度、設備及服務等，尙不足以吸引老人。(3)對安養機構的刻板印象：台灣地區的安養機構有貧民救濟的性質，老人恥於進住。(4)台灣地區的親屬網絡關係密切，老人之子女無力或不願扶養老人時，其他親屬往往代爲照顧（徐麗君、蔡文輝，1985；呂寶靜，1999；林顯宗，2004）。

雖然老人入住機構之意願偏低，但依據內政部統計處於二○○七年所進行的一份統計資料顯示：二○○六年第四季老人住宅需求數爲

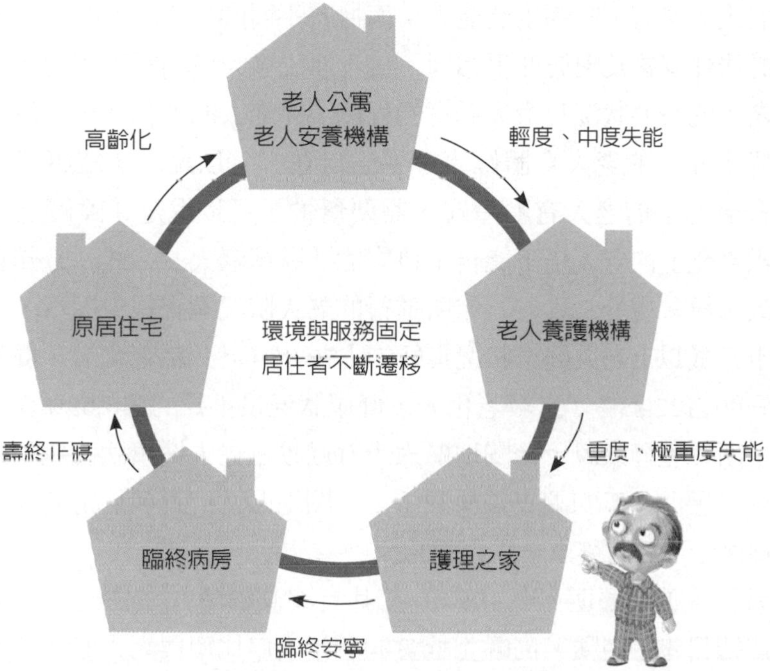

圖3-1　一般住宅居住者環境變遷圖

資料來源：黃耀榮（2007）。

128,854人，供給數僅3,099人，需求與供給比例僅為2.40%，顯示老人住宅在供需面上嚴重失衡；而且此項統計資料，僅考慮老人福利人口住宅之供需狀況，並未納入一般老人因社會因素、個人因素及家庭狀況因素等所引致之住宅需求（吳爾敏，2007）。根據先進國家經驗，未來在老人住宅的需求將會與日俱增，所以如何讓老人住得安定、安心及安全，這也是本章節將建議的事項之一。

三、老人住宅的基本需求

　　老年人隨著年紀的增加，其身心狀況也逐漸發生變化。不同身心狀

64

況的老人，具有不同的生活能力；而擁有不同的生活能力的老人，其所需要的居住安排及型態亦不相同。日本厚生省人口問題研究所（1995）依照老人的身心狀況及令人滿意的程度，將老人的老化狀況分爲三級：「一級老化」的老人身體健康，生活自在，可以說是「健康老人」；「二級老化」的老人有點障礙，需要幫忙，可以說是「障礙老人」；「三級老化」的老人是不能自主自立的「臥床老人」。此一分類相對照於內政部統計處於二○○五年所進行的老人狀況調查報告顯示，台閩地區六十五歲以上老人健康狀況良好的占70.06%（一級老化），健康狀況不太好的占22.83%（二級老化），健康狀況很不好的占6.69%（三級老化），所以整體來說，台閩地區六十五歲以上老人健康狀況還不錯；但相較於二○○○年的調查資料顯示，台閩地區六十五歲以上老人健康狀況有逐漸走下坡的跡象（詳見**表3-2**）。

另外根據伊藤明子（1994）在其有關高齡時代之住宅規劃書中提到：依據日本的經驗，高齡化社會的老年人口比率與老人的居住服務有著密切的關係；當老年人口的比率在10%以下時，爲了確保照護品質，也節省社會成本，可將分布在各地需要照顧的老人集中到機構裏，由專業人員給予較好的服務。但當老年人口比率在10-15%時，爲了確保老人居住環境的安全、舒適及兼顧晚年的親情等因素，機構的需求必然擴大，所以必須於新社區開發過程中，依據老年人口比率規劃「老人住宅」。當老年人口比率超過15%時，高齡者人數與需求已不是特定的場

表3-2　六十五歲以上老人健康狀況一覽表　　　　　　　　　　　單位：%

	很好	還算好	普通	不太好	很不好	很難說
2005年	11.58	21.86	36.62	22.83	6.69	0.43
	70.06					
2000年	15.18	26.01	36.62	17.14	4.77	0.29
	77.81					

資料來源：內政部統計處（2000，2005）。

所所能支應；為了照顧多數老人的身心狀況與居住品質，必須讓高齡者在無障礙的自宅中生活，同時全面實施居家照顧服務，且由社會提供多樣化的支援設施（詳見圖3-2）。

　　根據內政部統計處於二○○八年進行的人口年齡分配統計指出，迄二○○七年，台閩地區六十五歲以上人口共有2,343,092人，約占總人口數10.2%；依據日本的經驗，台灣地區目前正是依照老年人口比率規劃「老人住宅」的階段，至於如何依照老年人口比率規劃「老人住宅」，吳爾敏（2007）建議依老人人口數推估老人住宅需求數的公式為「六十五歲以上老人數×有意願進住老人住宅比率（6%）×實際進住比率（25%）」，根據此一公式，換算所得老人住宅需求數為35,146人。再根據經建會（2006）的推估，二○一九年時台灣地區老年人口比率將達15.07%。屆時台灣地區就得發展強調在宅服務，把服務送到老人的家裏，讓老人在家裏就可以獲得多樣性的照顧服務。

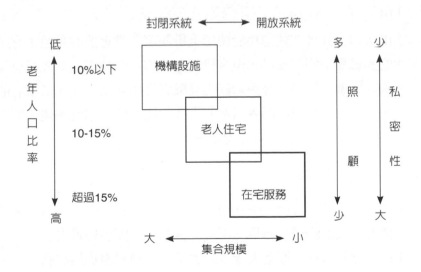

圖3-2　高齡化與居住服務的三階段

資料來源：陳政雄（2006）。

　　曾思瑜（2002a）及林學宜（2004）比較瑞典、英國及日本三國高齡者住宅與入居設施體系，歸納三點共同趨勢：(1)在一般住宅和入居設施之間，提供整合住宅硬體設備和附加各種照護服務的高齡者住宅。(2)各國的高齡者住宅及入居設施，多數住戶單元和內部設備達到無障礙設計。(3)居住空間概念從「收容場所」轉換成「生活場所」。根據此一趨勢，米復國（1985）、白秀雄（1996）及謝瑩蕙（2005）共同建議高齡者住宅及入居設施體系應能滿足老人的基本需求有下列四點：

(一)生理老化的需求

　　老化是老人生理上的自然現象，在居住環境的設計上必須考慮老年人年老體衰、行動不便的特性，以免發生危險或不便。根據謝瑩蕙（2005）於二○○四年針對桃園縣一百五十位六十五歲以上老人所進行的問卷調查顯示：將近50%的受訪者表示其現有住屋過去曾改建過，而在改建之處以改建「高齡者的寢室」（占28.1%）比例最高，其次為改建住屋「出入口」（27.1%）。

　　「出入口」其實在住宅功能使用上扮演著非常重要的角色，它常決定室內的動線與空間的安排，但是目前有非常多的住宅設計都設有高低差、門檻等障礙，使得有身體障礙之高齡者進出非常不便，甚至有的身障老人，每次出入都要照護者用抱的方式才能出門，相當不便，因此對於出入口的無障礙設計是一項非常重要的需求。

(二)獨立居住的需求

　　隨著社會經濟的發展，子女成家立業之後，獨立門戶之趨勢與機會大增。依據內政部的統計結果，不可諱言的，代間共居或老人與子女同住的比例正逐年降低，而老人獨居的比例也的確有增加的趨勢。不少研究（胡幼慧，1995；關華山，1996）都認為教育程度越高的老人，擁有自己的房子、積蓄、保險及退休俸，他們比較喜歡選擇的生活方式，就

是和子女分開來住，擁有自主的生活空間，和子女則用不同的形式來聯絡感情，如此一來，可以使兩代關係更健康、更良好。故如何提供多樣性的住宅型態，讓老人有選擇獨立居住的機會，是解決老人住宅問題時必須考慮的要點。

(三)經濟能力的考慮

老人的生活如依照經濟來源劃分，基本上可分成家屬奉養、自力更生或仰賴儲蓄及接受社會救助三種形式。依據內政部二○○五年所提出的臺閩地區老人狀況調查摘要分析指出，六十五歲以上老人主要經濟來源以「子女奉養」者（53.37%）為最多，其次為「政府救助或津貼」（33.34%）；「退休金、撫卹金或保險給付」（14.15%）及「自己工作或營業收入」（11.78%）分列三、四名。同一份調查資料亦指出，大部分六十五歲以上老人每月可使用之生活費為六千元至一萬兩千元。

另外，針對五十至六十四歲國民對老人住宅每個月合理租金的看法進行調查，50.16%的受訪者認為低於一萬元為合理的價位。依照上述的數據顯示，六十五歲以上老人的經濟所得畢竟有限，尤其在離開職場後，收入更大為減少，但相較於目前國內之一般住宅之購買或租賃價格，對於希望獨立居住的老人而言，是一項非常沉重的負擔，所以在滿足老人的住宅需求時亦應考量到老人的經濟能力。

(四)與他人共處的需求

老人從社會經濟、家庭角色撤退之後，相對地增加了許多空閒時間，為了避免孤立，大多數的老人都會經常性地與親戚、朋友聯絡聚會，積極的老人則會熱心參與社區中的公共事務。依據調查結果指出，六十五歲以上老人日常生活主要活動為「與朋友聚會聊天」（24.72%）及「從事休閒娛樂活動」（14.18%），亦即將近四成的高齡者需要藉由情感聯繫及休閒活動，來增加與他人接觸的社會性活動需求，所以

在規劃設計老人住宅時，需能滿足老人有與他人接觸的需求（內政部，2005）。

 第二節　老人住宅相關法規

　　二○○七年一月三十一日總統以華總一義字第09600012871號令新修訂「老人福利法」，其中第三十三條規定：「直轄市、縣（市）主管機關應推動適合老人安居之住宅。」而所謂適合老人安居之住宅，該法也建議應以「小規模」、「融入社區」及「多機能」之原則規劃辦理，並且要「符合住宅或其他相關法令規定」。同法第三十四條亦規定：「主管機關應依老人需要自行或結合民間資源辦理下列老人福利機構：一、長期照顧機構。二、安養機構。三、其他老人福利機構。前項老人福利機構之規模、面積、設施、人員配置及業務範圍等事項之標準，由中央主管機關會同中央目的事業主管機關定之。」而上述各類機構可以單獨或綜合辦理，並可以就其所提供之設施或服務收取費用，但收費的標準，就應由當地直轄市、縣（市）主管機關來加以核定。

　　另外，行政院促進民間參與公共建設推動委員會也於二○○三年一月十五日第一次及同年八月五日第八次委員會議，通過「老人住宅」列為優先推動促進民間參與公共建設之項目。其引用之法源為「促進民間參與公共建設法」第三條第一項第五款：「本法所稱公共建設，指下列供公眾使用或促進公共利益之建設：……5.社會及勞工福利設施……」及「促進民間參與公共建設法施行細則」第八條第一項第二款：「本法第三條第一項第五款所稱社會福利設施，指經中央目的事業主管機關認定之社會福利設施。」

　　行政院乃依據上述之決議於二○○四年四月二十六日以院臺字第0930016934號函核定實施「促進民間參與老人住宅建設推動方案」，並

以相關的配套法規來促進民間興建老人住宅，其相關法規臚列於下：

一、「建築技術規則」建築設計施工編：第十六章「老人住宅」

本章主要規範「老人住宅」設計施工的基本原則，共有五條條文（二九三至二九七條），其中包含老人住宅之適用範圍及老人住宅服務空間面積計算及規定，茲針對個別條文說明如下：

(一)第二九三條

本條文開宗明義地說明「老人住宅」的適用範圍包含下列兩款：

1. 依「老人福利法」或其他法令規定興建，專供老人居住使用之建築物；其基本設施及設備應依本章規定。
2. 建築物之一部分專供作老人居住使用者，其臥室及服務空間應依本章規定。該建築物不同用途之部分以無開口之防火牆、防火樓板區劃分隔且有獨立出入口者，不適用本章規定。

(二)第二九四條

老人住宅之臥室，居住人數不得超過二人（建議以夫婦二人為限），其樓地板面積應為九平方公尺以上（建議以長、寬各三公尺之正方形空間規劃為佳，上述之空間不包含浴廁、廚房）。

(三)第二九五條

老人住宅的服務空間包括居室、共用及公共三大服務空間，其各項服務空間之設置面積規定如下：

1. 浴室含廁所者，每一處之樓地板面積應為四平方公尺以上（建議以長2.25公尺，寬1.75公尺之原則規劃之）。

2.公共服務空間合計樓地板面積應達居住人數每人兩平方公尺以上。

3.居住單元超過十四戶或受服務之老人超過二十人者,應至少提供一處交誼室,其中一處交誼室之樓地板面積不得小於四十平方公尺(四十平方公尺的規定乃是根據二十人、每人最少兩平方公尺計算而來),並應附設廁所。

(四)第二九六條

本條文在說明老人住宅應依設計規範設計,其各層得增加之樓地板面積合計之最大值不得超過基準樓地板面積之20%,其計算公式如下:

$$\Sigma\triangle FA＝\triangle FA1＋\triangle FA2＋\triangle FA3\leqq 0.2FA$$

FA：基準樓地板面積,實施容積管制地區為該基地面積與容積率之乘積;未實施容積管制地區為該基地依本編規定核計之地面上各層樓地板面積之和。建築物之一部分作為老人住宅者,為該老人住宅部分及其服務空間樓地板面積之和。

$\Sigma\triangle FA$：得增加之樓地板面積合計值。

$\triangle FA1$：得增加之居室服務空間樓地板面積。但不得超過基準樓地板面積之5%。

$\triangle FA2$：得增加之共用服務空間樓地板面積。但不得超過基準樓地板面積之5%,且不包括未計入該層樓地板面積之共同使用梯廳。

$\triangle FA3$：得增加之公共服務空間樓地板面積。但不得超過基準樓地板面積之10%。

(五)第二九七條

本條文主要說明老人住宅服務空間應該符合下列規定:

1.二層以上之樓層或地下層應設專供行動不便者使用之昇降設備或其他設施通達地面層。該昇降設備其出入口淨寬度及出入口前方供輪椅迴轉空間應依本編第一七四條規定。

2.老人住宅之坡道及扶手、避難層出入口、室內出入口、室內通路走廊、樓梯、共用浴室、共用廁所應依本編第一七一條至第一七三條及第一七五條規定。

事實上「建築技術規則」建築設計施工篇第十六章條文從一七一至一七五條已經被刪除，所以有關老人住宅服務空間之規定理應遵照內政部營建署於民國九十七年四月十日以台內營字第0970802190號函訂定發布，並自民國九十七年七月一日開始實施之「建築物無障礙設施設計規範」之規定，其中有關昇降設備其出入口淨寬度應在八十公分以上及出入口前方供輪椅迴轉空間應在一百五十公分以上。老人住宅之坡道及扶手、避難層出入口等及昇降機間及直通樓梯之梯間，應為獨立之防火區劃並設有避難空間，其面積及配置皆應遵照「建築物無障礙設施設計規範」定之。

二、「老人住宅基本設施及設備規劃設計規範」

本規範乃是依「建築技術規則」建築設計施工編第二九三條第二項規定訂定，主要提供具有生活自理能力無需他人協助之老人為居住者之老人住宅一個設計的基準。茲將本規範較需注意之要點說明於下：

(一)第二章：外部空間規劃

■2.2 人行道安全措施

1.人行道之路緣高於車道不得超過二十公分。

行進方向

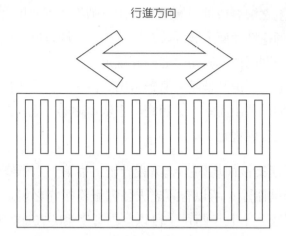

圖3-3　排水溝格柵方向應和行進方向垂直

資料來源：陳政雄（2006）。

2. 人行道至車道之路緣開口斜坡坡度不得超過1：12。

3. 戶外地面設置之排水溝格柵方向應和行進方向垂直，格柵淨孔距不得大於1.3公分（詳見**圖3-3**）。

■2.3 室外引導通路

1. 室外引導通路淨寬度應在1.2公尺以上，坡度不得大於1：12，坡道長度每九公尺或在轉折處應設置長度1.5公尺以上之平臺，坡度在1：20以下時，平臺間隔可放寬至十八公尺，坡度大於1：20且高低差大於六十公分者，應設置扶手。

2. 室外引導通路連接戶外出入口設置之門檻高度不得大於兩公分，並應在室內及室外設置深度1.5公尺以上之輪椅等候空間（詳見**圖3-4**）。

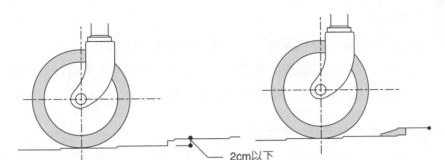

2cm以下

圖3-4　出入口門檻高度不得大於兩公分

資料來源：陳政雄（2006）。

(二)第三章：居住單元與居室服務空間規劃

■3.4 臥室設置及規劃設計原則

臥室擺設之床位應有二面以上可供上下床。

■3.5 浴室及廁所規劃設計原則

1. 浴室及廁所以每一居住單元設置一處為原則，其寬度及深度均不得小於1.8公尺。
2. 如能確保廁所及洗手臺地坪維持乾燥者（即採乾溼分離設計者），其使用部分之長度及寬度淨尺寸分別不小於1.6公尺及1.5公尺。
3. 居住單元未設浴廁者，與其最近之浴廁距離不得大於十公尺。
4. 浴廁出入口高低差應小於兩公分。
5. 門扇應採外開式推門或橫拉門。
6. 浴廁及臥室應設置呼救系統。
7. 考慮防震及防火設計，以作為就地避難場所。

■3.7 陽臺及平臺規劃設計原則

1. 室內至陽臺、平臺等出入口之高低差應在十六公分以下，並考慮輪

　椅出入。

2.每二戶陽臺間應相連通，且設置容易開關之推開門。

3.如提送「防火性能設計計畫書及評定書」，向中央主管建築機關申請認可者，得不受陽臺應相連通之限制。

(三)第四章：共用服務空間

■4.1 樓梯及平臺寬度、梯級尺寸

1.樓梯應有充足的採光及照明，並應設置緊急照明燈。

2.樓梯淨寬度應大於九十公分（詳見**圖3-5**），樓梯二側均應設置扶手。

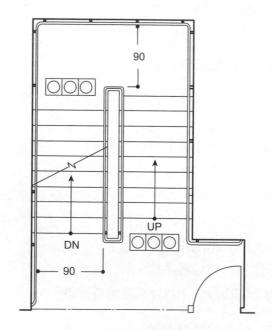

圖3-5　樓梯及平台寬度

資料來源：陳政雄（2006）。

3.不得於平臺上設置梯階或使用旋轉梯。

4.凡樓梯轉角平臺之向上梯級應退縮一階併入爲平臺。但平臺寬度大於1.4公尺者免退縮。

5.樓梯之級深、級高應統一，並依下列公式計算：65≧2r+t≧55且r≦18，t≧26，r/t≦7/11（r：級高；t：級深）。

■4.3 走廊及樓梯之扶手

1.扶手高度距地板完成面或梯級踏步鼻端起算七十五公分至八十五公分。

2.扶手直徑應爲2.8～4公分，採橢圓或扁平握把者，周長在十二公分左右。

3.與牆面留設三至五公分之空隙（詳見圖3-6）。

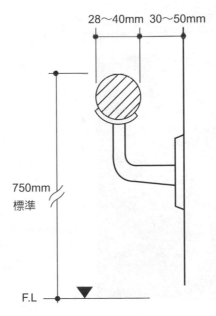

圖3-6　走廊及樓梯扶手

資料來源：陳政雄（2006）。

(四)第六章：設備及設施

■6.3 垂直上下之昇降設備

老人住宅為獨戶雙層住宅時，其垂直移動設備可選用階梯昇降機
（詳見圖3-7）或個人用住宅昇降機。

■6.8 盥洗設備

1.浴廁空間及設備規劃設計原則：

(1)老人住宅之浴廁得設置人員異常自動感應警報設備，地板應為
防水、防滑、掃除容易、耐久之材質。

(2)門以拉門或摺疊門為佳，應設長柄式把手及簡易開啟開關（詳
見圖3-8）。

(3)洗面台應使用撥桿式龍頭或考慮設置光電感知器自動溫水給水
（詳見圖圖3-8）。

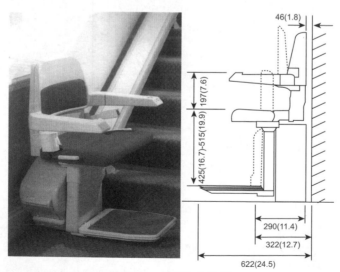

圖3-7　階梯昇降機

資料來源：陳政雄（2006）。

圖3-8　長柄式把手及撥桿式龍頭

資料來源：陳政雄（2006）。

(4)馬桶高度可考慮在三十七至四十三公分之間，並應設緊急求救
　　通報按鍵，以及水平與Ｌ型固定扶手或搭配上下、左右可動式
　　扶手，以便利如廁。

(5)共用浴廁之固定設備外，應留設直徑一百五十公分之迴轉空間
　　（詳見**圖3-9**）。

2.浴槽規劃設計原則：地板距浴槽外緣高度宜為三十至六十公分之
　間，以利老人進出使用（詳見**圖3-10**）。

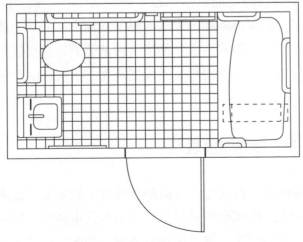

圖3-9　共用浴廁之迴轉空間

資料來源：陳政雄（2006）。

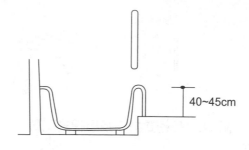

圖3-10　地板距浴槽外緣高度

資料來源：陳政雄（2006）。

第三節　老人住宅規劃設計理念

　　根據內政部的統計，台灣人的壽命已經可以達到「人生八十幾」的時代，再加上醫藥、科技的不斷進步，台灣人的壽命勢必會越來越長。雖然「平均餘命」不斷地在增加，但這並不代表著高齡者退休後生活是人生多出來的一段時光而已；所以，在「人生八十幾」的時代，若不能充分享受晚年的生活樂趣，那就有點蹧蹋壽命。而為了能依照自己的意思，過著休閒、舒適的生活，住宅就扮演著非常重要的角色。想要住在哪裏？想要跟誰住？不同的生活模式及需求，居住的型態也會跟著改變。

一、老人住宅之國際發展現況

　　正如前面所述，首先進入「高齡化社會」的國家是法國，但是最快達到「高齡社會」的國家則是日本。而這些先進國家，目前他們在發展老人住宅的狀況為何呢？接下來就以英國、瑞典、丹麥、日本及美國為例，加以說明。

(一)英國

強調能夠讓老人「繼續過獨立自主生活」的概念，早已成為英國政府老人福祉的主流。所以早在一九四○年，英國即開始設立有管理人員的英國式協助高齡者獨立生活住宅，該獨立住宅是以北歐老人住宅作為參考模型，並且在一九六○年開始大力推廣。一九九五年英國頒訂「照顧者法案」，強調老人如能夠維持基本自我照顧能力時，盡可能不要住到機構而住在獨立生活住宅中，且政府在這些住宅中協助設置援助系統，來支持老人繼續過獨立自主的生活。現階段英國的協助高齡者獨立生活住宅之數量居世界之冠（陳啟仁，2005）。

(二)瑞典

瑞典雖然是一個福利國家，但瑞典政府一直認為照顧老人是他們的責任，所以透過立法來規定誰應該照顧老人及由誰提供老人的各項服務等。一九八○年，瑞典即擁有機構照護非為老人照護主流的照護理念，他們認為老人照顧服務及設施應朝「居家化」及「個室化」發展，亦即老人可依自己喜歡的方式規劃自己的臥室（陳政雄，2006）。所以，瑞典老人照顧的基本概念是盡可能讓老人在住慣的地方接受「在宅服務」，事實上，在瑞典及其他歐美國家將老人安置在機構的比例也愈來愈低（陳啟仁，2005）。

但是，當瑞典老人因生理機能退化，不再能居住於家庭時，政府則提供其他型態的住宅服務，其中包括：(1)退休住宅：退休住宅是以不能單獨生活、需要居家服務及居家護理之老人所設計。(2)護理之家：護理之家目的在於照顧需要長期醫療的老人及臨終老人；此外，護理之家也提供喘息照顧、短期復健之照顧（陳啟仁，2005）。

(三)丹麥

　　在丹麥這一個國家，老人與子女同住的比例很低，大部分的丹麥老人都住在一般的住宅，只有一小部分的老人住在特別為老人準備的特別住宅。一九八七年，丹麥實施「老人住宅法」，法案中明定高齡者住宅之相關條文，其中包含：(1)取消新建傳統式的機構，且現有的機構盡量住宅化。(2)地方政府負責管理高齡者特別住宅，包含養護所、庇護住宅及公寓式共同住宅。(3)設計住宅時需融入「終身住宅」之概念，即使老人變得愈來愈虛弱，需要較多的照顧時，他還是可以留在自己的家中。

　　根據曾思瑜（2002b）針對丹麥、瑞典高齡者住宅所作的研究經歸納整理後發現，兩國在高齡者住宅設施設計規劃上有六點共同趨勢：(1)人性化的高齡者照顧服務理念。(2)醫療和社會福祉服務之整合與體系化。(3)劃分適當服務圈域，調整地方自治體規模。(4)導入小規模、融於社區的高齡者照顧住宅。(5)簡化高齡者住宅設施體系。(6)實現住戶化的居住空間。

(四)日本

　　近年來，日本已經是世界上平均壽命最長的國家，不只是「平均餘命」的延長，而且高齡者的人口比例亦急遽上升。為確保高齡者住宅的安定及增進高齡者福利的發展，日本政府乃積極展開整合住宅與福祉政策，尋求優質高齡者集合住宅的供給制度（曾思瑜，1995）。一九八七年日本實施「銀髮住宅計畫」，著眼於高齡者的生活特性，針對日常生活能自立、身體健康且能自炊者，設置包含生活談話室及集會室、考慮無障礙的環境設計、常駐「生活援助員」以提供生活諮詢、安康確定及緊急對應等服務之銀髮住宅。一九九○年更由鄰近的「日間照顧中心」派遣照顧服務員，以加強在宅服務（內政部，2008）。

　　二○○○年四月日本更實施長期照護保險（介護保險）制度，支

援或照護老人獨立自主生活,以提升高齡者生活場所品質;取消集體照顧方式,並尊重個人獨立自主的照顧需求,也就是所謂「個室化」理念(陳政雄,2006)。園田眞理子(1993)在其《世界之高齡者住宅》書中進一步說明:「個室化的效益,可以確保個人私密性的生活據點;同時,鼓勵老人使用公共空間,造就團體的生活重心,增進人際的交流機會;也可以防止互相感染的機率,改善老人的生活品質。」

(五)美國

美國三代同堂的比例只有1%,大部分高齡者選擇住安養機構、老人住宅或老人社區(傳法生命教育學院,2008),對於老人居住環境的發展,美國一向採取了雙軌併行之高齡者住宅發展政策。首先傾向應用連續性照顧退休住宅社區,以生活園區的概念來發展終身住宅;同時以通用設計概念促進原居住宅以單一住宅方式來發展為終身住宅,以落實「在地老化」之理念及「居家照顧」之政策(內政部,2008)。

目前美國境內大約有兩萬八千所連續性照顧住宅,99%的連續性照顧住宅是由州政府負責管理(陳啓仁,2005)。照顧住宅內設施豐富,諸如運動房、花園、圖書室、教堂、娛樂室等皆一應俱全,照顧住宅對於入住的條件,並沒有特別的限制,同時照顧住宅的單元型式也沒有一定標準,有提供個人廁所、小廚房及家具的套房單元,也有什麼都不提供的陽春住宅,住民可依個別的需求選擇合適之照顧住宅單元。另外,持續性照顧住宅亦提供用餐服務、日常生活功能協助、提醒用藥、洗衣、交通服務及家事服務等各項支持性服務。

二、老人住宅規劃設計原則

(一)「老人福利法施行細則」規定

依據二〇〇七年七月二十五日內政部修正發布之「老人福利法施行細則」第八條規定，老人住宅應以「小規模」、「融入社區」及「多機能」為規劃原則，茲將此原則說明如下：

1. 小規模：興辦事業計畫書所載開發興建住宅戶數為二百戶以下。
2. 融入社區：由社區現有基礎公共設施及生活機能，使老人易獲得交通、文化、教育、醫療、文康、休閒及娛樂等服務，且便於參與社區相關事務。
3. 多機能：配合老人多元需求，提供適合老人本人居住，或與其家庭成員或主要照顧者同住或近鄰居住；設有共用服務空間及公共服務空間，同一棟建築物之同一樓層須有共用通道。

另外在「老人福利法」第三十三條第一項亦規定：適合老人安居之住宅，其設計應符合下列規定：

1. 提供老人寧靜、安全、舒適、衛生、通風採光良好之環境與完善設備及設施。
2. 建築物之設計、構造與設備及設施，應符合「建築法」及其有關法令規定，並應具無障礙環境。
3. 消防安全設備、防火管理、防焰物品等消防安全事項，應符合「消防法」及其有關法令規定。

(二)「無障礙環境」設計原則

根據林玉子（1997）針對日本六十五歲以上老人在住宅內發生的日常意外事件所進行之調查結果顯示：高達90%的老人會發生跌落、跌倒

及墜落等意外事故，因此事故而造成骨折等傷害需臥病在床的比例也高達30%。另外，上述之意外事故，其中87.5%是因同一平面上有高低差或障礙物所造成，甚至有個案因而導致死亡。所以，如何構築一個安全、不易發生事故的老人住宅環境是很重要的一件事。

(三)配合老人生理機能規劃設計

許多研究學者（高阪謙次，1989；日本住宅設備株式會社，1998；木下茂德，2005）研究指出，老人生理退化現象，以視力、速度及記憶三方面最為嚴重，所以在住宅規劃設計時要考慮以下特性：(1)標示牌、訊息公告之易辨識性。(2)設施便利性：以臥室為例，儘量規劃老人臥室在一樓，減少上下樓梯危險性。床鋪高度以距離地面四十五至五十公分為最恰當，也就是老人坐於床沿時，雙腳可以直接踏於地板的高度（黃勝雄，2006）。(3)安全性：地板使用防滑的材質、無高差且避免使用太硬的地板材，房間到廁所走道應裝置夜燈等。(4)舒適性：色彩應以暖色系為主，採光照明方面，根據黃勝雄（2006）的建議：老人臥室至少需要裝置三盞燈，因為老人習慣半夜起床，如果在半夜突然遇到特別刺眼的燈光，會影響到他們的睡眠。因此，老人的房間應使用間接光，儘量避免光線直射眼睛。另外，有些老年人喜歡躺在床上看書，所以床頭燈應該稍微亮點，最好使用裝有調節開關的燈，看書時可以調亮點，看電視時則可以調暗點。

日本住宅設備株式會社（1998）及木下茂德（2005）依據老人老化的徵兆、原因及規劃設計老人住宅相對應之對策，製成**表3-3**及**表3-4**，提供老人住宅規劃設計時之參考。

(四)「在地老化」及「終身住宅」設計概念

依據伊藤明子（1994）的研究建議：當老年人口比率達到15%時（詳見**圖3-2**），為了照顧多數老人的身心狀況與居住品質，必須讓高

84

表3-3 老人生理老化之徵兆、原因與住宅規劃設計之對策

	徵兆	原因	住宅規劃設計之對策
視覺	・字太小看不見 ・分不清楚青、白、黃等相近的顏色 ・明暗適應的時間變長	・水晶體變黃、混濁，失去彈性 ・控制水晶體的肌肉衰退	・室內的光線要充足、均勻 ・樓梯的照明要足夠 ・產品的按鈕要增大，色彩要與周圍的環境對比
聽覺	・有重聽現象	・聽覺系統退化	・加強隔音、降低噪音 ・選擇可調音量的家電 ・加裝門口監視器
手	・抓東西或扭轉東西有困難，如喇叭鎖、水龍頭 ・舉手有困難，觸及不到高處的開關及棚架	・手部握力減弱 ・身軀變矮 ・關節活動力降低	・選用長桿狀水龍頭及門把 ・將開關及設備放置在容易觸及的地方 ・將牆上底下的插座位置提高
足	・容易絆倒或摔跤 ・起身和坐下感到困難 ・上下樓梯困難	・骨質疏鬆，容易骨折 ・動作敏捷度降低 ・腿部肌肉減弱	・減少地板的落差，增加地板顏色對比 ・在適當及容易絆倒的地方增設扶手 ・使用穩固的椅子 ・降低樓梯的斜度 ・使用升降設備
記憶	・容易忘記事情 ・對新環境適應力差	・腦部退化	・縮小新舊環境的差異性，並儘量使用慣用的設備及家具等
感覺知能	・對瓦斯的氣味不易察覺 ・外傷或燙傷時不易察覺 ・容易感冒	・嗅覺的老化 ・皮膚對痛覺能力、冷熱覺能力衰退 ・體溫調節功能衰退	・使用安全器具並加裝瓦斯偵漏裝置 ・牆面與家具表面應平順 ・注意電毯的溫度（45℃以上會造成低溫燙傷） ・使室內的溫度平均
排泄機能	・上廁所次數增加	・泌尿系統退化	・縮短廁所與臥室的距離

資料來源：日本住宅設備株式會社（1998）。

表3-4　老人生理機能老化現象在環境設計應考慮的事項

生理能力		老化現象	環境設計應考慮事項
一般狀況	健康狀況	・六十五歲以上老人需要醫療占40%，罹病185.3／1000人，47日／1年	・位置應與醫院有密切關聯性 ・設置醫務室 ・定期檢查身體
	身體尺寸	・身體的變化較二十歲的年輕人縮減10~20%	・各種建築設備尺寸的高度考慮，如洗臉台、料理台、把手
骨骼運動器官	腳力	・步行尚方便者占80%，不便者占10%，可至近處購物者占4%，不明狀況者占6% ・上下樓梯尚方便者占67%，無問題者占22%，不能上下者占11%	・動線系統計畫，如防滑、避免突出物、支撐物等 ・走廊、階梯的位置及尺寸
	握力	・約為成年人的一半與十二歲以下年紀的程度同 ・六十至六十五歲為五十磅，七十至七十九歲為四十至五十磅（12歲為四十磅）	・建築設備的開關、把手的形式、門的重量等
感覺器官	視力	・六十歲以上視力急遽下降，七十五歲以上平均視力為0.6	・字體大小、照明、開口部分處之面積及色彩或代替視覺的聲音
	聽力	・聽力有困難者占20% ・聽得到的距離，成人為八十公分，老人為十五公分	・傳達的方法，如代替聽覺的視覺符號等
	平衡感覺	・閉眼立單足，成人約三十秒，老人約十秒	・手握的支撐物、支撐方式及支持用具
呼吸器官	呼吸機能	・很快疲勞，動作緩慢，需經常休息	・步行距離
排泄器官	排泄機能	・夜尿次數增多，且每次尿量少	・床鋪高度 ・廁所的位置及如廁的方式

資料來源：木下茂德（2005）。

齡者在「無障礙的自宅中生活」，同時全面實施居家照顧服務，而根據經建會（2006）的推估，台灣老年人口數至二○一九年將占總人口數之15%。另外，陳政雄（2004）研究高齡者居住型態與其身心狀況發展階段，歸納出一完整的高齡者居住體系，如**表3-5**所示。由表中可清楚地發現，惟有終身住宅（在地老化）的居家安養方式，才可以一次滿足高齡者健康期、障礙期及臥病期的不同需求直到臨終，這也是伊藤明子研究的終極目標。

何謂「在地老化」及「終身住宅」呢？黃耀榮（2007）分別對它們做了一些說明，所謂「在地老化」，就是指居住者能在原居環境終老一生而不遷移，老人可擁有熟悉的人、事、物，居住環境也能因應居住者的老化，滿足不同階段的生活需求。那「終身住宅」跟「一般住宅」又有何差異呢？目前一般住宅的特徵是環境與服務固定，居住者在生理能力衰退後，因為無法自我照護，而住宅也無法提供因應的設施需求下，因此居住者得視需要照顧的程度而不斷遷移（詳見**圖3-1**）。而「終身住宅」的概念則是居住者不移動，隨著不同階段的生活能力與居住需求，不斷增加環境機能與服務設施的提供，如加入家事服務、行動輔具、無障礙設施、護理服務、復健支持、臨終照顧等設施條件（黃耀榮，2007）。

表3-5 老人的身心功能狀況與居住型態

身心狀況		健康期	障礙期		臥病期	
移動程度		可以跑、跳、走	需要枴杖、輪椅等輔具		幾乎臥床	
分布比率%		75%	20%		5%	
生活能力		可以自理			需要別人照顧	
居住安排與居住型態	居家	一般住宅	服務住宅	照顧住宅	轉介到機構	
		老人住宅				
		終身住宅				
	機構	安養	養護		長期照護	醫院
		老人之家	養護之家		護理之家	安寧病房

資料來源：陳政雄（2004）。

　　「終身住宅」的概念事實上於一九七〇年在挪威即有人提出，隨後北歐國家與挪威共同合作並一起倡導。「終身住宅」的精神乃在強調住宅的環境條件應能滿足居住者不同階段的生活能力與其居住需求，讓住民可隨著不同的生活階段均能「在地老化」，而不需要面臨著居住環境的變遷或改變，其中瑞典的老人住宅是終身住宅觀念實現最透澈的典範，其不僅落實老人「在宅臨終」的精神，同時具備了全面無障礙的環境條件，並在宅內設置長期照護所需的設施設備，包含餐飲準備、家事服務、專業護理（含給藥）、緊急救援、居家保健（職能治療、簡單物理治療）、儲藏服務、生活自理訓練、臨終安寧等各項功能（謝瑩蕙，2005）。

　　一九八九年英國的Joseph Rowntree基金會也提出「終身住宅」的概念，認為住宅設計必須滿足居住者一生的需求。健康期的時候，必須重視居住者的個人喜好，以充實生活內容為目標；障礙期的時候，必須注意居住者的身心變化，以無障礙化環境為主題；臥病期的時候，必須掌握居住者的照顧服務，以減輕照顧壓力為課題，如此才能實現「就地老化」的目標。

　　事實上，許多社會學者都認為家庭制度的奉養是自願的，含有情感與精神的安慰，可以使子女表現愛與責任，老人在家安養才能有效地利用家庭的人力、物力，提供老人最適合的生活照顧。同樣地，一些研究（廖正宏，1985；戴玉慈，1998）亦顯示：對高齡者而言，不論原住所是多麼令人不悅，或是新的住所有多麼舒服，所有的遷移均會產生壓力，新的社會關係及實質環境，對於原本控制環境有些困難的高齡者而言，要適應這些變化是非常麻煩的，不僅心理上會感到沮喪，許多老習慣也很難改變，例如，半夜起床搞不清楚方向、走錯房間等。

　　綜合上列所述，依據高齡者的特性，符合其生命周期階段（健康期、障礙期、臥病期）、具照護環境之終身住宅，陳政雄（2006），黃耀榮（2007）及謝瑩蕙（2005）建議其整體規劃設計理念應包含下列條件：

1. 創造安定、安心及安全的環境且從老人健康期即開始考量。
2. 空間規劃要符合使用需求的整合性功能，且必須具有可替代性及彈性的機制；尤其當老人身心機能發生障礙時，這時的終身住宅的基本條件，就是要能夠使用各種輔具的空間考量。
3. 應具有連續性的照顧功能及可變性的設計原則，讓老人可由健康的階段，居住到歷經輕度、中度、重度等不同程度的失能階段；尤其當老人進入臥床期，無法自立生活時，終身住宅的功能就應要有療養室及病房機能的設置。

(五)綠建築

綠建築係目前建築發展之主要趨勢，老人住宅規劃宜符合基地綠化、保水、節能、減廢等綠建築指標，以符合世界潮流趨勢。

第四節　結論

近年來，國人對於老人住宅的重視隨著老人人口比率的增加而不斷加重，老人住宅也逐漸擺脫過去安養機構化的形象，加上「在宅臨終」的中國人傳統觀念，老人住宅除了訴求可以讓老人在宅內得到優質、安心及安全的生活環境外，也意味著住民可以將它當作「終身住宅」看待，而不是暫居、被迫遷移或傳統機構管理的概念。

正如前述學者的研究皆建議：老人住宅必須考慮老人的身心狀況及生活特性，且為了讓老人可以移動自如，老人住宅必須是整體性的「無障礙空間規劃」。另外，為了支援老人的獨立生活性，老人住宅除了要有硬體的條件之外，還必須加上軟體的服務機能，那就是「居家照護服務」，協助老人其日常生活及膳食服務、就醫治療、協助生活復健、操持家務等，讓高齡者在家中即可獲得即時性、親切性及便利性之在宅服務。

　　然而，受限於國人傳統觀念、經濟負擔能力及相關法令制度尚未完備等因素，目前國內老人住宅仍處於起步階段，尚未能全面化、多元化開展，因此針對高齡化社會可能衍生的住宅相關問題，內政部營建署已完成「住宅法（草案）」及「整體住宅政策實施方案」，其中「住宅法」刻正由行政院審查中，「整體住宅政策實施方案」已奉行政院於二○○七年十一月二十一日核定（林欽榮，2008）。營建署期待藉由上述政策規劃及「住宅法」之制訂，建立完整的老人住宅推動機制，使國內老人擁有一個舒適尊嚴的居住環境。倘如能進一步將此居住環境與居家照護服務結合，同時建立遠距照護醫療體系的社區網絡，如此一來，台灣才能完整落實先進國家「在地老化」之「終身住宅」的理念。

問題與討論

1. 老人住宅的需求有哪些？妳（你）有何特別的見解？
2. 老人住宅規劃須遵循的法規有哪些？
3. 國際間有哪些老人住宅規劃的理念可做為台灣規劃之參考？
4. 妳（你）對本章節老人住宅規劃設計原則，有何新的見解？

參考書目

木下茂德（2005），被引用於謝瑩蕙，《因應高齡者身心狀況的終身住宅之可變性研究——以透天厝為例》，私立中原大學碩士論文，未出版。

日本住宅設備株式會社（1998），*The Guideline of House Building for Old Aged People*，v1.1，東京：日本住宅設備株式會社。

日本厚生省人口問題研究所（1995），被引用於陳政雄（2006），〈老人住宅整體規劃理念〉，《台灣老年醫學雜誌》，2006年第1卷第3期，頁122–139，台北市。

內政部統計處（2005），〈2005年老人狀況調查結果摘要分析〉，台北市。http://sowf.moi.gov.tw/stat/Survey/list.html。

內政部（2008），〈人口政策白皮書〉，2008年3月14日，台北市。http://www.ris.gov.tw/version96/pe_004.html。

行政院經濟建設委員會（2006），〈中華民國台灣95年至140年人口推計〉，ISBN 986-00-5730-3，台北市。http://www.cepd.gov.tw/。

白秀雄（1996），被引用於謝瑩蕙（2005），《因應高齡者身心狀況的終身住宅之可變性研究——以透天厝為例》，私立中原大學碩士論文，未出版。

米復國（1985），被引用於謝瑩蕙（2005），《因應高齡者身心狀況的終身住宅之可變性研究——以透天厝為例》，私立中原大學碩士論文，未出版。

伊藤明子（1994），被引用於陳政雄（2006），〈老人住宅整體規劃理念〉，《台灣老年醫學雜誌》，2006年第1卷第3期，頁12–139，台北市。

呂寶靜（1999），〈老人安養政策〉，《老人問題與政策研討會論文集》（胡勝正主編），台北市：中央研究院經濟研究所。

吳爾敏（2007），〈老人住宅圖譜〉，《第三屆中西風水比較學術研討會：文化與空間管理的對話》，桃園縣：清雲科技大學。

林玉子著，曾思瑜譯（1997），《經營一輩子的家》，台北市：胡氏圖書。

林欽榮（2008），〈老人化社會之住宅政策〉，中華民國住宅學會第十七屆年會暨學術研討會專題演講，2008年1月19日，台南縣。

林學宜（2004），《老人住宅環境偏好相關因素研究——以潤福生活新象為

例》，私立中原大學碩士論文，未出版。

林顯宗（2004），〈家庭變遷與臺灣老人機構安養〉，《人口老化與老年社會福利》，中華文化社會福利事業基金會、西北大學，頁263-269。

胡幼慧（1995），《三代同堂：迷思與陷阱》，台北市：巨流出版社。

高阪謙次（1989），被引用於謝瑩蕙（2005），《因應高齡者身心狀況的終身住宅之可變性研究——以透天厝為例》，私立中原大學碩士論文，未出版。

徐麗君、蔡文輝（1985），《老年社會學：實務與理論》，台北市：巨流出版社。

陳啓仁（2005），〈淺談老人住宅之國際發展現況〉，專案簡報。

陳政雄（2006），〈老人住宅整體規劃理念〉，《台灣老年醫學雜誌》，2006年第1卷第3期，頁122–139，台北市。

曾思瑜（1995），〈我國自費老人安養設施與日本的高齡者住宅制度〉，《空間雜誌》，第72期，頁76-81，台北市。

曾思瑜（2002a），〈瑞典英國日本高齡者住宅與入住設施體系之比較研究〉，《科技學刊》，第11卷第1期，頁45–47。

曾思瑜（2002b），〈北歐高齡者住宅、設施政策與體系建構之研究——以瑞典和丹麥為例〉，《建築學報》，第41期，頁23-42，台北市。

園田眞理子（1993），被引用於陳政雄（2006），〈老人住宅整體規劃理念〉，《台灣老年醫學雜誌》，2006年第1卷第3期，頁122–139，台北市。

黃勝雄等人著（2006），《年歲的冠冕——老人住宅設計指南》（門諾文庫006），花蓮縣：基督教門諾醫院。

黃耀榮（2007），〈實現在地老化夢想：建立都市老人社區照顧住宅〉，《健康台北季刊》，學術觀察站，台北市：台北市政府衛生局。

傳法生命教育學院（2008），〈抓住3000億老人商機〉，http://tw.myblog.yahoo.com/tammy1105.tw/article?mid=121&sc=1。

廖正宏（1985），被引用於謝瑩蕙（2005），《因應高齡者身心狀況的終身住宅之可變性研究——以透天厝為例》，私立中原大學碩士論文，未出版。

臺灣經濟研究院（2007），〈2007年銀髮產業景氣趨勢調查報告〉，http://sme.nat.gov.tw/ECRC_PortalContent/ECRC_HotSubject/9603/Subject_9603_A3.htm。

謝瑩蕙（2005），《因應高齡者身心狀況的終身住宅之可變性研究——以透天厝

　　為例》，私立中原大學碩士論文，未出版。

關華山（1996），《台灣老人的居住環境》，台北市：田園城市文化事業有限公
　　司，頁79。

戴玉慈等（1998），《老年護理學》，國立空中大學用書。

Chapter 4

高齡者教育實務規劃

蔡芳文
　　國立台灣大學醫療機構管理研究所碩士
　　明新科技大學老人服務事業管理系助理教授
盧昱樺
　　明新科技大學老人服務事業管理系畢業
　　雙連安養中心社工員

學習目標

在學習完本章節後，希望讀者能夠：

1. 瞭解高齡者教育之意涵。

2. 瞭解高齡者教育之規劃原則。

3. 瞭解高齡者教育之類型。

4. 學習設立高齡者教育之目的。

5. 學習設立高齡者教育之目標。

 摘要

　　隨著高齡化社會的來臨，老人福利服務不僅著重於建構長期照顧體系，應當強調更進一步自發性的需求，促進老年人發揮潛能與超越限制的積極作爲。一九八二年聯合國在「國際老化行動計畫」中指出高齡教育是一種基本人權。而我國在二○○六年也提出「老人教育政策白皮書」，勾勒出終身學習社會之願景。老化是一個動態的過程，透過教育，可讓高齡者學習老化管理，使老年人延續其舊有的經驗，成功地適應老化及對新角色的詮釋，瞭解生命不只是心理與生理現象，而有更高層次的領悟，提升晚年的生活滿意度。

第一節　高齡者教育之意涵與功能

一、高齡者教育之意涵

　　所謂的「高齡者教育」，係指爲高齡者提供有計畫、有組織的學習活動，目的在增進個人知能、態度和價值觀的改變。首先使用「教育老人學」此一名詞的是被譽爲「教育老人學之父」的馬克拉斯基（Howard McClusky）。他在一九七○年於密西根大學（University of Michigan）的博士課程中，首先開設此研究領域。其後，洛杉磯南加州大學（University of Southern California）的彼得遜（D. A. Peterson）在一九七六年提出教育老人學的定義爲凡針對老年人及與老人相關的教育之實務和研究，主要結合「爲老人提供教育」、「學習老化的教育」和「提供從事有關老化及服務老人的專業和半專業人員的預備教育」作了系統性的界定（黃富順，2004）。

1. 為老人提供教育：讓高齡者透過學習，體驗再社會化的經驗，適應角色上的轉變。

2. 學習老化的教育：讓中生代的國民提早規劃退休藍圖，透過學習進一步來瞭解老年人的特性，培養高齡社會所需的新倫理，促進世代間的交流。

3. 提供從事有關老化及服務老人的專業和半專業人員的預備教育：提供專業知能，提升教育品質。

由此可見，教育老人學的定義不僅針對高齡者，也延伸至不同年齡層的人進行老人相關知能的瞭解及代間教育。高齡者教育係從教育的觀點出發，強調教育體制下活動的持續與整體的規劃，提供個人參與組織化學習活動的機會；而高齡者學習係從學習者的角度著眼，強調個人學習活動的持續進行且作有意義的安排，提倡個人應培養終生繼續學習的能力與習慣。近年來探討教育的思潮較從個人的觀點著眼，強調以學習者為主體，除機構所提供的組織活動外，還包括個體本身的自我學習，共同打造一個專屬高齡者的學習天堂。

二、高齡者教育之功能

由於老年人退休後，家庭及社會角色上的轉變，象徵著權威的喪失，在心理上會有失落的孤獨感，透過高齡教育的再學習，可讓老年人在此階段發展新的任務，對於自身、家庭、社區及社會給予正向回饋，「家有一老，如有一寶」，充分運用老年人寶貴的人生經驗，付出就會有存在感，對老年人本身也會有相輔相成的效益。在學習的同時，回顧與開發並蓄，統整過往的歷程，以達生命的完整性。根據艾力克遜（Ericson）的心理社會發展論得知，人生可分為八大階段，而老年期雖是人類生命發展的最後階段，但如果個體的發展若能順利圓滿，將是每

個階段中智慧與經驗的結晶期，並可成爲珍貴的資源。因此，推展高齡者教育具有如下三項的功能：

(一)針對老年人而言

透過老化學習，讓老年人認識生理可能面臨的退化，瞭解後較不懼怕，提早預防及保健，縮短晚年生活的不適應。教育是一種資源的提供，藉由學習，也可讓老年人瞭解知能並取用適當的資源，例如醫療照顧與社會福利等。老年人累計了生命中豐富的經歷，凡走過必留下足跡，學習是讓內在與外在的能量作結合，以更圓融的心態詮釋生命來補償身體的衰退。

(二)針對家庭而言

對於新事物的學習，有益於自我心靈的開放，進而增強老年人與家人間的溝通能力，消弭因代間誤解所引發的家庭衝突，維護家庭倫理的秩序。老年人學習新知後，有利於再就業的打算，在經濟安全上較有保障，可增加家庭的生產人口，減少老年人在家庭中的經濟負擔。

(三)針對社區／社會而言

老年人是國家重要的資產，他們的智慧結合所學的經驗，可交織出相加乘的成效，教育同時孕育人力、物力及財力，老年人學以致用再回饋社區，傳承豐富的生命體驗，給予莘莘學子正向的啓示，並可增進世代間的交流，促進社會和諧。

 ## 第二節　高齡者學習之需求

隨著老化勢力的影響，老年人意識到自身有所匱乏而不足，覺察

實際狀況與目標狀態之間的落差，則會表現出個體的欲求與偏好，高齡教育在提供資源之前，應先瞭解老人願意著手學習，並持之以恆，從中克服障礙的動機所在。學者們所界定的學習需求，含括的範圍通常會從維持基本生存的層次，進階到實現生命意義的層次，但學習需求僅是影響個體參與學習活動的因素之一，因此在爲高齡者規劃課程時，即不能單以需求本位來設計（黃富順，2004）。以下是針對馬克拉斯基對高齡者學習需求所作的五項分類，馬克拉斯基認爲教育工作應當是協助學習者有能力去解決日常生活問題的途徑，增強老人的優勢條件，故以此觀點爲基礎，主張爲高齡者提供教育活動的同時，也要能滿足五種學習需求：

一、應付的需求（coping needs）

個體爲了要因應複雜的環境，必須學習適當的謀生能力與技巧，滿足最基本的生活，此種需求也可稱之爲生存需求。課程設計如下：

1. 提供有關老年生理退化之衛教，進而協助高齡者發展適應策略。例如：疾病預防、養生保健、復健功能、醫療講座、營養飲食。
2. 面對失親、退休角色轉變等失落的情緒，教導高齡者心理調適之生活情境。例如：心理衛生、親子教育。
3. 規劃退休後收入縮減的因應，瞭解政策面所提供的社會福利相關之經濟教育。例如：退休規劃、投資理財、老人信託、社會福利、遺產稅務。
4. 學習同理並接受老化，對自身退化及文化所持的刻板印象而引發的情緒輔導適應。例如：口述歷史、阿公阿嬤的私房秘方、生活智慧王。
5. 因應心智能力退化的課程，可增加輔助的機制來取代生理上的限

制，教導高齡者以新的方式來適應生活上的轉變，並針對人格發展
問題作探討。例如：記憶訓練、輔具資源連結及使用說明。

二、表現的需求（expressive needs）

表現的需求是一種為活動而活動，為參與而參與的需求，並從活動
或參與過程本身獲得內在的回饋，包括活動的表達及人群關係的友誼。
一方面彌補早期經驗的不足，發展潛在興趣；另一方面特別是對於退休
老人而言，會有更多的時間來從事自己的嗜好，經常願意付出心力去投
入學習接受教育。課程設計如下：

1. 有關休閒教育類別的活動，此類型的課程可獲得高齡學習者個別的
   青睞。例如：韻律、舞蹈、攝影、多媒體設計、繪畫、書法、插
   花、烘焙、美容美髮、戲劇、歌唱、民俗技藝、語言課程。
2. 可運用團體的方式分組進行，藉由參與活動的過程可與他人分享，
   保持社會接觸，發展新的友誼，滿足高齡者對人際互動的需求。例
   如：團康活動、合唱團、野外交誼活動。

三、貢獻的需求（contributive needs）

貢獻的需求是一種利他、利社會與服務人群的學習動機。事實上，
老年人透過社會服務、宗教奉獻等來參與，助人的同時也是一種自我完
成，進而提升自我價值。課程設計如下：

1. 引導高齡者瞭解服務他人的意義，激發老人貢獻的動力。
2. 協助高齡者發現自身的興趣和潛能，瞭解性向後才有能量去服務社
   會。
3. 授與充分的服務知識和技能。例如：環境保育、社區發展、社區服

務、法律常識、志工培訓、電話問安、關懷訪視。

四、影響的需求（influence needs）

影響的需求是指老人仍具有意願涉入公共事務，並藉由政治活動、社區團體、組織服務，或是半官方機構的參與來滿足其影響他人與社會的需求。但也因為政府政策過程及科層體制的複雜性，所以必須有充分的瞭解和知能，才得以發揮影響力改造社會。課程設計如下：

1. 協助高齡者認清其在公共事務中所能扮演的角色。
2. 發展個人或團體活動的技巧。
3. 提供社會支持系統，瞭解可取用的社會資源。
4. 學習分析結果評量成效。例如：人際溝通、社群領導、政治事務、非營利組織之經營與管理。

五、超越的需求（transcendence needs）

老年人因處臨終階段，藉由緬懷過往的生命，希望能深入去瞭解生命的意義，促進精神的活動以取代生理上的限制，進而達到自我整合。正如艾力克遜所言，老年期的發展任務，因個體進入人生最後的階段，此時老年人會回顧並思索此生的意義，進而超越身體功能的衰退，以達到對生命的統整。課程設計如下：

1. 可邀請對生命的意義已持有相當肯定態度的高齡者來現身分享。
2. 詮釋不同的人生意義。
3. 提供溫暖且支持性的回顧環境。
4. 促進精神活動，發展靈性生活。例如：人生哲理、宗教信仰、自傳撰述、生命教育、認識安寧療護。

第三節　影響高齡者學習之特性與內容規劃原則

　　老年人含有豐富的生命經驗，因此高齡教育宜著重以「引導」為中心，配合老人晶質智力（crystallized intelligences）的發展，啟發高齡學習者的認知能力與行為技巧。老人在學習的過程中會有生理、心理、時間、地理等多重障礙之影響，往往限制了功能性活動的進行，導致孤立和憂鬱。有鑑於此，老人教育機構在辦學的過程中，宜提供多元化的學習管道及彈性化的學習型態，克服障礙，增強學習之意願。以下就高齡學習者之特性來加以論述，瞭解後方能進一步掌握學習之原則，讓老年人可以快樂的學習（李鶴彰，2003；黃富順，2004）：

一、影響高齡者學習之特性

(一)生理特性

　　隨著年齡的增長，高齡者的生理功能也隨之影響，最為常見的有電解質及體液、腎臟、呼吸系統、內分泌、心臟血管系統、味覺與嗅覺、毛髮與皮膚、視力系統及聽力的退化，特別在視覺上的改變，例如視覺敏感度及對於顏色的辨識度降低。此外，晶體上睫狀肌的調節能力喪失，以致於有遠視的狀況，使得閱讀與近距離工作時較為不便與困難。在聽覺的部分，高齡者所面臨的困境有感音能力變弱，語言聽力及理解問題的能力逐漸喪失，且聽覺缺乏定向能力，故對於訊號的掌握度容易錯亂。而肌力在強度與耐力的表現上會相對為弱，且肌肉的萎縮也易造成跌倒的發生。

(二)心理特性

　　由於認知功能改變，包括短期記憶、專注力及抽象思考能力等會有

衰退的現象，這些變化會造成學習與記憶的影響。一般而言，年紀越大自尊心則越強，但受到生理老化的限制，如對於學習的短期記憶及反應能力較弱等種種退化的障礙，容易產生自我懷疑，對學習充滿無力感；而教育程度較低的高齡者，對於學習環境的陌生，會產生排斥感；故高齡者在學習的信心上會呈現較為低落的現象。此外，隨著生命發展之歷程，高齡者在步入晚年時期，將會面臨退休或失親等角色上的轉變，在角色的認同上易出現精神危機，面對任何關係的瓦解與建立，與環境上的變動，都需要再一次的磨合與適應，這對老年人而言是一大考驗。

老年人常見的十項心理問題包括：

1. 心理與性格上的轉變。
2. 功能減退的不安。
3. 身體生病的煩惱。
4. 操心、焦慮、憂鬱的情緒問題。
5. 退休後的適應問題。
6. 經濟支持的問題。
7. 跟子女相處的關係問題。
8. 老夫妻的適應或再婚而帶來的困擾。
9. 喪偶或子女去世的悲傷反應。
10. 生活孤單與終生的焦慮。

二、內容規劃原則

(一)時間及場地的安排

1. 固定的活動時間及空間安排，讓老年人對環境產生熟悉的安全感。
2. 時間的進行以五十分鐘為宜，避免生理狀況需求之頻繁。
3. 因老年人慣於日出而作、日落而息的生活型態，故白天宜排定學

習需求較為強烈的課程，而晚上則可安排心靈成長的體驗，著重靈性層面的內容。基於安全因素之考量，老年人往往較不喜歡夜晚外出。

4. 上課環境安全且單純，避免感官干擾，例如：在室內授課時宜避免回音傳導。

5. 增強照明度，確認教室內的照明設備是否足夠，並留意自然採光，但避免強光的刺激。

6. 椅子不宜太硬及有輪子，採固定式的四角椅為宜。

7. 因老年人的視力會逐漸退化，可於抽屜備有放大鏡，便於瀏覽講義時輔助使用。

8. 需大量使用聲帶的課程，可於教室內供應茶水。

(二)課程內容的規劃

1. 在課程開始進行前，可先放映老人相關的宣導短片，抑或是播放輕音樂，緩和學習者的情緒。

2. 因老年人通常富有喜歡談論歷史的特質，內容上儘量能與長者的文化背景作連結，引發老年人的共鳴。

3. 活動宜安排可刺激高齡者多元化的功能，例如：認知、感官、體能等。

4. 活動開始前可先做簡易的暖身操，過程中避免劇烈的肢體動作。例如：關節彎曲度勿過大、頭部不要過度後仰，避免頸椎受傷。

5. 學習過程中可提供休閒聯誼等活動。

6. 依高齡者不同的學習需求，提供技能型、發展型、娛樂型等內容；依屬性亦須劃分基礎、進階、高階及研究班，因材施教提升教學品質。

7. 老齡者教育多半不是為了學歷和再就業作準備，可採討論式、問卷調查式、實踐操作法、書面彙報式及成立班委會的方式來評量成效。

(三)教學內容的技巧

1.主要為培養興趣，而非限於學習本身，故只有獎勵，沒有懲處。

2.學習過程中，避免任何競爭的元素，且須尊重高齡者學習的異質性，建立無威脅性的學習環境，營造信賴互助的團體氣氛。

3.使用高齡者所熟悉、貼近其生活經驗的語言來授課。

4.面對聽力退化的老人，講話時須發音清楚且音量充足，但務必將音調放低、速度放慢。

5.儘量利用話語、手勢等肢體語言，鼓勵高齡者參與並完成活動，對於高齡學習者有進步的情形，當下可立即回饋給予正向的反應。

6.過程進行中，需讓高齡者有足夠的反應時間，不要一次給予太多的訊息，避免在學習情境裏產生時間壓力，宜多給予高齡學習者能自我大掌控學習步調的機會，培養準確度比速度來得更為重要。

7.在實務操作的部分，宜給予高齡者反覆練習的機會，一步一腳印，以漸進的方式更上一層樓。

8.讓長者與過去的經驗作結合，進而從中創造新理念。

9.鼓勵高齡者提出口語或書面的建議，並將其建議納入修課之參考，以強化高齡者對於學習情況的掌控，增進參與感，提升學習信心。

10.如有需要可使用輔助道具，透過模型、示範、色彩、圖表等，加深高齡者的理解和記憶，而教材的使用需具有通俗性及趣味性。但須避免反光材質，字體略大，並採高對比。在色彩的運用上，以三個色素為主。

11.以活動成效激發並增強高齡學習者之參與動機。

12.內容除了傳道、授業之外，也須包含重要的社交及情緒調解之功能，故教師需從教導者轉換成促進者的角色，承擔群體領導、心理輔導和人際關係協調者的任務（張偉岐，2004）。

第四節　高齡者教育實施途徑與方針

　　高齡者教育以多樣化的提供，來滿足長者在退休後對現實的適應與理想的實現，從正規教育的大學課程到非正式的老人文康中心都含括在其中，以下就從學校式、社區式、自助團體式、遠端式、圖書館式及旅遊式等六種實施途徑來加以闡述（黃富順，2004）：

一、高齡者教育實施途徑

(一)學校式學習

　　學校式學習意指個人於學校畢業或肄業後，以全時或部分時間的方式，再至學校繼續進修，使教育、工作及休閒生活交替進行之教育型態，亦稱回流教育。通常是由高等教育機構提供高齡者進修研習的機會，期待透過繼續教育，開辦老人富有興趣的課程，例如：法國的第三年齡大學、日本的長壽學園、美國寄宿所、德國民眾高等學校及我國所進行的學程教育等。

(二)社區式學習

　　社區式學習是現今較為普遍的高齡者學習方式，強調社區本位，通常是以高齡者所居住的地域來作為區分，由於老年人往往較缺乏交通工具，為考量學習的可近性，就地取材充分運用社區資源，以達在地老化在地學習。例如：我國的松年大學或長青學苑等。而社區式學習所強調的多半是應用性及休閒遊憩的內容，較傾向於交誼聚會所的功能，並非學習的空間。

(三)自助團體式學習

　　自助團體式學習乃是由一群志同道合的人所組成的團體，強調「自給自足」的概念，著重自助互助的關係原則，傾向同儕教導同儕。例如：英國的第三年齡大學可視為自助團體式的高齡學習中典型的代表，其並非為校園內的組織，而是屬於學員導向、老人自發性的團體活動。有別於一般正規大學的課程規劃，此內容是以小團體為核心來進行，並由學員自行決定課程的取向。雖然部分英國的第三年齡大學也與當地的大學建立合作關係，但卻較少接受行政與教學上的支援服務。這種自助團體式的學習，最易於推展「不是學員即是老師」的理念。

(四)遠端式學習

　　遠端式學習係一種有系統的教育活動，教材與教學活動由教育機構事先製作完成，在教育的情境中教師與學生在空間上可以分離，在教與學的過程上，時間上也可以非同步，透過科技傳媒來連結教師與學生，並提供雙向溝通的功能，使教師、教材與學生之間得以互動，而能達到預期之教育目標。遠距教育中機械或電子形式的溝通，如紙本、電話、音訊、視訊、廣播、電腦網路等，已經取代了面對面的人際溝通，所有的溝通均藉由一種或多種技術媒體來進行。透過數位科技優越傳播的性能，克服高齡者行動不便及交通障礙，讓高齡者可以隨時隨地來進行學習，藉由即時的補充教材，讓學習者可按照自己的作息來安排學習的進度，並自行選擇學習地點，整體上較為彈性。但此種學習多著重於課程學習本身，較缺乏人群關係上的實體互動，而老年人其實更需要有社會的支持網路，尤其當子女成家立業不在身邊，更需要同儕間的人際陪伴。此外，因在家自學，易產生中途輟學的問題（王梅玲，2004）。

(五)圖書館式學習

　　對於高齡者而言，閱讀也是重要的學習型態之一，屬於自我導向學

習。但高齡者慣於使用實體的書面資料，對於電子刊物等資訊較感陌生，而近年來大量應用數位化科技以取代人工搜尋等方式，在使用前須先突破高齡者的早期經驗，克服學習障礙，強化老年人使用上的信心。

(六)旅遊式學習

旅遊本身即可增廣見聞，透過寓教於樂的方式來學習，增進多元感官的刺激。隨著高齡化社會，老年人在家庭需承擔的義務已轉變，退休後較有充分的時間來做生涯選擇，而並非完全需配合兒孫的作息。藉由戶外教學，體驗不同凡響的文化經驗，結合並創造生命的多樣性。

二、以松年大學雙連（三芝）分校為例

筆者以在臺北縣私立雙連安養中心附設社區松年大學雙連（三芝）分校辦理社區老人學習課程之經驗，摘錄學習意涵、規劃原則、實務方針及校務運作等實務與大家分享（黃旋濤等人，2007；中華民國社區教育學會，2007）。

(一)目標與課程

■緣起

民國七十六年正式頒布「台灣省設置長青學苑實施要點」，由社會處輔助各縣市普設長青學苑，以多元化的課程滿足各鄉鎮市地區高齡者之需求。

雙連安養中心是財團法人臺灣基督長老教會雙連教會附設的一所老人福利服務照顧機構。期盼在提供老年人生活照顧外，更積極鼓勵高齡者追求新知、投入社會參與及充分使用社區資源，以臻身、心、靈三方面全人的發展。因此於民國八十九年成立松年大學雙連（三芝）分校。

■設立目的

　　以實踐活到老、學到老、服務到老，不是學生即是老師的精神，共創有尊嚴而成功的退休人生。

■設立目標

• 近程目標

　　1.積極開發社區中的高齡學習者，提倡學到老才能活到老的精神。

　　2.培養終身學習的觀念，讓中年世代的社區居民提早規劃退休藍圖。

　　3.培養自我導向學習的能力。

　　4.鼓勵每位參與者，不是學生就是老師，讓老年人在教與學上更為結合，共創學習園地。

　　5.建立書面及電子之歸檔方式。

• 中程目標

　　1.倡導志願服務精神，促進互助和諧之社會。

　　2.結合在地文化，著重特色之發展，強化居民對於社區的認同。

　　3.確立教學行政之作業標準，承先啟後承辦之準則。

　　4.從福利供給提升至終身教育取向，制定學習相關之權利與義務，穩定教學品質。

• 遠程目標

　　1.建立長者終身教育範本，傳承長者豐富的生命智慧。

　　2.透過教育之薰陶，落實社區總體營造。

　　3.與產、官、學作結合，設立高齡者學習之研究中心，提供相關承辦單位理論與實務之經驗。

■實施對象

年滿五十七歲以上之長者。

■開課班別

如**表4-1**所列，分專業課程、通識課程及社團活動三大類。

(二)行政與校務運作

■年度計畫執行

1.製作學期行事曆供學員參考。

表4-1 松年大學雙連分校課程類別

	科目	內容
專業課程	初／進階書畫班	山水國畫、水彩、書法、油畫
	初／進階語言班	生活美語、生活日語、手語歌教唱、唸歌學台語文、白話字、羅馬字、漢　字
	初／進階才藝班	紙藝、紙雕、紙藤花藝、電腦、拼布、土風舞、押花、烘焙DIY、園藝、十字繡、捏陶、黏土創作、中國結、高爾球夫球推桿
	初／進階音樂班	台日語詩歌、日本演歌、音樂養生操、二胡、常青合唱團
	初／進階宗教班	信仰見證分享、心靈成長、民間諸宗教
通識課程	天下大小事	國內外大事報導之評析
	生活法律	相關長者之基本法律常識
	生活理財	遺產稅之處理
	心理衛生	臨終關懷
	養生保健	相關銀髮族身體及生理衛生之保養
	縣政櫥窗	縣政府提供相關服務宣導
	綠化人生	蒔花弄草怡情養性
	旅遊專家	提供國內外旅遊常識及相關資訊
社團活動	音樂活動	卡拉OK、懷舊金曲
	藝術活動	色紙撕貼畫、海綿沾印畫、抽繩畫、渲染畫、吹畫
	認知活動	賓果遊戲、幾何圖形配對、丟骰子、影片賞析
	體能活動	活力伸展操、輪椅太極拳、有氧運動、彈力繩、啞鈴運動、球類運動、Wii、毛巾操

2.確實記錄實施概況，以便對照行事曆的執行率。

■召開校務會議

1.舉辦開學前的課程說明會。

2.每學期定期召開校務會議乙次，由顧問、教師及班級代表與會出席。

3.於每個月的社工會議討論校務的執行，並追蹤上一次的會議檢討。

4.於兩週一次的行政會議預告松大相關訊息。

圖4-1　書法班

■招生計畫

1.拜訪當地的村長，強化曝光率。

2.至老人聚會所面對面推廣，並發放傳單。

3.與圖書館、社區中心等單位結合，舉辦文康活動。

4.運用社區資源，以當地的廣播系統傳達訊息。

5.於社區的市集張貼宣傳海報。

6.數位行銷，網路報名。

7.口耳相傳，建立口碑行銷。

8.針對有意願而未滿五十七歲的居民開放體驗課程。

圖4-2　烘焙課

■人力配置及權益保障

1.松大業務是由雙連安養中心的社工組同仁所承辦，並有專人主責，替代役協助。

2.設有獎勵、考核及申訴管道，例如意見箱的配置。

3.積極開發社區中的志工人士，倡導志願服務精神。

■帳冊建立

1.雙連分校設有會計部。

2.專款專用。

■資料統計分析

• 性別統計分析

1.分析：女性學員占81%，比例明顯偏高，因此中心長者多為女性住民（社區十三位人士中男性僅占一位）；此外，也反映出女性較男性願意以參與課程的方式學習新知。

2.建議：可開設男性長者較感興趣的課程，但避免同質性的課程過多，例如：棋藝、攝影、健身等。

• 年齡分布統計分析

1.分析：在此分校的年齡結構統計上，九十一歲以上長者占9%；八十一至九十歲占44%，比例最高；七十一至八十歲占37%；六十一至七十歲占9%；學員平均年齡為八十六歲。

2.建議：由於學員大多以中心的住民為主，隨著年齡的增長，未來在課程安排的方向上，必須以長者之高齡需求為導向，但避免課程有逐漸老化的趨勢。可邀請醫院安寧的關懷師或社工員來擔任生死教育的講師，讓高齡者可以重新詮釋對生命的意義。

- 教育程度統計分析

    1.分析：在教育程度統計結果的分布上，可以看到分布的落差很大，不識字及國小者共占35.1%，大專及其以上也占25.6%，呈現兩極化；而若以國中作為劃分，不識字、國小及國中者占47.3%，高中職、大專、大學及研究所占52.7%，以高學歷者為多；另一方面也反應出低學歷的人易產生被排擠的現象。

    2.建議：課程可採分級制，但也未必高學歷的長者即適合進階班，另與本身的退化程度也有相關，長者宜適性發展。終身學習所強調的是培養興趣，而並非僅限於學習本身，可多開辦長者較感興趣的課程。

- 學員來源統計分析

    1.分析：此分校是屬於機構型的分校，因為就地取材的便利，學員中占93%來自於中心的住民，社區居民相對較少。

    2.建議：分校學員中來自社區人士比例較低，以下為行銷之可行方案：

    (1)方案a：普查社區人士，願意前來此分校之賣點。

    (2)方案b：參訪其他松大機構之優點，並加以跟進學習。

    (3)方案c：拜訪社區首長，以定點廣播的方式，廣為宣傳。

    (4)方案d：參加村民大會，藉此更能走入鄉里，增進歸屬。

    (5)方案e：與圖書館、社區中心等單位結合，舉辦文康活動，並於活動現場擺設攤位。

    (6)方案f：於人口密集處擺放傳單，以利社區居民索取，並張貼海報以示公告。

(三)課程與教學

■學制

　　1.每學年分上、寒、下、暑學期。
　　2.每學期爲期三個月。

■課程規劃之完整性與延續性

　　1.專業課程。
　　2.通識課程。
　　3.試辦課程。
　　4.社團活動。
　　5.校外觀摩。
　　6.參與社區聚會活動。

圖4-3　繪畫展

■教學成果

　　1.配合時令節慶，藉由應景的襯托，使作品大爲加分。
　　2.融入社區的藝文單位，以作品導入行銷，例如與當地鄉公所或圖書館合辦藝文活動。
　　3.與大專院校作結合，將學員的代表作展示於大專院校的藝廊，讓老人可以眞實的走入校園。
　　4.與他校合辦聯展，資源共享。
　　5.積極推展校外競賽，強化老人的自信心，例如該校書法班的學員揮毫參展，曾多次榮獲長青組優勝。

圖4-4　手語教唱

6.將作品集結成冊，並製作成周邊
　商品，送人自用兩相宜。

7.舉辦作品發表會，著作出版。

8.舉辦作品義賣會，藉由舉手做公
　益，肯定老人自我價值。

9.隨時隨地的現場成果，使老人福
　利機構內充滿著濃厚的藝文氣
　息及生活化的居家氣氛，例如教
　室、走廊、餐廳及樓梯間等。

圖4-5　阿嬤的私房作品

10.彙整老人的回憶錄，圖文並茂的
　　內容，懷舊過往生命中的起承轉
　　合。

11.蒐集老人私房秘方，傳承獨一無
　　二的生活智慧。

12.製作校園封神榜，把老人豐功偉
　　業的獎狀照片大膽地「秀」出
　　來，營造出成就的舞台。

13.照片是老人晚年時期的寶貝，捕
　　捉學員上課剪影，回顧影片的同
　　時也可製造同窗話題。

圖4-6　老人參與戶外活動表演

■滿意度調查

1.問卷施測採三百六十度的方式，對象以顧問、老師、學員、志工及
　同仁為主。

2.以師生座談會的方式，面對面來傳達教與學的需求。

(四)師資

■師資來源

　　1.於《雙連週報》公告招募。

　　2.於園區布告欄公告招募。

　　3.教會引薦。

　　4.學員推薦。

　　5.學員本為相關科目之專業。

　　6.社會局委派。

■師資聘任標準

　　1.學歷為高中職以上。

　　2.受過相關專業訓練。

　　3.附有相關檢定資格證明。

　　4.曾有作品發表。

　　5.相關教學經驗滿兩年以上。

　　6.通華語及台語。

　　7.具有耐心及親切的教學態度。

　　※以上具備三項資格即可。

■續聘評估標準

　　1.針對學員所作的課程滿意度調查來評估。

　　2.針對教學人員所作的課程滿意度調查來評估。

　　3.依學員出席穩定度來評估。

　　4.於校務會議中進行討論。

■顧問聘任標準

1.曾具有教育經驗者。

2.具松大碩士班以上的學歷。

3.屆滿一年以上之松年大學志工。

4.住民資歷深且有專長者。

5.具服務熱忱且有專長者。

※以上具備一項資格即可。

(五)環境與設備

■授課場所

1.安全第一，衛生至上。

2.無障礙空間的設計。

3.規劃安全逃生的路線。

4.充足的採光及燈光設備。

5.定期抽檢飲用水，符合水質標準。

圖4-7　教室

■資訊公開設備

1.週報訊息。

2.網頁走馬燈。

3.於各樓層教室設置布告欄。

4.電話通知。

(六)配合縣府實施要項

1.公文往返：申請文、成果核銷。

2.結業典禮：各分校採聯合辦理。

圖4-8　交誼廳

(七)品牌建立

1. 拼盤課程：採取大班別小單元制，給予學員多樣化的選擇。

2. 全年無休：除了上下學期外，也辦理寒暑期課程，其大多延續上下學期之內容，採取活動不打烊，給予長者連續性的學習。

3. 試辦課程：對學員而言採先修方式，對講師而言也可讓其先瞭解該分校之文化，以利課程上的規劃。另邀請專員來演講，提供單元課程。

4. 社團活動：利用課餘時間，促進老人文康聯誼。

5. 人力資源：該分校教師多為居住於中心的長者（六名），使長者在安養之年也能發揮所長，老有所學又老有所為，教師即是學員，學員即是教師，教學相長，相得益彰。並邀請長者擔任顧問一職，以利經驗的傳承。

6. 時令節慶：藉由應景的襯托，使作品大為加分，以作品勾勒出對節慶的祝福。

7. 作品義賣：學員平日所完成的作品，將其提供給分校義賣，所得將奉獻給經濟困難者，透過社會參與，亦可提升長者自我價值。

8. 建教合作：與大專院校作結合，合辦聯展，促進世代交流，例如明新科技大學老人服務事業管理系、馬偕醫護管理專科學校及國立台北護理學院等。

圖4-9　作品義賣

9. 戶外觀摩：由教師領隊導覽戶外觀摩，透過他山之石，激發創意的可能性。

10. 美化環境：以作品融於環境，強化老人對學習的認同及歸屬感。

11.志願服務：利用課餘之間關懷獨居老人，以同樣時代背景的經歷給予獨居老人感同身受的同理，把愛傳出去。

12.口述歷史：彙整老人的回憶錄，用文字及照片把豐富的生命描繪出一篇篇動人的畫面，讓老人在晚年時期達到自我生命的整合，也可讓世人得以見證其一生的傳奇。

(八)結語

在活動的進行上，分校本身並非孤軍奮戰，而是可以將社區的資源一併帶進來，以發揮內部資源的最大效益；地處偏遠的分校，交通是一大考驗，如何提供老人通暢無阻的生活機能是相當重要的。此外，男性對於活動的參與度明顯偏低，因此設計出符合男性老年人所感興趣的學習型態實為必要，通常體育性會大於娛樂性的需求。而藉由活動的進行，亦能讓工作人員更加瞭解老年人的生活習性，並加深老人對社區的認同及對自身所處的環境產生歸屬感，讓長者在生活中產生期待，不是消極的剩餘價值，而是積極地將潛能轉化為實力，許老年人一個自我實現的未來！

圖4-10　結業典禮

第五節　高齡者教育之省思

一、促進高齡者教育，應在教育部設置老人文教專門機構，專責研究及檢討，相關單位也需要有溝通協調的機制，整合教育資源，避免產生資源重疊及多頭馬車行政浪費的情況。宜積極開

發老年人的終身教育制度，將老人教育從善舉或福利的消極意義轉化成老人終身學習，從社會服務提升為自我實現階段，期盼產、官、學能相互結合，讓高齡者學習更有效率地來因應高齡化社會。

二、提出高齡者教育政策法令以實行規範化辦學，制定明確的規章制度，從設置標準、申請至管理，提供所須的必要及充分條件。此外，制定老人教育的專門法令，也是積極保障並提供老人教育的機會（季國強、樓一峰，2004）。

三、老年人的課程需要更多的經費的挹注，因為退休後收入短缺，教育並非主要開銷，承辦單位的資源也相當有限，故針對績優的承辦單位，期盼公部門可提供獎勵補助，並採公開表揚的方式，成為其他分校觀摩的指標。至於績效不良的承辦單位可以輔導的方式來取代評鑑，或許在辦學上會產生更多的效能。在高齡學習的領域裏，沒有第一名，承辦單位適性發展，因每個單位的在地文化均不一，應著重於地方文化的振興、保留及利用，發揚在地之特色，以利社區文化的傳承。

四、部分民眾對於福利資源的使用所知有限，宜加強宣導，可於每年舉辦「全國終身學習節」，期間可安排終身學習之資訊博覽會等，極力推廣，由上而下全民運動，提供及嘗試多種學習活動，以利激發國民的學習意願（曾彌七重，2004）。

五、各承辦單位宜形成策略聯盟，整合彼此的資源及經驗，例如社區大學與松年大學兩大體系之結構整合。抑或透過參訪觀摩，截長補短調整最適合辦理的方式。

六、因高齡者教育是跨領域的專業，若可定期舉辦承辦人員及講師的在職訓練，提供專業認證，並建立顧問督導制度，觀察授課情況，分享教學技巧，讓課程規劃更能貼近長者的需求。亦可建立「師資人才庫」，以利相關單位資源共享。

七、高齡者的智慧是社會的文化資本而非贍養性的負擔,可開發「老人人力銀行」,使人力資源運用的效益最大值,讓高齡者從消費者的角色轉換成生產者,從中獲得回饋社會的價值感。

八、針對新移民人口(如外籍新娘及其後代等)的終身學習需求,因有文化上的迥異,是否有相關的文化教育,使文化即為互補而非替代性,讓新移民人口產生對土地的認同感。

九、因老年人在行動上較為不便,抑或地處偏遠以致交通障礙,承辦單位可透過遠距教學,提供多元學習的機會,例如電視教育、衛星廣播、網路互動教學等,讓終身學習無遠弗屆。

十、老人教育推動的年齡亦應向下延伸,讓中年世代的國民提早規劃退休藍圖,透過代間教育的方式,並促進年輕世代與老年人的交流,端正社會對老年人刻板的歧視(黃旐濤等人,2007;中華民國社區教育學會,2007)。

問題與討論

1.高齡者教育與高齡者學習之區別何在?

2.高齡者教育對老年人、家庭及社會三者間的交互影響為何?

3.依據馬克拉斯基對高齡者學習所提出的五大需求來設計具體之課程。

4.規劃高齡者教育之內容須注意哪些原則?

5.針對現行的高齡者教育,提出未來之願景。

參考書目

王梅玲（2004），〈終身學習與遠距教育〉，http://www3.nccu.edu.tw/~meilingw/globe/u8/webpage/u8_pt1.html，2008年5月2日檢索。

中華民國社區教育學會（2007），《社區高齡教育的跨科技整合》，台北：師大書苑有限公司，頁207-224。

李鶴彰譯（2003），Kane, R. L., Ouslander, J. G., Abrass, I. B.著，《臨床老年醫學》（*Essentials of Clinical Geriatrics*），台北：合記圖書出版社，頁356-373。

季國強、樓一峰（2004），〈上海老年教育現狀與發展的趨勢〉，《二○○四年東亞地區高齡教育學術研討會論文集》，台北，頁170-180。

張偉岐（2004），〈長者導師的角色及意義——淺談香港的長者導師培訓〉，《二○○四年東亞地區高齡教育學術研討會論文集》，台北，頁105-122。

黃富順（2004），《高齡學習》，台北：五南圖書出版股份有限公司。

黃旐濤等（2007），《老人服務事業經營與管理》，台北：心理出版社股份有限公司，頁299-304。

曾彌七重（2004），〈日本高齡者教育之實施〉，《二○○四年東亞地區高齡教育學術研討會論文集》，台北，頁79-104。

Chapter 5

老人休閒育樂設計規劃與服務

簡慧雯
　　澳大利亞雪梨大學老人學碩士
　　明新科技大學老人服務事業管理系專任講師
王素琴
　　紐西蘭Otago University老人學碩士
　　行政院退輔會永康榮民醫院護理部主任
　　中華醫事科技大學護理系兼任講師
羅保羅
　　輔仁大學國文系博士
　　明新科技大學老人服務事業管理系副教授

學習目標

在學習完本章節後，希望讀者能夠：
1. 瞭解休閒育樂對老人之意涵。
2. 瞭解老人身體活動與健康促進的關係。
3. 瞭解常見老人休閒育樂活動之種類。
4. 瞭解長期照顧機構休閒育樂活動之設計、規劃理念。
5. 瞭解老人休閒育樂活動規劃的原則。
6. 瞭解老人休閒育樂活動規劃設計者應具備之能力。

摘要

　　本章為學習者整理出與老人休閒育樂相關實用的基本概念、實用的活動設計規劃技巧與原則，以及實例的分享，期盼提供初學者或對老人休閒育樂設計規劃與服務領域有興趣之學習者一個入門的準備。本章節並非只針對健康的老人進行探討，同時還考慮到身體功能障礙者的需要，例如失能、失智或其他因素居住在長期照顧機構內的老人，因此規劃了瞭解休閒育樂對老人的意涵，認識老人休閒育樂活動之種類，認識長期照顧機構的休閒育樂活動設計規劃與服務，介紹休閒育樂活動設計規劃的技巧、原則及注意事項，並分享實例做參考。

前言

　　台灣已邁入高齡化社會，伴隨著醫療科技的不斷研發與提升，人的平均壽命也因此逐漸延長，再加上民眾對於健康促進意識的提高，況且除了活得老更要活得健康，這是大家想追求的，然而面對退休後一、二十年的生活該如何規劃？因此，退休生活如何過得有品質、快樂與健康，且不成為他人的負擔，這些不單只侷限於老人，更是整體社會的期望，隨著資訊的發達，老人對於提升精神生活的重視度與認知日益增加；有鑑於此，不難理解休閒育樂在現代人生活中所占的比重。因此，對於老人精神生活之充實相對著重於益智性、教育性、欣賞性、運動性並兼顧動靜態性質活動，以增進老人生活之適應及生命之豐富性。因而相較於年輕一代，如何規劃適合老人的休閒育樂及文康活動便有所差異。

第一節　休閒育樂對老人的意涵

一、休閒活動的意義

「休閒」作為一個概念被提出，可以上溯到古希臘時期的亞斯多德（Aristotle）。他在二千多年前就指出，「休閒才是一切事情環繞的中心」，休閒是一種「不需要考慮生存問題的心無羈絆的狀態」。不過，把休閒放在學術層面作更深入的考察，則是近一百多年的事情。歸納國外學者對它的討論，大致可以得到下面的認識：(1)休閒是一種時間的利用方式，是個人在閒暇時間裏所從事的各種非工作性活動。(2)休閒等同於閒暇時間，即生存所需以外的時間。(3)休閒是一種心理體驗，是一種精神狀態，它包括了對獲得快樂的自我表達。(4)休閒是一種自由的生存狀態，自由是休閒的核心，是人的最高目的和終極追求。(5)休閒是一種生活態度或方式，休閒的特徵是透過人的個體或群體的行為思維、感情活動等方式，創造文化氛圍，傳遞文化信息，構築文化意境，從而達到個體身心全面完整的發展追求。(6)休閒是一種時間的非生產性消費（卿前龍，2006）。(7)休閒是藉以規避原來例行工作，紓解或補償工作所帶來的束縛、緊張與壓力的一種方式。(8)休閒與工作是對等的，具有各種獨立的角色地位和功能。(9)休閒是指在熱絡熟稔的環境中，一個人在最自由自在的時刻所從事的特定活動（陳燕禎，2007）。由上可知，休閒必須是在正式、例行的工作之餘，人在自由情況下所進行。休閒可以指一種心靈狀態，休閒必須意識到自由，休閒應該發自某種內在的動機，休閒可以是一種享受。另外，從事休閒活動，可能必須具備某些條件（如經濟、時間）；從事休閒，可能有發展身心提升境界的功效。

從漢字的構造與語詞使用的觀點來看，休字從人倚木，本義作息止，引伸則有吉慶、美善、福祿等義；閒字從門、月，開而月入門，

本義指縫隙，引伸之，凡有兩邊有中者，都可以謂爲閒。又「閒」與「閑」通，「閑」指置木門中，作爲遮攔，引伸有範圍、道德、法度之義。「休」、「閒（閑）」二者結合使用，應指人的一種生存狀態，即人應當過美好的生活，而美好的生活是符合中道的生活。中國的休閒哲學具有四個特性：(1)超越性：這是指超越當下的生活。(2)主體性：休閒是人內心世界的一種追求。(3)日常性：休閒不是空談哲理，而是一種日常生活的體現。(4)體驗性：休閒講究藉著日常生活，爲生命作一個更深更廣的開展（胡偉希，2003）。這與前段所介紹的西方觀點，有一部分是有交集的。

二、老人參與休閒活動的功能

良好的休閒活動，對個人，對家庭，甚至對社會，都有極正面的功能。對個人而言，在生理方面，從事遊憩或體能方面的休閒，可以促進人的血液循環，消除緊張，使身體協調、柔軟，減緩老化，避免生病。在心理方面，從事藝文性休閒，可以增進知識、激發潛力、怡情養性、開拓心胸，進而提升自己的表達、溝通協調能力。從事團體活動式的休閒，可以讓老人培養友情，發揮愛心，具有歸屬感、成就感。對家庭而言，從事休閒活動，可以提供家人同享新技能、新經驗的機會，增強自己的獨立性，減少對於家人的依賴性，可以讓家人有較具彈性的生活內容，也可以增進自己與家人情感的融洽。對社會而言，老年人參與社區服務或團體活動，可以將自己的經驗、閱歷、知識、智慧薪火相傳，回饋社會；老年人透過社團組織的運作，讓社會網絡更加健全穩定；老年人因爲休閒活動而獲得健全的身心，這也可以減少社會成本的支出。

但是對空閒時間很多的許多老人們，如何從這些自由空閒的時間去尋找適合且有意義的活動來打發似乎變成是困擾之一，看電視便是一項非常主要及普遍的老人休閒活動（莊秀美，2003；蔡文輝，2003）。常

見的，不只家中老人看很多電視，連居住在機構中的老人住民也常是被電視看。也許有人視其為「坐享清福」，但是長時間坐著不動其實對身體功能是有害無益的。因此如果能顧及看電視的樂趣又可同時使身體活動，其實也是非常有意義的想法。我們要思考一些現實的問題，老人真正喜歡的是什麼活動，而不是以我們的想法或是研究報告的結果，去硬性改變老人已固定的生活形式。因此，我們要記住一個基本概念，老人雖然年邁，他們的生理、心理之障礙並不足以被限制或減少追求或享受休閒活動的權利（莊秀美，2003）。換言之，成功的老人生活適應應該是充滿活動，且與社會密切牽連著，所以當老年時期的種種活動不斷持續著，便會促使老人人生態度趨於正向且具幸福感。反之，活動越少則生活會愈貧乏，對日子的滿意度也會下降。這反映出活動理論（activity theory）解釋的活動與生活滿意度的正向關係（莊秀美，2003）。

休閒活動對老人而言，具有遊戲、娛樂、創造性、社交性，進而提升到增強其生活品質的效果。藉由參與休閒活動，不論是大型、中型或是小型少數幾個人的，皆會有其不同的效果。例如，參加慈濟的志工或義工活動、手語社、舞蹈班、讀書會、書法班、繪畫班、手工藝設計、園藝、書法等，藉此機會發揮或培養興趣；或許這些興趣正是以前年輕時無法達成的，如今因為空閒時間增加，又有同伴參與，不只是結交好友，更是伸展觸角，據專家學者的研究發現，當老人從事以上所舉的休閒活動時，會在不知不覺的情境下脫離自我的封閉，提升成就感，克服孤單、自卑、胡思亂想等負面的情緒，顯示出休閒活動對老人而言，其實是一個非常有效的心理治療（莊秀美，2003； 蔡文輝，2003；Budge，1989；彭駕騂，1999）。

三、從社會學角度檢視老人休閒育樂的意涵

某些古典派理論家認為，休閒育樂活動是培養個人心靈高等價值

的活動，它是一種尋求身心解放的境界。現今部分社會科學家視休閒活動為人們利用非支薪工作外的時間所做的活動，這些活動的特色是使人放輕鬆且具有發展身心平衡的功能（蔡文輝，2003）。美國學者卡普連（Max Kaplan）指出，休閒活動不是為了經濟酬賞所做的活動，不應該有太多的責任壓力，它是出於自願而非被強迫或非作不可的，更重要的是該活動不需為了遷就別人而做（引自蔡文輝，2003）。

　　不同的社會學家對老人的角色改變有不同的見解，有學者認為老年生活並非個人生命中切割出的來的不同區塊，而是經由生活經驗累積且持續進展的完整生命歷程（Havighurst, Neugarten & Tobin, 1963），因此當個體進入老年時，會持續其以往的人格特性、習慣、嗜好、信念與價值觀。Lawton（1982）檢視老人在社會及環境人際關係變化時，主張個體老人經由生活經驗塑造的能力，包括其自我強度、活動功能、生理健康、感官認知等均會影響個體與環境之互動。而Maslow（1954）認為個體行為表現是由不同層次的心理需求造就而成，在Maslow理論中，人類最高層次的心理需求是自我完成或自我實現。Erikson（1993）發展理論中，老年是其個人的整合期。上述理論闡述老人的個別性與延續性，因此為了營造老人正向、有品質的成功老年生活，有必要為不同能力、生活背景、興趣、習慣的老人設計不同的休閒娛樂活動（Meiner & Lueckenotte, 2006）。

第二節　老人身體活動與健康促進的關係

　　老化是人生必經的自然過程，如能養成健康、良好的生活習慣，維持最佳的身體健康狀態，延緩老化的速率是極有可能的，也因此可以享受健康的生活（林啓禎，2003）。人類正常老化或多或少會造成身體功能的退化，但是其退化程度是因人而異的。當身體功能退化時又有伴隨著某些疾病的發生時，不僅影響個人健康，增加失能的機會，且會降

低生活的品質，其影響到的不只是失能的個體，同時亦會影響家人的生活，短期可能僅是日常起居、失能老人照護工作，長期可能因為長久照護使得經濟需求也會隨著增加，因此這不只是個人、家庭、社會的負擔，更影響整個國家的照護成本。換言之，延緩或是減低失能機會正是大家所期望的目標，而健康促進的重要性更是大家應有共識。根據世界衛生組織（WHO）的定義，健康促進是指促使人們有能力掌控及增進自身健康狀態的一個過程，以達到完整的、生理的、心理的及社會的安適狀況。如同WHO於一九八六年在第一屆國際健康促進大會上所提出的渥太華宣言，指出健康促進五大行動策略：訂定健康的公共政策、創造健康有利的支持性環境、強化社區行動、發展個人技能、調整健康服務的方向，為達到這些目標，無論是個人或團體，皆必須要有強烈的動機與慾望去追求健康，進而滿足需求，並改變及應付多變的外在環境。我們應具備社會、個人資源及身體狀況部分的正向健康共識；而且健康促進不單只是重視身體健康（生理部分），它更包括健康的生活方式（healthy life-styles），且更要超越安適的狀況（beyond well-being），重新調整健康服務方向（WHO, 1986）。

臨床老人常見的肌肉骨骼系統疾病，包括骨質疏鬆、骨折、五十肩、退化性關節炎、類風濕性關節炎、痛風等疾病。以上這些老人常見的疾病其預防與控制，是與肢體活動及運動有非常密切的關係。因為藉由身體活動及運動讓我們身體的壓力減輕，同時也有益促進心血管的功能（林啟禎，2003）。身體活動（physical activity）簡言之是指身體隨著骨骼肌肉的作用而活動，運動是其中的一部分，為肌肉骨骼系統的基本任務，同時是促進其維持活力與潛能的最大功臣（林啟禎，2003）。多從事身體活動的益處包括增加身體功能、降低憂慮及焦慮、增高生活滿意、強化獨立生活的能力，進而能使個體自覺健康（林啟禎，2003；劉慧俐，2003）。反之，當活動不足，有可能促使身體老化的程度比同年齡層老人更加劇（林啟禎，2003）。

　　針對身體活動與老人的骨骼肌肉系統的研究指出，老人的感覺整合能力、平衡感及穩定度都有下降的趨勢，這也是造成老人跌倒的重要因素之一。雖然目前相關研究所提出的對於運動是如何提升老人的感覺整合能力、平衡感及穩定度，仍有許多尚未證實的疑問，但許多研究身體活動介入的學者強調及建議，從事身體活動須考量選擇多元化的運動，其中包括平衡訓練、阻力運動、步行運動及重心轉移等（林啓禎，2003）。

　　當一個老人在身心狀態良好而且體能許可的狀態下，運動次數最好能維持每週三次以上，但對於剛開始培養運動習慣的老人，如果每休息兩天後體力及肌肉酸痛乃未見改善時，則應先從每週兩次或是減輕每次的運動量開始，待新陳代謝與疲勞恢復能力能夠趕上時，再陸續增加運動頻率。而每次運動量通常需要二十至三十分鐘才能達到效果，加上每週兩至三次針對身體主要肌肉群的重量訓練或阻力訓練，對骨骼肌肉系統的減緩老化助力最大。保持正向動機持續作身體活動也是一大挑戰，因為隨著運動所帶來的酸痛及疲勞，會使人感到不適，可能出現厭倦及逃避的心理，而無法很快地在運動表現及體適能上突破，這也是導致老人退縮的原因。因此，老人必須充分瞭解運動目標是爲了健康而非與他人競賽，建議不妨可透過尋找志同道合、身體條件類似且可以互相打氣的運動夥伴，彼此鼓勵相伴持續從事身體活動；且將某些運動的方式融入生活習慣，例如利用多功能跑步機在家中跑步或走路，其可以利用看電視（特別是連續劇）時每天同一時間做運動，好處是可養成固定的運動習慣。因此當老人能有對身體活動的正確認識及相信其可達到的效果，勢必老人對運動的動機便會增強且持續，漸漸地老人便更容易享受運動的樂趣，並有維持堅持下去的動機（林啓禎，2003）。

　　經由專家研究及建議，老人身體活動的進度需採漸進式，緩慢增加活動強度及持續時間爲宜。一個規則及適當的身體活動能促使老人更健康與獨立的生活型態，同時增進身體功能及生活品質。老人從事身體活動或運動時，應小心監測並避免合併症發生，導致不必要的運動傷害，

如此才能達到健康促進的目的（祝年豐，2003）。選擇活動時需考量個別的身體狀況，因為每一個人的情況皆不同，無論是運動項目、頻率、份量的選擇都因人而異。研究建議，從事不同的身體活動時要考量幾個因素（林啓禎，2003）：

1. 游泳：因為游泳的過程有浮力而承受地心引力的負擔較少，雖然游泳有滑水前進的阻力，但是游泳對於關節軟骨的負擔較輕，因此對於有退化性關節炎或其他關節問題的老人而言，游泳是一項很好的運動。

2. 慢跑：因為慢跑者必須承受地心引力的負擔，且負重訓練（weight- or load bearing exercise）對骨質密度的增加較為有利，所以對於想要訓練心肺功能或體適能者、本身的關節狀況經醫師檢查是處於良好狀況但有骨質密度不足的老人是適合選擇慢跑的；其他如登山、爬樓梯、跳舞（土風舞）、拍球、太極拳、槌球等運動亦具有類似的功能。

3. 有氧運動：所指並非只是那些舞蹈班或是健身房裏由專業老師帶動及隨音樂激烈地跳動；其實在我們日常生活中就有許多簡易有氧活動，而這些「有氧運動」是指從事長時間、連續性的大肌肉群運動，且必須是以運動休閒的方式達到舒展筋骨為主要目的才會有效。日常生活中的有氧活動，包括走路、慢跑、快步走、健走、做園藝（但不是非常勞力型的務農）、水中有氧運動及騎腳踏車或騎馬等（祝年豐，2003）。

以上例子，並非是讓老人只能選擇一種最佳運動，而是在選擇哪一項為主要運動對自身最為適切，再選擇其他的運動作為從事次數較少的替代運動，這也是多元化運動的用意之一。既然身體活動能夠協助老年人提高生活品質，減緩疾病發生，積極發展及鼓勵各種促進身體活動的計畫是需要的，因此透過各種途徑提供機會給老人參與，使老人能在良

好支持下，安全又快樂地從事各種不同的身體活動（林啓禎，2003；祝年豐，2003；劉慧俐，2003）。

案例
球類運動Carpet Bowls

　　八十四歲獨居的瑪莉，二次大戰後與先生及兩個孩子，千里迢迢坐三個月的輪船從愛爾蘭移民到澳洲，一輩子過著清苦的日子。她目前只靠政府年金度日，自述「澳洲政府對老人很好，不會讓人餓死的，可是生活真的過得很孤單」。瑪莉有輕度糖尿病及高血壓病史，不喜歡運動，喜歡看書，特別是歷史傳記故事，偶爾與女兒外出或是與俱樂部的夥伴參加一日遊。她的孩子及其家人皆住外地，中風多年的先生已去世十七年，去世前由小兒子在家協助行動不便及有語言障礙的父親做例行復健活動及協助打點日常生活。瑪莉是標準的家庭主婦，先生身體健康時常相伴到退伍軍人及家屬的俱樂部或是到私人俱樂部去跳國標舞，見見老戰友，喝喝啤酒，聊聊天，偶爾開車到附近的小鎮走走，隨著先生的身體狀況改變，所有的外出活動劇減，先生往生後瑪莉有約六年無法接受先生已往生的事實，且出現嚴重的憂鬱症，經孩子們的鼓勵後，她開始接觸社區老人俱樂部活動，選擇了澳洲中高齡人士最熱愛的省錢又有社交性質的Carpet Bowls運動。這是一種戶內、外皆宜及適合老人及全家人共同玩的球類活動。此活動雖隨著打球者的步調打球，但卻是須由四人組成的團隊活動，成員要動腦思考對策及技巧，再配合個人的能力及速度去完成。活動場地限制少，設備也極簡單，只需Carpet Bowls專用的球及專用的地毯（室內）或是室外的草地。有關Carpet Bowls的玩法及比賽規則，由於篇幅限制，無法在此詳敘。

　　剛開始接觸Carpet Bowls時，瑪莉單純是為了應付孩子，之後她

發現許多老人的情況皆很雷同，俱樂部變成一個社交地方。彼此來此相聚消遣時間，有趣的是，瑪莉自述先看別人如何打球，等自認準備好了，有自信上場後便不斷地進步。瑪莉從開始學到可以比賽只有短短的一個月。她常代表俱樂部參加友誼競賽，並常拿冠軍。此運動已成為瑪莉日常生活的一部分，每週去俱樂部三天見見戰友。她個人及其他年齡更大的俱樂部夥伴們皆認為Carpet Bowls是最適合老人的活動，健身又交際，更重要是增進個人的成就感。雖然打球時需集中注意力思考策略，但過程是令人放鬆的。瑪莉表示若沒有Carpet Bowls日子一定更難過。如今玩Carpet Bowls使她有許多有趣話題與別人分享，這是一種難得的自我認定，也是她自己很驕傲及滿足的部分。作者認為這是值得在台灣推展的老人休閒娛樂活動。

第三節　常見的老人休閒育樂活動規劃

老年人在認知方面的特徵，是注意力維持時間較短、思考過程變緩、認識環境的能力漸低、經常幻想健忘；在生理方面的特徵，是關節日漸僵硬、身體柔軟度不夠、運動能力減退、感覺能力衰退、肌肉萎縮、食欲不振、失眠、腸胃不適；在情緒方面的特徵，是情緒不穩、不合作、煩惱、焦慮、時有疑心或敵意。此外，在時間方面較一般人自由，在經濟方面，較沒有太大的壓力。考慮到這些特徵，我們以為，適合老人的休閒活動大致可以有：

1.從參與方式看：適合個人進行的，如看電視、看電影、聽音樂、學書法、學畫畫、寫作、釣魚等；適合家庭或朋友間的，如聚餐、郊遊、唱卡拉OK等；屬社會形式的，如參加公益活動、參與宗教聚會。

2.從時間運用角度看：有屬於短時間暫時性的，如歇腿、伸懶腰、即時性的伸展筋骨；屬於日常的遊憩，如唱歌、唱戲、野餐、烤肉等；屬於週末假日的，如郊遊、旅行。

3.從活動的性質看：屬於體能方面的，如散步、健行、游泳、練香功、練太極拳、練甩手功、打乒乓球、打網球；屬於藝文方面的，如集郵、插花、看電影、看展覽、學畫、寫字、弈棋、寫作、聽音樂；屬於益智方面的，如加入社區大學、加入讀書會、閱讀、學語言、學電腦等；屬於娛樂方面的，如唱歌、跳舞、駕車兜風等；屬於遊憩方面的，如登山、健行、郊遊、旅行。

雖然適合老人的休閒活動很多，但是鑑於老人的身心特徵，異乎一般年輕人，在此我們特別強調三項原則：

1.凡事必須有「度」：人必須服老，接受老化的事實。如要從事體能性的活動，應當儘量選擇自己能夠負荷的活動。而從事自己能夠負荷的活動，也不能太過追求難度，或因為時間沒有節制，而致疲勞過度。另外，在經濟上，應該衡量自己的能力，不宜太過豪奢，更不宜給家人帶來壓力。休閒生活可以講求質，而不必在意量。

2.活動必須均衡：老人的活動有靜態也有動態，靜態如種花、寫字、閱讀、練氣功，可以怡情養性，但是動態的如打球、跳舞、登山，可以促進血液循環，對於老人也一樣重要。因此，如果體能可以，休閒活動不妨考慮動態與靜態結合。其次，休閒活動有屬於個人的，也有屬於團體的。老人的個人休閒太多，那麼他的社會化欲望將得不到滿足；老人的團體休閒過多，則又難免會妒忌、疑心，與人產生無謂摩擦。所以良好的休閒規劃，應當是兼顧個人休閒與群體休閒的平衡。

3.個人性質的與社會性質的兼顧。休閒活動還有利己的與利他的，老年人過去已經蒙受到社會的幫助，如今既然擁有較寬裕的時間，自

然也可以回饋社會。適當的休閒規劃，最好能夠結合屬於個人性的和屬於社會性的。利己，可以是個人德性境界的提升；利他，則是從事公益，對社會做實質的服務。

案例

書法聯誼

「向晚意不適，驅車登古原，夕陽無限好，只是近黃昏。」

八十二歲的趙老先生是浙江人，育有兩個子女。他在軍中服役十八年之後以校級官階轉入警界再服務十四年，退休後與老伴同住在南部地區。喪偶後在他鄉工作的子女不放心趙老先生獨自生活，故而央請趙老先生入住台灣南部地區某績優之長照機構。趙老先生年輕時雖未就讀制度內之學校，但曾就讀於私塾數年，因而具有一定程度的文化水準，平日喜愛閱讀中國文化書籍與詩辭歌賦。趙老先生表示由於年輕時就培養出對書法的興趣，入住長照機構後很高興有機會參加機構內兩週一次、每次兩小時的書法聯誼。他認為重拾毛筆不僅可以陶冶心性，鍛鍊上肢的力量與穩定度，同時也讓自己走出房間融入悠閒自在的活動空間與環境中，並增加與同好、書法老師、志工及實習同學們的社交互動。趙老先生的書法端正有力，經常受到機構內工作同仁的稱讚，到機構參訪的人員更是常駐足欣賞其作品。雖然對此成果趙老先生總是謙虛地表示「寫得不好」，但那自信的眼神、滿足的笑容總是為他夕陽無限好的生命增添了許多光采……

　　總而言之，由於休閒育樂活動種類眾多，為方便學習者認識不同型態活動與目的，因此將資料整理如**表**5-1。

表5-1　不同型態老人休閒活動與目的

型態	目的	具代表性的活動
社交型	・鼓勵性參與。 ・減少隔離。 ・使產生新的興趣。 ・享受快樂。 ・使產生歸屬感（belonging）。	・唱歌。 ・出遊。 ・手工藝，陶藝。
與工作相關的活動	對長期一直從事工作的老人而言，能藉由活動的規劃設計達到自我實現的功效，增強自我的價值感，自我支持的作用。	・作手工藝品可以賣錢，所賺的錢可以支付在機構中的一些支出，例如出遊的費用…… ・到機構的洗衣房摺衣服，修補衣服，協助工作人員供茶水或點心給其他住民或是訪客。 ・園藝工作。
創意型	創作或是製作特殊或是原創作品，使增強對腦力及思考的過程。 關鍵在於人是需要為自己要做的事情做決定。	・編織。 ・繪畫。 ・寫作。 ・玩音樂或演奏樂器。
藝術型	激發老人家潛能。	・音樂活動。 ・手工藝。 ・繪畫。 ・園藝。 ・芳香。 ・雕塑。 ・心理演劇。
工藝型	促進老人的關節活動及腦部思考運作，增加創造力，避免退化。	・實用傳統工藝。 ・原住民傳統工藝。 ・趣味工藝。 ・造景。
懷舊型	讓老人家回憶往事，有幸福感，是心靈的照顧。	・老照片說故事。 ・懷舊老歌、電影或是海報。 ・懷舊之旅。 ・懷舊滋味。

（續）表5-1　不同型態老人休閒活動與目的

型態	目的	具代表性的活動
服務型	此類活動是藉由鼓勵其他弱勢者，於協助這些弱勢者時讓自己增強個人的自我價值。	・幫眼盲者或是文盲者唸書或信。 ・協助寫信，特別是協助那些不會寫信的住民。 ・協助他人穿衣服、餵食、認養動物園的動物。 ・從事義工／志工活動。
智慧型	此類活動能增強腦部思考，鼓勵腦力激盪，幫助問題解決和學習新的技術及技巧。	・討論時事。 ・讀書。 ・玩益智遊戲，大富翁。
遊憩型	純粹消遣型、參與性、享受型、社交型、室內及戶外活動。	・賓果。 ・遊戲。 ・出遊。 ・聚餐活動，配合節令進補養生。
精神寄託及宗教型	藉由宗教的各式活動得到效果。	・念經（《聖經》、佛經、《可蘭經》等……）。 ・唱詩班。 ・《聖經》歷史。 ・唱聖歌。 ・聽錄音帶（有聲書）或CD。 ・討論宗教節慶。 ・慶祝傳統節日及生日，使感受時令之變化。
身體保健型	增強肌肉的力量、行動能力、協調性，可增強心肺耐力、肌力、肌耐力、柔軟度及身體組成的運動，以延緩身體機能退化。	・走路。 ・登山、爬樓梯、跳舞（土風舞）、拍球、太極拳、槌球。 ・放鬆運動。 ・聽音樂做輕柔運動。 ・體適能運動。 ・身心機能活化運動（溫熱療法、有氧運動、健康伸展操）。

資料來源：作者自行整理；內政部，2006；莊秀美，2003；蔡文輝，2003；彭駕騂，1999；
　　　　　Budge, 1989; Pittman, 1989.

　　此外，有感於目前市面上可取得的老人專屬相關活動設計帶領資源相當有限。因此，提供學習者一實用手冊作為參考，同時鼓勵實際活用手冊，相信能有助於日後所從事之實務工作。《老人活動設計帶領手冊》（中華民國老人福利推動聯盟，2004）共收集九大類五十八種由專家學者、實務工作者及學生共同編輯完成的活動，其活動設計內容實用且簡明易懂，透過輕鬆、活潑之插圖設計與說明，便利帶領活動者閱讀與操作。為方便學習者認識活動分類，筆者將該手冊內容進行整理並加註其他實用的參考資料，製成表5-2。

表5-2　老人活動設計帶領分類與目的

分類	目的	活動名稱及附註
規劃認知類	・訓練注意力的集中及增強認知能力。 ・藉由活動過程及規則刺激感官知覺，訓練思考及邏輯能力。 ・刺激及增強對數字及物體辨識力。 ・藉由活動參與過程使老人能獲得成就感及滿足感。 ・藉由團體參與，增進彼此之認識及互動。	活動名稱：記憶大考驗、數字對對碰、水果園地、環島旅行、讀報、賓果遊戲等。 附註：建議參考 ・我的E政府http://www.gov.tw/ ・退休生活／旅遊資訊http://topic.www.gov.tw/elders/info/list.aspx?class2=3&class3=2 ・觀光局旅遊服務中心http://www.taiwan.net.tw/lan/Cht/travel_info/index.asp ・24小時服務免付費旅遊諮詢熱線：0800-011765 ・行政院農委會網站家族http://ezgo.coa.gov.tw/web/news.php
懷舊類	・藉由回憶的動作，去懷舊人、事、物及地理，使回顧舊時生活。 ・藉由經驗分享，瞭解老人當時生活背景，滿足長者的懷舊情緒。 ・透過照片、圖片、書籍、影片分享其個人之經驗，增進老人彼此認識及互動。 ・訓練長者認知、思考能力及注意力集中能力。	活動名稱：古今往來、蚊子電影院、憶童年、童年記趣、育兒篇等。 附註：建議參考 ・行政院研究發展考核委員會出版《走過台灣一甲子》網站http://www7.www.gov.tw/twsix/index.html 其收集一九四五至二○○七年珍貴的台灣紀錄照片，種類包括政治、教育、

（續）表5-2　老人活動設計帶領分類與目的

分類	目的	活動名稱及附註
懷舊類	・藉由活動過程使老人有機會自我沉澱及回憶機會。 ・藉由某些肢體活動規劃過程促進肢體活動。	社會、人物、軍事、農漁業、商業經濟、宗教禮俗、娛樂休閒、建築交通、生產製造。可利用這些資源與老人回顧過去他們的年代。
感官刺激類	・藉由活動過程提供視、聽、嗅、味、觸覺之感官刺激。 ・藉由活動可增加對物品之認知能力。 ・藉由活動過程增加社交及互動機會。 ・藉由參與活動時能有自主權時所獲得成就感及滿足感。	活動名稱：DIY沙沙灌、梳洗打扮、嗅一嗅、袋中寶等。
運動類	・增加老人活動及伸展四肢的機會。 ・於活動過程中訓練及增強老人的手眼協調能力。 ・促進血液循環與肌肉張力。 ・藉由活動規則及過程訓練思考及邏輯能力。 ・增強注意力。 ・增強主要關節活動度及身體平衡的能力。 ・增強認知功能。 ・藉由提供適宜體能活動，改善睡眠品質。 ・透過競賽提升個人自信心與成就感。 ・藉由活動過程增加社交及互動機會。 ・藉由趣味活動帶給老人歡樂的氣氛及生活樂趣。	活動名稱：桌上籃球、夾乒乓球比賽、輪椅駕駛執照、傳球運動、投籃高手、沙包遊戲、老人排球、五代套環、代代相傳、鏡中投球等。 附註：建議參考 ・行政院衛生署國民健康局健康久久衛生教育網「銀髮族健康大進擊一健康體能篇」http://www.health99.doh.gov.tw/educZone/edu_detail.aspx?Catid=11208 行政院衛生署國民健康局健康久久衛生教育網出版的教材，此教材分成五部分，第一部分為老年人健康體能，第二部分為老年人運動時的原則，第三部分是歸納出四項健康體能要素的訓練處方，第四部分為指出適合老年人的運動項目，第五部分提出罹患慢性病老年人運動原則標準。
創作美勞類	・引導及啓發老人的創作力。 ・增強手、眼、腦靈活運用。 ・增強手部肌肉。 ・增強注意力。 ・創作過程中的成就感。 ・學習藝術欣賞並增添生活樂趣。 ・增進人際關係及互動。	活動名稱：蛋殼玩偶、書籤卡片製作、捲紙筆筒、國劇臉譜、竹筷槍等。

（續）表5-2　老人活動設計帶領分類與目的

分類	目的	活動名稱及附註
娛樂類	·增加生活樂趣，促進人際間的情感交流。 ·藉由活動獲獎，使老人獲得成就感及滿足感。 ·藉由活動過程促進其自信心。 ·訓練思考及理解力。 ·增強對數字認知能力。 ·增加對顏色的分辨能力。 ·藉由音樂旋律放鬆情緒。 ·活動四肢筋骨。	活動名稱：吹器大作戰、俏媽帥爸服裝秀、數字接龍、釣魚活動、聽歌起舞、阿公阿嬤聰明百分百、圖形遊戲、過五關（比手畫腳）、選美大會、卡拉OK比賽等。
日常生活類	·增加接觸大自然機會開拓心胸。 ·藉由活動規劃增進人際間互動。 ·增加活動量促進體能。 ·藉由戶外活動增加日曬機會，預防骨質疏鬆並安撫情緒。 ·藉由實際參與逛街或購物機會，引發其回憶或是體驗過去的生活片段。 ·藉由活動參與增強感官刺激，及增強認知能力。 ·藉由親身的參與活動（動靜態），使獲得成就感及滿足感。 ·藉由活動規劃使活動量增加，幫助穩定情緒，進而改善睡眠品質。	活動名稱：花園散步、逛市集、種花、烹飪、夏日聚餐、插花、日光浴等。
節慶類	·藉由活動設計刺激老人思考及邏輯能力。 ·讓老人能感受不同節慶的氣氛。 ·藉由活動可鼓勵老人分享他們過去的經驗（傳承），使有成就感及增強自信心及被重視之感受。 ·藉由活動規劃增加老人手眼腦協調功能，增加觸覺、味覺、嗅覺等刺激。	活動名稱：新年、元宵節、清明節、端午節、中秋節、作粿、猜燈謎等。 附註：建議參考 ·行政院新聞局的網站資源http://www.gio.gov.tw/info/festival_c/index_c.htm ·僑委會的全球華文網路教育中心http://edu.ocac.gov.tw/local/web/Index.htm

（續）表5-2　老人活動設計帶領分類與目的

分類	目的	活動名稱及附註
暖身活動類	・藉由運動形式，維持身體機能，達成生理保健。 ・透過全身暖身運動，使達到老人舒暢身心。 ・簡易肢體運動，保持老人肢體靈活度。 ・訓練注意力集中，增強認知能力與記憶力。 ・增加自我表達能力。 ・增強對物體的辨識力及反應力。 ・增進人際關係及互動。	活動名稱：暖身放鬆法、健康十巧、蘿蔔蹲、大家一起做體操、認識你我他—記憶／傳球遊戲、暖身活動小叮嚀、活力養生操等。

資料來源：作者自行整理。

第四節　長照機構休閒育樂活動設計規劃理念

　　本節探討國內相關法令與政策，並綜觀長期照顧機構中休閒育樂活動規劃設計，進而認識長期照顧機構的休閒育樂活動規劃與服務。

一、政策或法令依據

　　依據「老人福利法」第十八條，為提高家庭照顧老人之意願及能力，提升老人在社區生活之自主性，直轄市、縣（市）主管機關應自行或結合民間資源提供休閒服務。依「老人福利法」第十九條，為滿足居住機構之老人多元需求，主管機關應輔導老人福利機構依老人需求提供社交活動服務。依照「老人福利法」第二十七條，主管機關應自行或結合民間資源，辦理下列事項：(1)鼓勵老人組織社會團體，從事休閒活動；(2)舉行老人休閒、體育活動；(3)設置休閒活動設施（全國法規資料庫，2008）。內政部（2008）老人福利與政策提及，台灣已步入高齡化

社會，隨著年齡的增長，適合老人的休閒、文康活動也與年輕時不同，且老人對於提升精神生活的重視度也益加提高，故對於老人精神生活之充實將著重益智性、教育性、欣賞性、運動性，並兼顧動、靜態性質活動，以增進老人生活之適應及生命之豐富性。除此之外，教育老人接受自己老化的事實，及教育社會大眾接受生活自理缺損的老人亦為重要的課題。因此，在老人人口急遽增加之時，相關老人服務益顯其迫切性與重要性，是以更應不斷鑽研相關知能，分享服務經驗，藉以提升服務品質，因應需求拓展服務項目，使政府機構、社會資源相互為用，以全方位、人性化的需求導向，提供適切的服務。

二、長期照顧機構中休閒育樂活動規劃設計的綜觀（overview）

機構內住民的日常生活起居活動大多由他人協助完成，因此在這種照顧環境下，實際上是不大可能要求許多的老人繼續保有其獨立的能力，特別是無情的失能或失智問題不定時伴隨著他們，延伸出來無非是加諸於老人的身心功能障礙，這些不等程度的殘障只會造成老人對他人的依賴增加而相對減少自我獨立能力。因此，身為一個提供專業服務的人員應謹記「無論是多麼的辛苦或困難，專業照顧人員的職責與任務是盡力去鼓勵或是利用各種方式，協助老人能善用僅存的身體功能且繼續維持其運作」，唯有這種理念與堅持才能促使老人發揮其最高的自我獨立能力。

猶如前述，對於從事專業照顧人員而言，所需面對的是各種不同類型的老人，而且每位皆是獨特的個體，因此瞭解他們過去的生活型態、興趣、需求、能力或是對事物的動機或反應等，皆對規劃設計活動具有深度的影響。如果專業照顧人員只是簡單地提供一種活動給所有老人，而未考量任何的個別興趣、能力、興趣、需求或動機，其實行成果往往不盡理想。例如針織作品、手工藝、瞭解時事（current affairs）、賓果遊

戲（bingo）、烹飪（cooking）、出遊（outings）等活動，多是需要具備相當程度的認知或技能才能完成的活動，但是對於患有嚴重失能或失智者卻有困難度，且會出現許多限制與障礙。簡言之，長期照顧機構中休閒育樂活動規劃設計，必須先行評估老人的個別能力與需求再進行規劃設計，唯有如此的用心及尊重個別需求才能達到提供休閒育樂服務的最終目的。

針對居住於機構內的老人，安排活動時需考量較多部分，因為透過適切的休閒育樂活動安排，能讓他們體驗到過去的生活經驗之價值性，間接促使他們感受生存價值與目的，提升生活目標，以及提供機會讓老人運用、操作已有技能，甚至探索或發展新的生存技能。因此，當活動設計是具有激發性且有意義時，便能達到強化老人生活動機的目的；且藉由參與活動而得到鼓勵，進行社交活動交流，更能增強老人對自我的肯定。

另外，老人對於活動參與的動機亦有待考量，因為有些居住於機構的老人之基本需求都已得到滿足，多餘的休閒育樂活動反倒變成不重要；因為對這些老人而言，其本身的生理機能已經降低，而在參與被認為是最基本或簡單活動過程中，卻嘗試到失敗反倒造成心理有雪上加霜的感受！而且在現實情況考量下，機構中常會因為人力不足，無法容許老人參與活動時能有非常充裕的時間完成其想自己完成的任務。因此，該如何規劃設計與提供服務時，更需要將以上的問題列入考量並謹記於心，簡言之，唯有細心思考才能規劃出好的活動，提供最優質服務，才能讓老人享受後半生的快樂時光。

 第五節　長照機構中老人休閒育樂活動規劃設計原則

「老化」是人類生長的必經過程，適切的老人休閒育樂活動能讓他

們體驗到過去的生活經驗價值及感受到生存的目的，提升生活目標，並有機會去使用他們已有的技能，或探索發展新的生存技能，進行社交活動交流，增強其自我肯定。在機構中為老人安排活動時，也應注意老人的自尊，考量其視力及聽力的減弱，及對活動的耐受性減低、注意力不易集中而造成的不適，此外較不靈活的肌肉協調性、緩慢的動作與步態等生理改變會使老人覺得無助及退縮。因此，當設計規劃或帶領老人的休閒育樂活動時，應先考量直接或間接影響老人的參與性或是受益性的因素。透過相關因素的考量後，才能使所規劃出的活動更吸引老人的參與，相對地才能達到活動規劃設計實質意義與目的。

如前節所言，適當的活動規劃設計或帶領可以協助老人體驗過往經驗的價值，間接促使他們感受生存價值與目的。當活動規劃及設計具有腦力刺激效果與意義時，該活動可得到的成效包括增強住民動機與正向展望（positive outlook）。因此，一個好的活動規劃設計必須容許老人繼續維持其個別興趣、享受其個人空間（space）。雖然不見得所有的社交活動會適合每一位老人，但也許他們只是需要一些屬於他們自己的時間與空間。若以這一點來思考，如果老人是屬於重視自我獨立空間者，他們可能不適合參加團體活動（group activities），如以機構生活而言，特別是指新住進的老人而言，在住進機構後就參與團體活動並不是一件好的嘗試，於此建議，針對新住進機構的老人，應先規劃設計個別的或是小團體活動，其目的是讓專業照顧者可以藉此認識老人，同時也讓老人逐漸瞭解、適應活動目的，以及如何參與團體生活的雙向考量（Pittman, 1989）。

一、比較個別及團體的活動規劃設計的差別

長期照顧機構個別及團體老人休閒育樂活動規劃設計差別在於，安排個別活動需要有充分人力支援，特別是進行多重設備或是不同型態等

活動。反之，團體活動能充分利用人力與資源，藉由團體活動增進社交機會，幫助老人增進對他人的信任、友誼，達到促進人際關係及溝通技巧，更可減少孤獨感、隔離、憂鬱、自我挑剔，以及降低對其他住進機構的負面印象。規劃團體活動時需事先評估參與活動人數、需求、興趣及依賴程度，更重要的是，要鼓勵各類型老人參與活動，如此可以減少因為失能或失智住民的不均而造成尷尬場面，造成住民缺乏參與動機及興趣（Pittman, 1989）。

以「書法班」為例，書法乃是一門獨特的中國傳統文化產物，是二十一世紀前所有讀書人必備的工夫，許多人稱它是「不需練氣的氣功」，因為寫書法時必須全神貫注、心平氣和，此與修習氣功時陶冶心性有異曲同工之結果，此外寫書法的人更是要頭正、肩平、背挺，在摒除雜念的同時將力道集中於上肢，因而可以鍛鍊上肢的力量與穩定度。因此，長照機構（國內外皆是）常為住民安排書法班之活動，可以採個人或團體方式進行。寫書法能達到的目的，包括：(1)透過靜態的書法活動，抒發住民情緒，提升住民心靈活化；(2)強化住民身體活動功能，特別是強化上肢肌力與穩定度；(3)增進住民間之社交活動；(4)增強住民自信與自我成就感；(5)藉由正向的讚許與鼓勵，協助住民找到生命的尊嚴與意義；(6)整體活動成果促進住民身體、社會、情緒與認知層面之健康，進而增進其生活品質。

二、團體活動執行模式

團體活動可以三種模式執行（Pittman, 1989）：

1. 一群人聚在同一個地方同時進行獨立的活動，例如手藝、遊戲、玩牌、寫信等，活動進行中可能會有觀眾／目擊者參與，也許是評論者或被動參與者，但皆是參與社交活動的一種模式。

2.小組分工完成作品，例如做一個農場的模型，有些人蓋農舍，有些人舖草地、種樹、擺動物之模型或是替動物模型塗色等。

3.能力佳的協助能力差的，所有的參與者皆做同樣的作品，但是藉由活動的機會讓能力佳的協助能力較差者，主要目的是提供一種社交互動機會。

三、活動規劃者應具備的能力

活動規劃者應具有的能力包括：

1.先知道參與者已有的能力或認知。

2.具個別性活動設計的原則。

3.活動設計簡單易懂，目的在增強參與者興趣，且會因為參與而增加其成就感。

4.活動參與的過程要有樂趣（風趣）。

5.活動設計須有可塑性（彈性），需能依照參與者之個別身心狀況做彈性調整。

6.具有規劃、組織能力，與解決問題的能力。

7.具有基本的身體評估能力，協助規劃者及執行者瞭解老人身體及行為問題。

8.公關能力佳，有良好人際關係，能結合社區資源、策劃及舉辦義賣等。

9.通曉老人權利。

10.與機構的工作人員關係良好，始能彼此配合活動的規劃與執行。

11.具有評估活動的能力且能持續找尋改進的方法。

12.具同理心、慈悲心、愛心、支持心、耐心，能體會他人、常鼓勵及讚美他人，並且不批判他人。

13.忠誠度一定要高。

14.具有團隊精神。

15.具有專業能力，不斷找機會參與研習或工作坊，自我成長及觀摩。

16.良好人際關係，有技巧地與老人、家屬、其他專業人員團隊溝
　　通，建立良好資源網絡。

案例
投投樂

活動規劃

　　1.活動時數：40分鐘。

　　2.活動地點：綜合使用空間。

　　3.出席人數：共7人。

　　4.活動目標：增進長者手部大小肌肉機能。

　　5.階段目標：促進長者手部運動，使長者動手接、拋球，及正確
　　　辨認有色格子方位。

活動道具

　　1.報紙球或像皮球。

　　2.紙箱或洗衣籃。

　　3.九宮格海報或彩色塑膠圈。

　　4.記分板。

活動說明

　　1.此遊戲可用分組活動，或者是小型單人遊戲。

　　2.紙箱/洗衣籃上有分數，球投進大紙箱/洗衣籃分數較低，投進
　　　小紙箱/洗衣籃分數較高。

　　3.將九宮格海報／彩色塑膠呼拉圈鋪平在地上，由長者指定自己

想要的顏色後投球，投到指定顏色則可得分。

活動過程

1. 分發報紙球給參與的長者。

2. 帶領者講解投球規則，並試做一次範例。

3. 開始活動時間。

4. 帶領者到旁進行協助與引導。

活動位置圖

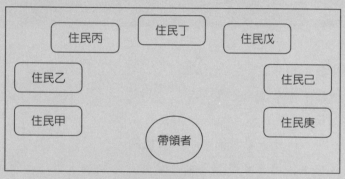

（上圖為活動開始五分鐘的位置圖）

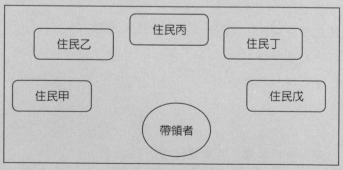

（上圖為活動五分鐘後的位置圖）

參與者紀錄

住民甲	投了五球後便感到累而離開活動範圍。
住民乙	一開始不參與活動，只觀戰，五分鐘左右後始主動接球、投球，球投進時嘴角有微微的笑。
住民丙	活動開始時 直打瞌睡，拿著球兩至三分鐘後才投出，活動間需一直呼喊他，才會動手投球，活動前期投球都沒力只投到離輪椅大約十公分處，活動後期會主動投球，投出的球距大約有十五至二十公分。
住民丁	活動開始就充滿活力，但活動期間心不在焉，眼睛不時飄向電視，每球都很有力道，平均球距約四十五公分，活動結束後說要繼續玩、下次想要玩大球。
住民戊	活動五分鐘後感到無聊，覺得遊戲是小朋友玩的，不想參與。
住民己	從三樓自己坐電梯上來四樓一起參與活動，全場笑最大聲也最有活力的，尤其是看到帶領者來不及接爺爺們投的球時，笑得最大聲，身體還前後搖動，活動結束後主動問明天幾點在幾樓活動。
住民庚	自訴右手沒力，拿著球遲遲不投，需要呼喊他才會有動作，但投球很有力道，球距約二十五至三十五公分。

參與者分析

	投球次數	參與時間長短	手舉起的高度	笑的形式
住民甲	5次	5分鐘	到耳朵	中笑
住民乙	30次	40分鐘	到肩膀	微笑
住民丙	10次	40分鐘	到胸部	無
住民丁	40次	40分鐘	超過頭	開懷大笑
住民戊	5次	5分鐘	到下巴	中笑
住民己	40次	40分鐘	到肩膀	開懷大笑
住民庚	10次	40分鐘	到胸部	大笑

活動討論與改進

1.遊戲太簡單，長者們參與度不高，遊戲的難易度需要提高。

2.投球籃已更換為洗衣籃，但高度過高，不易進球，需更改為矮一點的紙箱。

3.更改道具球，使球發出聲響吸引長者參加。

4.九宮格圖更換遊戲模式，採桌上型投擲。

資料來源：新竹市某私立老人養護中心陳社工員。

第六節　結論

綜而言之，老化是人類必經的正常過程，而已步入高齡化的台灣社會，且老人對於提升精神生活的重視度也益加提高，隨之面臨的便是，如何提供適合老人的休閒、文康活動，因此，當設計規劃適合老人的休閒育樂活動時，設計者或是帶領活動者本身需先思考某些會直接、間接影響老人的參與性或是受益性，因為對於老人精神生活之充實將著重益智性、教育性、欣賞性、運動性並兼顧動、靜態性質活動，以增進老人生活之適應及生命之豐富性。簡言之，當活動規劃及設計具有腦力刺激效果與意義時，該活動便能達到強化住民動機與正向展望，讓老人感受到自我生存價值與目的。

問題與討論

一、休閒的定義為何？

二、休閒活動對老人具有哪些正向效果？

三、請解釋老人身體活動與健康促進的關係。

四、《老人活動設計帶領手冊》（中華民國老人福利推動聯盟主編）
　　中包括哪九大類活動？

五、活動規劃者應具備的能力包括哪些？

六、比較個別及團體的活動規劃設計之差別？

參考書目

中華民國老人福利推動聯盟（2004），《老人活動設計帶領手冊》，台北：中華
民國老人福利推動聯盟。

內政部（2006），「社區照顧關懷據點實務操作手冊」，http://sowf.moi.gov.tw/
care/spt.asp，2008年8月28日檢索。

內政部（2007），「老人福利與政策」，http://sowf.moi.gov.tw/04/01.htm，2008年
8月28日檢索。

全國法規資料庫（2008），「老人福利法」（民國96年1月31日修正），台北：法
務部。

林韋儒（2007），〈休閒運動對於銀髮族之價值性探討〉，《中華體育季刊》，
第21卷第4期。

林啓禎（2003），《身體活動與老人的肌肉骨骼系統》，台北：國家衛生研究
院。

祝年豐（2003），《身體活動與老人的呼吸循環系統》，台北：國家衛生研究
院。

胡偉希（2003），〈中國休閒哲學的特質及其開展〉，《湖南社會科學》，第6
期。

徐立忠（1995），〈中老年的休閒與娛樂〉，《社會福利》，第117期。

袁緝輝、張鍾汝（1994），《社會老年學教程》，台北：水牛圖書。

卿前龍（2006），〈什麼是休閒──國外不同學科者對休閒的理解〉，《國外社
會科學》，第4期。

莊秀美（2003），《老人團體工作實務》，台北：學富文化。

陳文喜（1999），〈政府推展老人休閒活動的預期效益分析〉，《大專體育》，
第44期。

陳燕禎（2007），《老人福利理論與實務──本土的觀點》，台北：雙葉書廊。

彭駕騂（1999），《老人學》，台北：揚智文化。

蔡文輝（2003），《老年社會學》，台北：五南。

劉慧俐（2003），《身體活動與老人生活品質》，台北：國家衛生研究院。

Budge, M. (1989), *A Wealth of Experience: A Guide to Activities for Older People*. NSW Australia.

Lawton, M. P. (1982), Competence, environmental press, and the adaptation of older people. In M. P. Lawton, P. G. Windley, & T. O. Byerts (eds), *Aging and the Environment: Theoretical Approaches*. NY: Springer Publishing.

World Health Organisation (1986), The Ottawa charter for health promotion, World Health Organisation, Geneva.www.who.int/hpr/NPH/docs/ottawa_charter_hp.pdf.

World Health Organisation (1976), Declaration of Alma-Ata, reproduced in *World Health,* August/September 1988, 16-17.

Erikson, E. (1993), *Childhood and Society*. New York: WW Norton.

Havighurst R. J., Neugarten, B. L. & Tobin S. S. (1963), Disengaement, personality and, life satisfaction in the later years. In P. Hansen (editor), *Age with a Future*. Copenhagen: Munksgoasrd.

Lawton, M. P. (1982), Competence, environmental press, and the adaptation of older people. In M. P. Lawton, P. G. Windley & T. O. Byerts (editor), *Ageing and the Environment: Theoretical Approaches*. New York: Springer.

Maslow, A. (1954), *Motivation and Personality,* New York: Harper and Row.

Meiner, S. E. & Lueckenotte, A. G. (2006), *Gerontological Nursing*. New York: Mosby.

Chapter **6**

老人商品與創新服務

謝於眞
　澳洲墨爾本 La Trobe University 臨床護理碩士
　明新科技大學老人服務事業管理系兼任講師

學習目標

在學習完本章節後，希望讀者能夠：

1. 瞭解何謂銀髮產業及其範疇。
2. 瞭解何謂老人商品及老人商品的種類。
3. 瞭解如何開發及設計老人商品。
4. 瞭解何謂無障礙設計、廣泛設計及通用設計。
5. 瞭解何謂服務業及其範疇。
6. 瞭解何謂創新服務。
7. 瞭解老人服務事業相關從業人員如何在老人商品與創新服務間發展。

 摘要

隨著世界人口的老化，和老年相關的議題已成為全球關注的重要指標之一，然而目前國際社會對於相關老年議題的關注，不外乎如何預防疾病，增加照顧的品質，以及減少社會成本之負擔……等社會經濟與健康議題，卻鮮少有著墨於老年生活相關之產品的研發與討論。

銀髮產業是指提供與銀髮族群有關的商品或勞務的一群經濟主體，舉凡與食、衣、住、行、育、樂等和銀髮族日常生活息息相關的都是銀髮產業的範疇。世界各國銀髮產業的發展過程與途徑皆不盡相同，歐洲國家主要以「社會經濟」為導向，美國的銀髮產業發展主要是以「市場經濟」為取向，而人口老化速度世界第一的日本則是以「產業發展」取向為其銀髮產業的發展主要途徑。

本章將針對「銀髮商品」（銀髮商品的種類、市場與需求、研發與設計等）及「創新服務」（服務業的範疇、服務的定義、創新服務等）做進一步的介紹與探討，旨在讓讀者能夠明瞭何謂銀髮商品及其未來的趨勢與動向，並期望藉由創新服務的概念可以幫助讀者思考未來之發展與生涯規劃。

第一節　前言

隨著世界人口的老化，老年人口（the ageing population）已然成為各國在各個議題與政策制訂上重要的意義與指標之一。根據統計，歐洲各國的老年人口數已經超過十五歲以下的青少年總人口數，而公元二○五○年全世界除了非洲外，亞洲及美洲各國也將面臨到相同的趨勢與問題（Axel, 2006）。因此，老年人的需求與期望，實在值得重視與探討。

在台灣邁入高齡化社會，人口老化與社會福利需求的增加下，經濟部也於民國九十五年起開始推動「銀髮族U-Care旗艦計畫」，旨在加速建置銀髮族健康照護體系，發展相關服務產業，以提供銀髮族更加安全舒適、健康與便利之生活品質。工研院醫療器材中心也在「兩兆雙星產業」的生技業計畫下整合目前台灣現有的科技，以提高相關銀髮產業之升級與創新（技術尖兵，2006）。我國之銀髮產業更在老人養護業者有意展開全台大結盟下，成立國內最大之銀髮商品通路公司（中國時報，2006a）後，有一番不同的市場與局面。由此可知，銀髮產業及隨著老年化社會而產生的銀髮商機，已成為目前最具發展潛力的經濟大餅。

一、銀髮產業

銀髮產業的英文為 "senior industry"，也可稱為 "sliver industry" 或 "grey industry"。顧名思義是指提供與銀髮族群有關的商品或勞務的一群經濟主體，其涵蓋的範圍包括被稱為「私部門」的營利事業、「公部門」的各級政府機關，及「第三部門」的非營利事業組織（曾怡禎，2006）。舉凡與食、衣、住、行、育、樂等和銀髮族日常生活息息相關的都是銀髮產業的範疇。世界各國銀髮產業的發展過程與途徑皆不盡相同，歐洲國家主要以「社會經濟」為導向，採高賦稅負擔和有濃厚社區意識，由政府負責「提供病患醫療照顧」和「提供老人基本的生活水準」；美國較傾向於社會達爾文主義，重視自由競爭，其商業保險發達並且非營利事業組織朝產業化發展，因此美國的銀髮產業發展主要是以「市場經濟」為取向；而人口老化速度世界第一的日本，在國民集體對高齡化社會之各種相關問題的體認及各式組織投入銀髮產業與研發下，則是以「產業發展」取向為其銀髮產業的發展主要途徑（曾怡禎，2006）。

目前銀髮產業的分類方式仍未統一，依照全球銀髮市場來區分，

目前全球的銀髮產業主要可以被分成：健康與醫療（包含保健預防、疾病預防、居家醫療與基因診斷等範疇）、福祉與照護（包含輔具、醫材、居家照護服務）、其他各種因應高齡者產業的需求產業（如安全管理、家事代行服務）等三大區塊（張慈映，2007）。日本銀髮產業可分為住宅、金融、家管、福祉機器、看護用品、文康活動及其他等六大關聯服務。王琛發（2005）則將銀髮產業分為「衛生保健服務」、「家政服務」、「日常用品製造」、「保險業」、「旅遊娛樂」、「房地產業」、「老年教育產業」、「諮詢服務業」等八個領域（見**表6-1**）。

依行政院頒訂之家庭消費物品分類標準及製造—服務二構面為分類標準，曾怡禎（2005）則更詳盡地將銀髮產業依照食（食品飲料及菸草）、衣（衣著鞋襪類）、住（房地租、水費、燃料和動力，家庭器具及設備和家庭管理）、行（運輸交通及通訊）、育樂（娛樂教育及文化服務）、養衛（醫療及保健）和其他（雜項支出）分類（見**表6-2**）。

表6-1　銀髮產業八大領域分類

項次	領域	領域範疇之行業舉例
1	衛生保健服務	如中西藥品、醫療器具、延緩衰老的器材和營養品、氣功培訓和保健食品等。
2	家政服務	如家庭護理、家具修理、家務幫傭、居室修繕、臨終關懷等。
3	日常用品製造	如老人日用品、服裝、防盜、防滑器具、老人交通工具等。
4	保險業	人身保險、健康保險、養老投資、殯葬保險、股票及產業信託與投資，以及各種特定的保險。
5	旅遊娛樂	如旅遊服務、老年運動、卡拉OK、嗜好培養、戲曲藝術等。
6	房地產業	如老年公寓、國際銀髮村、俱樂部會員、托老所、專科護理機構等。
7	老年教育產業	老年職業培訓、老年職業介紹等。
8	諮詢服務業	如心理輔導、親子關係諮詢、婚姻諮詢。

表6-2　銀髮關聯產業

項目	製造方面	服務方面
食	天然食品、有機食品、食療食品（低脂、低糖、低膽固醇）、特殊營養食品（草本複方食品、藥膳）、機能性保健食品（維生素、礦物質、補充劑）。	營養諮詢、保健食品進出口和銷售、送餐到府服務。
衣	反光織物、防寒保溫蓄熱織物、抗菌制菌織物、輕量柔軟織物、防蟲防塵蟎寢具、成人紙尿褲、介護衣、傷殘衣服、病患特殊服裝、高衝擊吸收性鞋子、宗教飾品（如念珠、手鐲、神像玉佩等）、眼鏡、助聽器等。	理容、染髮、保髮、生髮，洗衣店。
住	住宅（安養機構、「老人住宅」、老人公寓、三代同堂、銀髮族社區、旅居式養老等開發建造）、居家修繕或改裝（彈性隔間、無障礙設施、升降設備）、建材（防火、防滑、防震、隔音）、安全設施（消防滅火、防盜、療護支援系統）、外部空間改善（休憩設施、人行道、無障礙空間、環境美化）。	住宅物業之營運服務，住宅家事管理及服務，住宅仲介流通服務，居家修繕貸款、逆向抵押貸款等金融服務，銀髮用品之網站或刊物、店舖或宅配，巡邏保全、守衛，園藝、庭院、苗圃之管理及服務。
行	生活福祉用具（如手杖代步支援用具）、電動車、防走失用具。	代理購物等外事服務、交通接送服務。
育樂	能把教育、藝文、音樂等帶到身邊欣賞的影像軟體產業、通訊產業，資訊家電和資訊網路，運動和增進健康器材的相關產業，DIY用具。	教育與學習機構，文康、活動中心，銀髮人力資料庫和時間銀行、勞務派遣，寵物（動植物）照顧、旅館，藝術、文化相關專案，旅遊、休閒相關專案，家族及地區之交流活動。
養衛	醫療復健照護儀器、器具，製藥業，看護用品，輔具開發、製造，基因工程。	人壽、傷害、健康、年金、長期照護險，健檢機構，預防、健康管理支援服務，居家看護服務，醫療院所和支援服務，療養機構和支援服務，安寧照護服務，醫療資訊服務。
其他	往生之棺木、墓地、陵園、納骨塔等，機械寵物、機械人。	理財、法律等諮詢和服務，老人生活工學資訊資料庫，社會工作、義工，殯葬禮儀、法事、祭祀等。

資料來源：曾怡禎（2005）。

二、銀髮商機

　　隨著世界老年人口的增加及少子化社會的來臨，以及一九四五年第二次世界大戰戰後嬰兒潮邁入六十歲，全球的消費人口也將由以兒童及青少年為主的消費型態，漸漸轉型為以「老年人」為主的新強勢消費族群，換句話說，「銀髮族的消費市場」已成為未來的趨勢。日本產經省的研究顯示二○○一年全球高齡產業市場為十兆九千兩百億美元，推估二○二五年全球高齡產業市場規模將達三十七兆三千八百億美元。經建會的統計顯示，二○○一年銀髮產業市場約有二百四十六億美元，推估二○二五年將可達一千零八十九億美元。

　　理得創業商機智庫執行長李文龍（2003）在《抓住三千億老人商機》一書中分析「老人住宅、公寓、社區」、「安養、養護與長期照護」、「健康食品」、「抗衰老餐飲、抗老飲品」、「老年人在醫療、營養方面的需求商品」、「老年人服務、宅配」、「衣飾、鞋子等」、「老年人化妝品、保養品」、「保全業及相關服務」、「汽車、輪椅及其他輔助工具」、「手機」、「網路」、「教育學習上百種的課程」、「旅遊」、「玩具」、「人力資源」、「保險」、「醫療器材」、「心理諮詢」、「生物科技」、「抗衰老診所」、「中醫療法」、「生前契約、禮儀服務」等共二十幾種老人未來商機及熱門商品，並且於書中分析進入銀髮市場的方式與策略。由此書及各研究對銀髮消費市場的推估可知，和高齡者相關的產業將是主流，且因蓬勃發展而蘊藏著無限的商機。

　　除此之外，為了掌握高齡化社會所帶來的銀髮族商機，公部門的工研院也於二○○七年四月成立「銀髮族服務暨科技產業推動聯盟」，以銀髮族的需求為主，協助台灣廠商及相關業者研擬與銀髮服務科技產業相關的創新計畫與服務模式。

第二節　老人商品

一、老人商品的定義

　　「商品」的英文爲 "commodity" 或 "product"，根據《韋伯字典》的解釋，「商品」是指任何製造、想法或生產，用於交換可以滿足人類的某種需求，可以買也可以被賣。一般而言，商品具有原價值與使用價值兩種特性，所謂原價值是指生產者在生產商品時想要從商品所獲得的價值，而使用價值則是指購買者在使用商品之後所得到的滿足與價值，因此，雖有從事製造、想法或是生產但是不是用來買賣交易的便不是商品。舉個例來說，台北市有名的永和豆漿早餐店所賣的豆漿，因爲是生產來販賣的，有使用價值與原價值，因此是商品的一種；可是若是在家中自己研磨製造之豆漿，只供自己或家人使用，不是用來買賣的，便不是商品。

　　根據世界衛生組織（WHO）的定義，六十五歲（含）以上的人稱之爲老年人。因此，本章對於老人商品的定義爲：「任何由人或機器製造生產，旨在於方便老年人使用或增加其生活品質，並具有經濟價值之商品或產品，而老人商品所涵蓋之範圍可包含食、衣、住、行、育、樂……等。」

二、老人商品的種類

　　筆者將老人商品的種類依照商品的性質區分成兩大類，一爲硬性商品（hardware），另一爲軟性商品（software）。

(一)硬性商品

　　硬性商品指經由任何形式生產製造下所產生的物品。目前市場上所

有的老人硬性商品可以被歸類爲下列幾大類：健康醫療用品（healthcare products）、日常生活用品（daily living products）、特殊復健及輔助性用品（specialist products for rehab or disability）、老人休閒與娛樂用品（products for leisure and entertainment）……等。

■健康醫療用品

健康醫療用品所涵蓋的範圍很廣，也是目前台灣老年商品市場上發展歷史最悠久、技術最成熟的一個領域。台灣不僅有能力研發醫療器材之相關產品，並且在國際市場上占有一席之地（技術尖兵，2006）。其產品包含血壓機、血糖機、氣墊床、傷口照護相關產品（wound care aids）、醫療用電動床、普通輪椅、老年健康食品、老年維他命及相關保健用品……等。

■日常生活用品

日常生活用品所涵蓋的範圍更爲廣泛，任何老人日常生活所需之商品皆含蓋在內，如協助老年交通用的電動車（motor car）、廚房及衛浴商品（kitchen and bathroom equipment）、特別爲老年人設計的鞋子衣服及相關個人商品（personal products），及老年家具（care home furniture）、老年住宅……等。

■特殊復健及輔助性用品

特殊復健及輔助性用品泛指所有具有復健功能之輔助器材及商品，如助行器（mobility aids）、特別設計的餵食器（eating utensils）、穿襪器、助聽器（hearing aids）……等。

■老人休閒與娛樂用品

老年休閒與娛樂用品包含所有可以協助老年人休閒娛樂之相關產品，諸如專爲老年人設計之玩具、益智遊戲、電子遊戲、高爾夫球具、老年雜誌（如美國退休協會出版的《我們這一代》）……等。這也是目

前市場上極具發展與開發潛力的老年新興產品之一。

(二)軟性商品

軟性商品則指任何需經由思考規劃之商品，可以是一個概念（idea）、一個計畫，或是一種潛在的服務。如特別規劃之老年旅遊、老年相關之教育訓練、老年財務規劃、後事規劃、老年保險、老年居家環境設計……等。

專欄

全台第一家銀髮商品專賣店

樂齡生活事業股份有限公司是全台第一家以滿足銀髮族食、衣、住、行、育、樂等全方面需求為目標而成立的企業，主要服務的對象為健康的銀髮族。成立於民國九十六年八月，主要股東為台大EMBA畢業同學及相關業界人士，成員包括健康養生、零售、財務、人事及資訊等各方面專才。於九十六年十一月創建全國第一個銀髮族入口網站「樂齡網」（www.ez66.com.tw），提供銀髮族一整合商品、服務、資訊及交流論壇的生活園地。除此之外，於九十七年六月成立全國第一家銀髮族生活百貨「樂齡網——熟年新生活概念館」，以服務更多沒有上網經驗的樂齡族，並讓銀髮族能有一實際體驗空間。

三、老年商品的供給與需求

老年人口的增加已然是全球化的趨勢，當愈來愈多的老年人口成為世界各國的消費主流時，商品的需求也將從現在以年輕人為導向的市場機制，轉向為以銀髮族為主的老年市場（elderly market）。特別是戰後嬰兒潮（baby boomer）這一代的老人，在退休後已有足夠的經濟能力可以

選擇他們所想要且所喜愛的商品（Kenneth, 2006），因此一些刻板樣式陳舊的老人商品可能無法再誘使老人購買。由於女生的平均餘命大於男生，再加上研究顯示老年人口的比例女大於男，因此未來的銀髮族市場也將由女性主導。另外，根據工研院對台灣地區銀髮族所做的需求調查顯示，銀髮族的三大需求分別是：(1)「銀髮照護」；(2)「休閒娛樂」；(3)「銀髮尊嚴」（引述自電子工程專輯）。張慈映（2007）更將這些需求細分為下列六項：「抗老產品與服務的需求」、「降低高齡意識的商品及服務需求」、「解決生活不便，提高生活樂趣的商品及服務需求」、「增進夫妻間話題及互動的商品及服務」、「新的住宅環境及金融商品服務需求」、「照顧年邁雙親的醫療照護系統」（見**表6-3**）。

而《中國時報》於二〇〇六年十月七日一篇名為〈銀髮族　台灣老人消費力10年後達6300億〉報導中，指出台灣老人的消費排名前五名依次為：旅遊休閒、吃喝玩樂、購物、汽車電子用品及高檔醫護。

綜上所述，推估這些銀髮族相關的需求與消費情況，伴隨而來的除了將會是大量的商機外，另外還有可觀的產業需求。老年人的商品在發展中國家主要還是以老年保健營養品為主，其他的老年日常生活專用用品卻開發得很少，對於針對老年人口所進行的開發與研究結合商品與服

表6-3　老人相關需求與商品

老人相關需求與商品	說明
抗老產品與服務的需求	包含除皺保養品、化妝品、保健食品及運動設施等。
降低高齡意識的商品及服務需求	如標準化、簡單、各年齡通用的各項商品。
解決生活不便，提高生活樂趣的商品及服務	如醫療器材用品、高齡者住宅與老人玩具等。
增進夫妻間話題及互動的商品及服務	如能提供夫妻共同參與的旅遊與休閒活動。
新的住宅環境及金融商品服務	如與子女分居的住宅需求、個人金融投資理財商品。
照顧年邁雙親的醫療照護系統	如遠距醫療照護。

務的新興產業更是不多見（王琛發，2005）。隨著全球化的**趨勢**，老年商品的供應與需求也將不會是局限在一個國家或地域，若是沒有好好重視並且及早解決這個問題，未來老人商品在供給與需求的方程式中，將會是需求大於供給的狀況。

四、老人商品的研發與設計

一般而言，一個商品或是產品的產生，依序會有下列幾個步驟：市場需求與調查、創意產生、產品研發製作、產品試用與修改、產品行銷與上市（見**圖6-1**）。

老人的商品對象為老人，因此一個好的老人商品必須要能夠符合老人生理、心理、社會等各方面的需求。也就是說，設計理念不該只強調美觀，應深入瞭解顧客的內在需求及價值觀，結合市場行銷、製造技術和企業經營策略，並且創造市場價值（工研院，2006）。日本金獎設計大師田中浩昭於二〇〇六年來台訪問時，強調高齡消費性產品應具有下列七大設計原則：(1)減少身體負擔；(2)操作簡單；(3)環保與安全；(4)符合消費需求；(5)延緩高齡者老化速度；(6)觸感良好，如手工打造與彌補年輕時因經濟能力不足心理缺憾的產品；(7)結合行銷理念（引述自工研

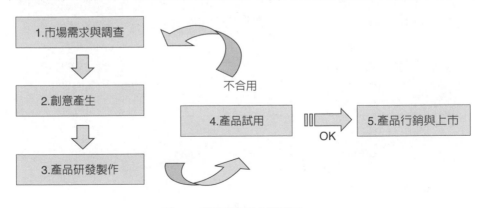

圖6-1　產品產生流程圖

院，2006）。

　　隨著聯合國對身心障礙者的重視，近年來「無障礙設計」以及之後衍生而出的「廣泛設計」、「通用設計」理念（見**圖6-2**），也被廣泛地引用在商品的設計與應用上。以下將分別說明此三種設計理念：

(一)無障礙設計

　　無障礙設計（barrier-free design）最早的起源是在第二次世界大戰後，美國因為有數以千計的受傷退伍軍人必須返回日常生活中，因此政府機構和研究單位，便使用專業的方式研發「康復工程」，藉由某些硬體設備的改善協助這些殘疾人士解決在日常生活上的不便（dezignare，2008）。一九七四年聯合國與國際復健協會合作，依據身心障礙者生活環境專家會議提出「無障礙設計」報告書，從此無障礙設計這個用語便開始出現及普及化（曾思瑜，1996）。一九七五年十二月聯合國殘疾人士權利宣言中指出「殘疾人士與任何其他人士應享有同樣權利的信念：醫療及康復服務、教育、房屋、就業、交通、文化、運動及消閒活動等權利」，因此「無障礙設計」這個概念更加受到歐、美、日等各國的重

無障礙設計 barrier-free design 對象：身心障礙者 年代：1950	廣泛設計 accessible design 對象：多數的人，包含老人、身心障礙者 年代：1970	通用設計 universal design 對象：全民 年代：1990

圖6-2　無障礙設計、廣泛設計、通用設計的歷史沿革

視（UN, 2008）。

　　無障礙設計旨在排除身心有障礙的人在進行社會生活時的障礙。國內著名的無障礙空間建築學者曾思瑜教授（1996）將無障礙設計分別就狹義及廣義定義如下：狹義的無障礙設計指排除建築、設備、都市環境等的硬體障礙，例如利用斜坡調整建築物內高低差，方面輪椅使用；廣義的無障礙設計則是指排除造成身心有障礙的人在進行社會參加時有困難的因素，如各種硬體環境、社會的、制度的、心理的障礙等。在公共場所中常會見到的「坐輪椅人像」圖案（如圖6-3）則為國際殘障人士專用標誌，當公共場所有這樣的標誌出現時，表示該項設施設備為無障礙環境設施設備，適合身心障礙者使用，也適合一般大眾所使用，因為人難免有像扭傷腳必須坐輪椅或拿枴杖的暫時性身心障礙的時候，因此如何確保無障礙設施設備可以讓身心障礙者達到移動性的目的，實為無障

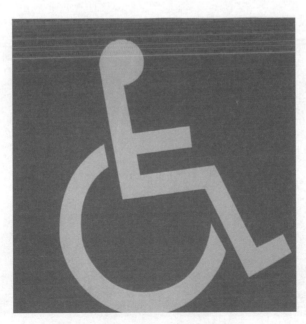

圖6-3　國際殘障人士專用標誌

礙環境設計的重點。

曾思瑜教授（1996）指出無障礙環境設計需達到「可達」、「可入」、「可用」三項目標，確保身心障礙者、高齡者的 「移動權」，提供「行的自由」，並且提升其日常生活動作獨立自主的能力。建構無障礙環境也須秉持下列四大設計原則：

1. 利用視覺標誌、聽覺標誌等確保空間標示之明確性，例如以圖案標誌標示出男廁與女廁。
2. 考慮建築物、設施、活動場所等之可及性。
3. 考慮殘障者伸展、操作需求之使用方便性，例如專門為輪椅使用者或孩童特別設置的公共電話（如圖6-4）、捷運站進出口（如圖6-5）及購票機等。
4. 防止碰撞、跌倒、翻落等其他意外事故發生之安全性。

(二)廣泛設計

廣泛設計（accessible design）始於一九七○年代，由歐洲及美國開

圖6-4　專門為輪椅使用者或孩童特別設置的公共電話

圖6-5　台北捷運站出入口的無障礙設計

始採用，和無障礙設計不同的是，無障礙設計所強調的是適合人的「環境」，而廣泛設計則是針對不良於行的人士在生活環境上之「需求」，並不是針對產品（引述自自由空間基金會）。日本的廣泛設計基金會（ADF，日文為財團法人共用品推進機構）指出，廣泛設計所設計出的商品旨在滿足多數人（包含老人和身心障礙者）的需求（圖6-6）。

　　為了因應高齡化社會的來臨，該基金會於一九九一年成立之後，除了致力於廣泛設計的推廣、教育與研發外，並與業界合作開發廣泛設計之商品，進而將廣泛設計標準化，訂定廣泛設計之原則與範例。茲將ADF所訂定之廣泛設計五大原則敘述如下：

1.產品必須符合使用者之體力和智力等各方面的需要。
2.產品需使用容易的文字傳播方式〔如視覺、聽覺、觸覺（例如：失明者使用的點字）等的輔助〕。
3.產品在不大的心理負擔下，操作方法可以很直接且明白地被理解。
4.產品在小身體的負擔下是容易使用的（例如，只需使用很少力就可

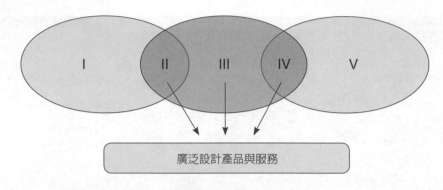

I Specialized assistive technology　專門輔助技術
II Mainstream assistive technology　主流輔助技術
III Accessible design goods　廣泛設計商品
IV Barrier-reducing goods　無障礙設計商品
V Goods for the non-disabled　一般正常人使用之商品

圖6-6　廣泛設計產品和服務所涵蓋之範圍

資料來源：ADF Japan, English version.

以使用）。

5.產品的任何一個部分，包括材料、結構、功能、程序、環境等必須
　是安全的。

　　根據上面五點原則特針對廣泛設計之產品，在包裝、標籤和指示、
操控及處理、目錄和規格等特徵作說明，詳見**表6-4**。

(三)通用設計

　　通用設計（universal design）一詞始於一九八七年，美國設計師Ron
Mace發現「廣泛設計」一詞並無法完全表達出設計的理念跟精髓，於是
開始使用「通用設計」一詞，並設法將它與「廣泛設計」的關係作定義
（NC State University, 1997）。Ron Mace指出，「通用設計」是一種和針
對特殊需求的設計無關的設計理念，其設計及生產的每件物品或環境都

表6-4　廣泛設計之產品特徵

項　目	特　徵
包裝 Packaging	・明確的產品區別。 ・容易打開。 ・容易拿出的內容物。 ・良好的運輸性。 ・容易重新包裝。 ・容易測量。 ・用過就丟棄（disposable）。 ・沒有尖銳的表面／邊緣。 ・低重量。
標籤和指示 Labeling and Instruction	・指示閃燈。 ・指示的聲音。 ・指示說明。 ・盲文（點字）／觸覺的標記（例如含酒精的飲料易開罐上會有屬於盲者辨別的點字）。 ・大字體的印刷。 ・高對比度。
操控及處理 Handling	・易於操控及處理。 ・可處理一個單手。 ・需要較少的力量。 ・提供可選擇的操控指引。 ・使用簡單的技術操控。 ・提供自動化。
目錄及規格 Catalogs and Specification	・大字體印刷（適當的文字大小是超過22 point text size）。 ・高對比度。 ・其他格式的指示（如使用CD以聲音的模式播放指示）。 ・盲文（點字）和/或特殊的符號標記。

資料來源：ADF Japan, English version.

能在最大的程度上被每個人使用（universal design is the design of products and environments to be usable by all people, to the greatest extent possible, without the need for adaptation or specialized design）。通用設計的核心價值是「人本關懷」。人有性別、年齡、能力、身體特性等差異，形

成各種不同且多元的需求，爲了對應這些需求，便需要以人爲出發點的設計，以滿足人們在生理、心理及精神生活上的需求（自由空間教育基金會，2008）。一九九七年美國NC State University和提倡通用設計的設計師Bettye Rose Connell、Mike Jones、Ron Mace、Jim Mueller、Abir Mullick、Elaine Ostroff、Jon Sanford、Ed Steinfeld、Molly Story、Gregg Vanderheiden一群人，定義並且制訂通用設計的七項原則：

1. 公平的使用方式（equitable use）：設計是以不同的能力的人爲主，且是實用並具有市場通路的。例如超商所設置的感應式的電動門就是符合此原則。

2. 靈活具彈性的使用方式（flexibility in use）：設計可容納範圍廣泛的個人喜好和能力。例如ATM自動提款機。

3. 簡單易懂的使用原則（simple and intuitive use）：不論使用者的經驗、知識、語言技能，或目前對事情的專注能力爲何，設計是很容易理解且使用的。例如公共場所內設置的電扶梯或是電梯。

4. 有效信息的傳達（perceptible information）：設計有效地向在任何環境條件下或不同感官能力的使用者傳達必要的信息。例如捷運、火車、公車等大衆運輸工具上的LED字幕顯示器及各種語言的乘車訊息廣播系統。

5. 容忍錯誤的考量（tolerance for error）：將意外或不經意使用所造成的傷害或不良後果降至最低。例如使用電腦不小心輸入錯誤，可以使用復原（undo）功能回復原本的訊息。

6. 最少的身體負擔（low physical effort）：使用時具有高效率和舒適，並能將疲勞降至最低。例如感應式沖水馬桶、L型的門把等。

7. 適當的大小和使用空間的規劃（size and space for approach and use）：無論使用者的體型、姿態或移動能力爲何，設計都具有適當的大小及空間，以達到操縱和使用目的。例如適合輪椅進出的捷運進出口或機車、自行車專用道等。

通用設計和廣泛設計在背景跟設計理念上雖有些微的不同，但是目的都是以人為出發的設計，具有人本的關懷特質，因此在許多的設計上有互相交叉及共通的地帶，很多時候無法清楚而客觀地區分產品的設計，到底是採用廣泛設計的概念或是通用設計的原則，但是能符合通用設計或廣泛設計原則，所設計出的產品或空間一定可以符合一般大眾的需求（Universal Design Center, 2008）。

通用設計雖然是在美國被提出的概念，可是在日本卻因為高齡人口的快速成長而將之（廣泛設計）發揚光大，並且制定一套適用於高齡者及日本社會的標準及指導原則。台灣的高齡人口成長僅次於日本為世界第二，通用設計的概念也在進十年才被引進，並在近幾年得以透過產、官、學的合作來推廣。產業界有名的通用設計引進案例為遠雄集團所引進、源自於日本松下工業集團設計所推出的遠雄二代宅（未來居），此住宅設計便是採用通用設計的概念，標榜是零至九十九歲的人都適合居住的建築，更符合人性關懷與家的感覺，在推出後也受到媒體及大眾熱烈的迴響。

國內學者曾思瑜教授（1996）對通用設計作以下的詮釋：「任何器具、建築、汽車、環境莫不重視使用行為上之合理性、方便性、易知性、操作寬容性以及美觀性。使用上能達到真正的通用設計才是人性化的設計。」除此，自由空間教育基金會（2008）也提出通用設計是「愛的設計」，也是「未來的設計」，是本世紀生活的設計方針，亦是影響台灣未來發展的設計思潮。對產業界而言，導入通用設計不僅使產品更能對應使用者多元化需求，對產業形象也有正面的助益。對使用者而言，能享有不因年齡、性別、身體能力影響的生活用品與生活環境，更能提升生活品質。

使用通用設計及廣泛設計原則而設計的產品跟空間詳見**圖6-7**至**圖6-18**。

圖6-7　適合任何人使用的感應式電動門

圖6-8　半自動電動門，使用者需按壓此開關才能將門打開，但是開關常被安置於高處，不合乎孩童或是輪椅使用者的使用需求

圖6-9　在台灣一般商店便可以買到的日本進口啤酒，在罐口上都有適合盲人閱讀之點字，點字內容為含酒精飲料

圖6-10　台製啤酒罐上只由英文標示易開拉環的開啓方向，不但不符合通用設計的原則，對於第一次使用易開罐而不識英文字的國人而言，也是另一種人為的閱讀障礙

圖6-11　在產品標示上日式產品（右）為因應高齡化人口，在字體的大小及顏色使用上都能夠符合高齡者的需求

圖6-12　一般的馬路只有行人穿越斑馬線，汽車、機車專用道（上圖）。符合通用設計原則，考慮到全民需求的具有自行車道、機車、汽車、行人穿越斑馬線的台北市某些道路（下圖）

圖6-13　需要用手轉動的圓形門把，不適合孩童或是手部精細動作有障礙的人（如中風者）使用（上圖）。只要用手肘便能開啟之L型門把（下圖）

圖6-14　新加坡公共廁所常見的感應式沖水設備，圖為其中之一種只需用手或是包包一揮就能自動沖水的感應式沖水馬桶設備，不但衛生實用，且符合節能及人性化之需求

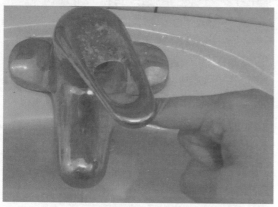

圖6-15　使用較費力且冷熱水分離的不適合幼童或是手部受傷者使用之傳統水龍頭（上圖）。經過設計可以用一隻手指操作之精密陶瓷冷熱水二合一水龍頭（下圖）

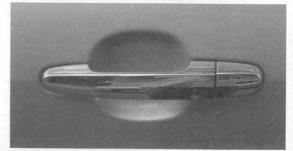

圖6-16　舊式車門把手使用者必須將手指向上彎鉤住門把，才能將車門打開（上圖）。新式車門把手，使用者從把手之上方或下方，甚至不需將手指彎曲都可以開啟車門（下圖）

圖6-17 一般益智玩具，需將積木找出適合的形狀投入正確的位置中（上圖）。使用通用設計原則設計之玩具也適合聽障、視障的小朋友玩，如圖所示將鴨子正確填入位子時，玩具會發出鴨子的叫聲，且房屋的煙囪部分會閃著紅光（下圖）

圖6-18 有趣又實用的通用設計玩具，當手握住牛的尾巴時，嘴巴會打開變成手電筒，並且會發出牛的叫聲

第三節　創新服務

一、服務業的定義與範疇

　　全球的經濟主體自十八世紀的工業革命後，由農業轉向工業，再歷經從工業製造轉向服務業的歷程，而今服務業已經超越製造業，成為先進國家重要的經濟活動。據調查美國二○○五年的GDP有七成五來自服務業，日、德、英等國家也都占約七成左右，而台灣二○○五年的GDP有高達73.6%的比例來自服務業，並有將近六成的人在服務業工作（大紀元，2007）。

　　經建會依照台灣目前的經濟發展階段，將服務業分為隨著平均所得增加而發展的行業、可以支持生產活動而使其他產業順利經營和發展的服務業、在國際市場上具有競爭力或可吸引外國人來購買的服務業等三類（如**表6-5**）。

　　為明確且具體地推動各項服務業發展，行政院經建會於二○○四年訂包含：(1)流通服務業；(2)通訊媒體服務業；(3)醫療保健及照顧服務業；(4)人才培訓及物業管理服務業；(5)觀光及運動休閒服務業；(6)文化創意服務業；(7)設計服務業；(8)資訊服務業；(9)研發服務業；(10)環保服務業；(11)工程顧問服務業；(12)其他經承貸銀行及經建會認可之服務

表6-5　經建會三大服務業分類

第一類	隨著平均所得增加而發展的行業	例如：醫療保健照顧業、觀光運動休閒業、物業管理服務、環保業等。
第二類	可以支持生產活動而使其他產業順利經營和發展的服務業	例如：金融、研發、設計、資訊、通訊、流通業等。
第三類	在國際市場上具有競爭力或可吸引外國人來購買的服務業	例如：人才培訓、文化創意、工程顧問業等。

資料來源：TWCSI，「服務業的定義」，http://www.twcsi.org.tw，2008年7月1日檢索。

業等各項服務業之產業範圍（如**表6-6**）。

表6-6　各項服務業之產業範圍

服務業	產業範圍
1. 金融 服務業	·金融及保險服務業係指凡從事銀行及其他金融機構之經營，證券及期貨買賣業務、保險業務、保險輔助業務之行業均屬之。 ·產業範圍包括銀行業、信用合作社業、農（漁）業信用部、信託業、郵政儲金匯兌業、其他金融及輔助業、證券業、期貨業以及人身保險業、財產保險業、社會保險業、再保險業等。
2. 流通 服務業	·連結商品與服務自生產者移轉至最終使用者的商流與物流活動，而與資訊流與金流活動有相關之產業則為流通相關產業。 ·產業範圍包括批發業、零售業、物流業（除客運外之運輸倉儲業）。
3. 通訊媒體 服務業	·利用各種網路，傳送或接收文字、影像、聲音、數據及其他訊號所提供之服務。 ·產業範疇包括電信服務（固定通信、行動通信、衛星通信及網際網路接取等服務）與廣電服務（廣播、有線電視、無線電視及衛星電視等服務）。
4. 醫療保健 及照顧服 務業	·預防健康服務：成人健診、預防保健服務、健康食品、健身休閒。 ·國際化特色醫療：中醫、中藥及民俗療法行銷國際化。 ·醫療國際行銷：結合外交與媒體共同行銷國內強項及罕見疾病醫療技術。 ·醫療資訊科技：電子化病歷、預防保健知識通訊化、遠距居家照護服務、建立全國整合性醫療健康資訊網。 ·健康產業知識庫：建立健康知識資料庫規範。 ·本土化輔具：獎勵本土輔具研發，建立各類輔具標準認證系統，輔具供需資訊與物流或租賃中心。 ·無障礙空間：結合建築、科技、醫療及運輸等，規劃公共空間及居家無障礙環境。 ·照顧服務：醫院病患照顧、居家照顧、社區臨托中心、失智中心。 ·老人住宅：老人住宅並帶動其他相關產業，包括交通、觀光、信託、娛樂、保險。 ·臨終醫療服務：安寧照顧企業化。

（續）表6-6　各項服務業之產業範圍

服務業	產業範圍
5. 人才培訓、人力派遣及物業管理服務業	• 人才培訓服務業：高等教育、回流教育及職業訓練，訓練機構可能包括提供高等教育、回流教育的在職專班、推廣教育學分班、終身教育的社區大學等，及提供職訓教育之純粹公共職訓機構（公、民營）、企業附設（登記有案）、政府機構、各級學校之附設職訓、部分短期補習班及學校推廣班（部）推廣教育的學分班等。 • 人力派遣主要是一種工作型態，除從事人力供應業之事業單位外，其他如保全業、清潔業、企管顧問業、會計業、律師業、電腦軟體業等，亦從事部分人力派遣業務。 • 物業管理服務業：針對建築物硬體及服務其社群與生活環境之軟體，作維護管理與全方位之經營。 • 物業管理服務業依其服務項目可分為三類： 　1.第一類：建築物與環境的使用管理與維護。提供建築物與環境管理維護、清潔、保全、公共安全檢查、消防安全設備及附屬設施設備檢修等服務。 　2.第二類：生活與商業支援服務。提供物業代辦及諮詢行業、事務管理、物業生活服務（社區網路、照顧服務、保母、宅配物流）、生活產品（食、衣、住、行、育、樂）及商業支援等服務。 　3.第三類：資產管理。提供不動產經營顧問、開發租賃及投資管理等服務。
6. 觀光及運動休閒服務業	• 觀光服務業：提供觀光旅客旅遊、食宿服務與便利，及提供舉辦各類型國際會議、展覽相關之旅遊服務。 • 運動休閒服務業：運動用品批發零售業、體育表演業、運動比賽業、競技及休閒體育場館業、運動訓練業、登山嚮導業、高爾夫球場業、運動傳播媒體業、運動管理顧問業等。
7. 文化創意服務業	• 文化創意產業指源自創意或文化積累，透過智慧財產的形成與運用，具有創造財富與就業機會潛力，並促進整體生活環境提升的行業。 • 產業範圍包括：視覺藝術產業、音樂與表演藝術產業、文化展演設施產業、工藝產業、電影產業、廣播電視產業、出版產業、廣告產業、設計產業、設計品牌時尚產業、建築設計產業、創意生活產業、數位休閒娛樂產業等。

（續）表6-6　各項服務業之產業範圍

服務業	產業範圍
8. 設計服務業	・產品設計：工業產品設計、機構設計、模具設計、IC設計、電腦輔助設計、包裝設計、流行時尚設計、工藝產品設計。 ・服務設計：CIS企業識別系統設計、品牌視覺設計、平面視覺設計、廣告設計、網頁多媒體設計、產品企劃、遊戲軟體設計、動畫設計。
9. 資訊服務業	・提供產業專業知識及資訊技術，使企業能夠創造、管理、存取作業流程中所牽涉之營運資訊，並予以最佳化之服務是為資訊服務。 ・產業範圍包括： 　1.電腦系統設計服務業：凡從事電腦軟體服務、電腦系統整合服務及其他電腦系統設計服務之行業均屬之。 　2.資料處理及資訊供應服務業：凡從事資料處理及資訊供應等服務之行業均屬之〔含網際網路服務提供者（ISP）〕。
10. 研發服務業	・研發服務業係指以自然、工程、社會及人文科學等專門性知識或技能，提供研究發展服務之產業。 ・產業範圍包括： 　1.提供研發策略之規劃服務：業務內容包括市場分析研究、技術預測、風險評估、技術發展規劃、智慧財產檢索、智慧財產趨勢分析、智慧財產布局與研發成果產出之策略規劃等。 　2.提供專門技術之服務：業務內容包含產業別或領域別技術及軟硬體技術服務、實驗模擬檢測服務及量產服務等。 　3.提供研發成果運用之規劃服務：研發成果投資評估、創新創業育成、研發成果組合與行銷、研發成果評價、研發成果移轉與授權、研發成果保護與侵權鑑定、研發成果獲利模式規劃等。
11. 環保服務業	・環境保護服務業包括空氣污染防制類，水污染防治類，廢棄物防治類，土壤及地下水污染整治類，噪音及振動防制類，環境檢測、監視及評估類，環保研究及發展類，環境教育、訓練及資訊類及病媒防治類等九大類。
12. 工程顧問服務業	・工程顧問服務業係以從事各類工程及建築之測量、鑽探、勘測、規劃、設計、監造、驗收及相關問題之諮詢與顧問等技術服務為專業者之行業，目前分為建築師、專業技師、顧問機構三種不同業別。

資料來源：行政院經濟建設委員會（2004），pp.16-18。

除此之外，經建會（2004）更在「服務業發展綱領及行動方案」的總論中提出：以「讓台灣笑得更燦爛」（Brighten Taiwan's SMILE）作爲服務業政策的識別標誌。該方案可以英文字SMILE的字母來說明：(1)service：發展服務業再創台灣奇蹟；(2)market：以市場觀念注入服務業；(3)inno-value：以創新提高服務業價值；(4)life：以服務業增進生活品質；(5)employment：以服務業創造就業機會。由此可知，政府不但重視服務業的發展與未來，更加希望過去有製造王國美稱的台灣，不但只是MIT（made in Taiwan，台灣製造），更是SBT（service by Taiwan，台灣服務）。因此，根據政府對服務業的定義與範疇來看，老人服務的範疇除了涵蓋所有的服務業外，最大的不同與特點爲「是以老人爲本爲對象」的關懷與服務。

二、服務的定義

大多數產品均具有有形和無形的部分，而主要的區分爲有形的商品或無形的服務。American Marketing Association（AMA）將服務定義爲是一種無形的產品，通常涉及顧客參與，如法律諮詢服務；除此之外，服務可伴隨有形的財貨所提供之無形活動，如運輸服務；另外，服務也可以被用來形容是伴隨著有形的產品或貨品一起配合出售的活動，通常這些服務都是預售或之後出售的附加產品，例如產品售後的維修服務。由此可歸納服務所具備的特質應包含：(1)異質性，例如不同的服務業的服務型態也不相同；(2)互動性，是一種人與人之間的互動過程；(3)無實體（無形性）；(4)不可被分割；(5)隨著時空商品而有很大的變異性的特質。

服務是一種互動的過程，是服務者與被服務者雙方的交易與互動的過程，因此「人」是活動過程中最大的變數，因此筆者認爲一個優質的服務不在於方案內容，而在於服務人員體貼顧客需求的心意，與不斷自

我要求與充實、求新求變的生命素養。

三、創新服務

　　創新（innovation）一詞，在英文字面上的意思是指引進一種新的東西，可以是新的想法、新的方式或是物件；除此之外也具有「變革」（change）的意思，換句話說，就是將新的觀念或想法應用於技術、產品、組織及服務等之上（Merriam-Webster's Open Dictionary, 2008）。根據英國《經濟學人》雜誌在二○○七年五月所公布的「全球創新力」評比報告，台灣在全球八十二個經濟體當中的排名，從原先的第八名小幅晉升至第六名（引述自《卓越雜誌》第274期）。詹志禹（2005）將「創造力」作了歸論：第一，從思考歷程來看，創造力比較仰賴擴散性思考（divergent thinking，指根據既有的訊息生產大量、多樣化的訊息）而非聚斂性思考（convergent thinking，指針對一個問題尋找一個可接受的最佳答案）。第二，從產物來看，創造性產物必須具有「新穎」和「價值」兩大類條件。第三，從人物來看，人人都具有創造力，只是程度不同、領域不同。Guilford於一九五九年提出創造力是人類某些特質的組合，這些特質包括對問題的敏感度、觀念流暢性、觀念新奇性、思考彈性、綜合能力、分析能力、觀念結構的複雜度，以及評鑑能力等（引述自《科學人雜誌》，2005）。又根據另一項調查顯示，提高利潤與成長的最佳驅動力是強化創新能力，其重要性高於降低成本與開拓海外市場（大紀元，2007）。由此可知，在全球化競爭的時代，創新服務已開始成為主流的競爭核心。

　　「創新服務」又可被稱為「服務創新」，筆者認為創新服務是指將創新的想法或概念套用於服務上，以滿足更多人的需求。創新不見得需要有多大的改變，也許只是一個小小的想法或是巧思，但卻可以創造出無限的價值。舉個例來說，新聞媒體爭相報導的代煮泡麵達人，因為懷

念當兵時福利社代煮泡麵的滋味，於是用這樣的想法在台大附近開了一間為顧客代煮泡麵的餐館，因而創造出每個月十五萬的收入與商機。另外還有電影「偷穿高跟鞋」裏的主角，因為跟姊姊吵架被趕出家門，意外發現外婆的住址，跑到老人院去投靠外婆，在過程中因為自身對於穿著有獨特的見解與品味，在一次不經意幫忙老人院內的住民購物後，竟得到超乎想像的正向回饋，因而開啓了她的創業之門。由上面的兩個故事可以知道，創意其實就在我們身邊，也許是一種潛在的人格特質，是一種特殊的喜好或懷念，或者是一種被大眾視為無稽之談的想法，但重點是創意不是墨守成規或是經由書本的學習就可以培養的。在創新的過程中，開始時也許會很凌亂，很天馬行空，但是就如同3M公司的創意策略一樣，一個人只要能夠認清自己的優點與長處，和自己真正的興趣領域，在生活的過程中撥出至少15%的時間，在自己有興趣且樂此不疲的地方發展著墨，再藉由資源的整合與套用，相信日積月累，有一天某某創意達人將會出現在你我的身旁。

 ## 第四節　結論

　　隨著高齡社會的全球化，所衍生出來的相關議題，諸如健康照護、財務規劃、後事規劃……等熱門議題，老人已不再是傳統觀念中社會的負擔，而是一群可以被資源再回收（老年人力再開發）且具有知識和經濟實力與價值的主體。然而，雖然銀髮相關的議題近年來在產、官、學上得到不少的探討與迴響，可是在銀髮族相關商品的製造與服務面上，台灣仍然屬於未開發而正要開發的階段。在台灣因為教育的關係，多數的人所選擇的職業並不是自己最有興趣的，職業導向常常是被聯考的分數所牽動，而不是被自己的天分或興趣所主導。老人服務事業的範疇，並不是傳統中狹義的認為在安養護機構照顧老人而已，如本章所述，只

要是服務業的範疇，都是老人服務事業的範疇，所不同的是，老人服務事業是以老人為主要服務對象，而不是廣泛的一般大眾。《聖經》上說「上帝不會平白無故地創造我們，每一個生命都有著存在的價值」，也就是「天生我才必有用」，如何找尋到屬於自己生命本質中獨特之處，並且和興趣相結合，成為自己在生命過程中的一種志業，實在是一門看似深奧卻必修的學問。期望讀者在讀完本章之後，能有所啟發，並積極精進在老人服務事業上的專業知識，為老人相關產業的創新服務奉獻所學。

　　老人商品與創新服務未來的發展方向與展望，除了在廣大老人市場中的通路端就業外，並可觸及產品研發製造、銷售及服務，或成為資訊端的建議或提供者（information advocacy）。相關就業行業除了一般傳統的服務業就業市場與工作外，如老人商品設計師、老人環境暨室內設計師（Architectural, Environmental and Product Design）、老人顧問（Senior Advocacy）、老人玩具設計師、老人家管代購經理人……等，都會是極具潛力的發展方向與未來新興服務之行業。

問題與討論

1. 根據Maslow的需求理論（如下圖），哪些相關服務產業是可以在不同層次中提供的？

I.生理需求（biologic integrity）
II.安全（security and safety）
III.愛與歸屬（social and brlonging）
IV.自尊自重（self-esteem）
V.自我實現（self-actualization）

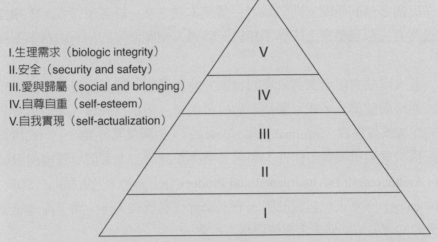

馬斯洛的需求理論（Maslow's hierarchy of needs）

2. 承上，你覺得哪一個層次的服務產業最能達成你的夢想、最符合你的興趣？為什麼？
3. 你覺得一個具有「創造力」的人需具備哪些條件？
4. 市面上有哪些商品是你覺得很有趣又可以詳加設計與應用在老人身上的？
5. 在你的日常生活中，有哪些環境與產品是使用無障礙設計、廣泛設計及通用設計的理念所設計出來的？試舉例說明。

參考書目

大紀元（2007），「服務創新專題」，2007年6月20日。

工研院（2006），〈消費性產品新藍海——探索高齡化市場需求〉，http://college.itri.org.tw/MsgView.aspx?id=92，2006/05/21公布，2007年7月1日檢索。

中國時報（2006a），〈老人養護業 全台大結盟〉，2006年7月30日。

中國時報（2006b），〈銀髮族 台灣老人消費力10年後達6300億〉，2006年10月7日。

王琛發（2005），〈善加保護老年消費市場〉，《爺爺奶奶也有享福的權利》，馬來西亞：孝恩文化基金會。

自由空間教育基金會，〈通用設計概略〉，http://www.freeuniverse.org.tw/，2008年7月1日檢索。

自由空間教育基金會，〈台灣通用設計發展現況及未來機會〉，http://www.freeuniverse.org.tw/，2008年7月1日檢索。

行政院經濟建設委員會（2004），「服務業發展綱領及行動方案——提高附加價值、創造就業機會總論」，台北：行政院。

李文龍（2003），《抓住3000億老人商機》，台北：知本家文化事業有限公司。

技術尖兵（2006），〈工研院醫療器材中心整合科技創造產業優勢〉，經濟部技術處《技術尖兵》雜誌。

曾怡禎（2005），〈銀髮產業〉，《2006年台灣各產業景氣趨勢調查報告》，台北：台灣經濟研究院。

曾怡禎（2006），《2007年台灣銀髮產業景氣趨勢調查報告》，台北：台灣經濟研究院。

曾思瑜（1996），〈國內外無障礙環境設計規範之比較研究〉，《建築學報》，18期，頁1-16。

張慈映（2007），〈照護銀髮新世代 八方商機種福田〉，《國際商情雙周刊》，230期，頁9-10。

電子工程專輯，〈掌握銀髮族商機 工研院成立相關產業推動聯盟〉，http://www.eettaiwan.com/ART_8800460879_480202_NT_a6066d1d.HTM，2007年6月20日

檢索。

詹志禹（2005），〈人類的創造力從何而來？〉，《科學人雜誌》，45期，頁38-41。

樂齡網，http://www.ez66.com.tw/，2008年7月1日檢索。

謝佳宇（2007），〈除了經濟實力 台灣還有魔力 以柔克剛 台灣發揮關鍵軟實力〉，《卓越雜誌》，第274期。

3M, A century of Innovation The 3M story，http://www.3m.com，2007年7月1日檢索。

American Marketing Association(AMA)，The meaning of service, http://www.marketingpower.com/_layouts/Dictionary.aspx?dLetter=S，2008年7月29日檢索。

Axel, B. S. (2006), "Global Ageing: What is at Stake?", *Ageing Horizons,* 4, 3-5.

dezignare, Ergonomics, Barrier-Free Design, Universal Design, Assistive Technology and Their Benefits, http://www.dezignare.com/newsletter/ergonomics.html，2008年7月1日檢索。

Kenneth, H. (2006), "The Benefits of Migration for an Ageing Europe", *Ageing Horizons,* 4, 12-18.

Merriam-Webster's Open Dictionary, http://www3.merriam-webster.com/opendictionary/, 2007年6月20日檢索。

NC State University (1997), The Principles of Universal Design, NC State University.

The Accessible Design Foundation of Japan (ADF Japan), English version, http://kyoyohin.org，2008年7月29日檢索。

TWCSI，〈服務業的定義〉，http://www.twcsi.org.tw， 2008年7月1日檢索。

Universal Design Center (2008), *Universal Design,* NC State University.

UN, Promoting the Rights and Dignity of Persons with Disabilities, http://www.un.org/disabilities/，2008年7月1日檢索。

Chapter 7

老人健康照護服務

李佳儒
日本國立廣島大學社會科學研究科學術博士
明新科技大學老人服務事業管理系助理教授

學習目標

在學習完本章節後，希望讀者能夠：

1. 瞭解高齡化社會的健康議題。
2. 認識老人生理、心理、社會方面的健康挑戰。
3. 理解健康老化的意義與重要性。
4. 認識台灣的健康照護服務。
5. 瞭解長期照護服務的定義、類型與現行的服務體系。
6. 瞭解老人健康照護服務的內涵。
7. 瞭解提供老人健康照護服務應具備之相關知識與技能。
8. 認識老人健康照護服務產業之現況與未來展望。

 摘要

　　隨著老年人口的持續攀升，疾病型態轉為慢性化，老人的健康照護問題在高齡社會中益顯重要性與急迫性，不僅是醫療服務的需求，更需要的是後續性長期照護服務，如何調整並建構符合新人口結構的生活型態，已成為政府與產學界首要課題。

　　隨著年齡的增長，老年人會面臨到生理、心理以及社會面的挑戰，要做好此三方面的調適與因應，才能達到健康老化。一般而言，老年人的健康照護服務，可分為預防保健、醫療服務、長期照護以及另類療法，整合性與連續性是健康照護服務提供的重要關鍵。在照護資源方面，政府所提供的服務主要以衛政、社政以及退輔會為主，勞工行政、農業行政、原住民行政為輔。然而，單靠政府的力量是不夠的，須結合民間力量來一同因應。因此，從九十一年開始，推動「照顧服務福利及產業發展方案」，鼓勵營利與非營利組織共同投入照顧服務產業。此外，由經建會及經濟部主力策劃推動多項計畫，透過科技的助力，積極發展相關產業，同時亦冀望健康照護服務產業的發展，可以帶來龐大的銀海商機。透過公、私部門的協力合作，推動以老人需求為導向的福利服務及產業發展，讓台灣的高齡長者可以活得更有尊嚴與快樂。

第一節　前言：高齡社會的健康議題

　　隨著老年人口急速的增加，台灣地區於民國九十六年底，六十五歲以上的老年人口已有二百三十四萬人，占總人口之10.21%。另根據行政院經建會推估，至民國一一五年左右，老年人口將占總人口的20%（內政部社會司，2007），即每五個人當中就有一位是老年長者，人口老化情形更趨明顯。屆時老年人的生活、醫療照護及其他相關議題，勢必會

帶給社會很大的挑戰。

　　其中，老年人口的增加，平均餘命的延長，對於醫療和生活照顧的需求將與日俱增。在全國的健康照護費用中，老年人就占了三成（中國時報，2004年10月15日）。另外，在民國八十九年的戶口及住宅普查，針對需長期照護者所進行的調查指出，估計約有三十三萬八千餘人需要長期照護，屬於六十五歲以上老人占53.9%。雖然目前台灣老人的醫療問題，大致上可靠全民健保解決，然而老人醫療費用日漸龐大，恐非全民健保所能全面負擔。根據研究顯示，未來二十年間，先進國家的執政者都將面臨人口老化所帶來的最嚴峻挑戰。高齡人口的增加，對於社會似乎會帶來巨大負擔，尤其擔心健保支出即將爆炸的問題（自由時報，2008年1月20日）。

　　另一方面，在產業化、都市化的影響下，產業結構的改變、家庭功能的式微，造成家庭照顧人力的缺乏，老人照護已難單由個別家庭來承擔，儼然成為新的社會問題。在此情況下，有工作能力者是否願意共同承擔老人的健康照護責任？如果不願意，這筆可觀的費用又該由誰來支付？目前雖有政府的長期照顧十年計畫依據失能者家庭的經濟狀況，提供全額或部分補助使用照顧服務，但仍無法完全分擔家庭照顧的所有辛勞，大多數的國人仍需自行負責。長期照顧制度該如何規劃，才能符合各方需求？老人健康照護議題考驗著每個邁入高齡社會國家的智慧。

　　根據民國九十四年內政部老人生活狀況調查結果，老人認為最理想之居住方式依序為「與子女同住（含配偶、子女配偶及孫子女）」占59.95%，「僅與配偶同住」占20.01%，「獨居」占11.32%，而「居住於老人福利機構」僅2.99%。由此可知，約九成七的台灣老人仍傾向於留在社區或家中，不以入住機構為理想居住安排。因此，為滿足老人儘可能留居在家或社區的需求，即使身體功能退化，有失能或失智的狀況，仍能留在自己熟悉的環境中，即實現在地終老的理想，社區中充足且良好的居家照護服務、社區服務及減輕家庭照顧者負擔的服務提供，便成為

當前努力的目標。

 ## 第二節　高齡的健康挑戰

　　關於健康的定義，最常被提及的是世界衛生組織（WHO）所提出的：「健康是身體的、心理的及社會的達到健全狀態。」健康不僅是沒有疾病或身體虛弱，還需要內心的安定、平和與愉悅，並與人及社會建立和諧的關係與良好的互動。從一些長壽者的觀察研究發現，長壽者不僅是身體上的健康，還包括心情愉快、具有社會適應能力，完全符合WHO所設定的健康標準。因此，高齡者想要擁有健康，就必須全面照顧生理、心理以及社會生活。

　　人生可謂是持續老化的過程。關於老化（aging）的定義，目前雖然尚未達成共識，但大體而言，老化是指一個生物體隨著時間流逝所發生之所有不能歸咎於疾病之改變的總和；這些持續且不可逆的改變使得生物體的功能逐漸衰退，儲備能力（reserve）變差，最後達到無法維持生命之地步而導致死亡。雖然這個過程是所有人必經的，但是一般來說，通常要等到四、五十歲當老化的變化逐漸明顯的時侯，才會開始警覺到老化正在進行的事實。

　　老化透過許多方式改變生理和心理功能，以及在社會上所代表的地位與角色。以下針對老化在生理、心理及社會方面所帶來的影響作一簡單探討。

一、生理面

　　一般而言，老化現象是一種由體內或體外因素所引發之普遍性（universal）、進行性（progressive）、累積性（cumulative）及傷害性

（deleterious）之生理衰退。伴隨年齡的增加，器官逐漸老化，而許多疾病的盛行率也隨之增高。在老年人身上，老化與疾病經常並存，有時甚至難以分別。老化對生理的影響，雖然因人、因時、因地而異，但其過程仍有一些標準變化。身體的變化發生在皮膚系統、骨骼關節系統、頭部、泌尿系統、心肺系統、感官系統、性功能和體溫調節上，骨質疏鬆和大小便失禁也是主要的問題。不過，一般來說，年長者仍能維持高水準的智能和記憶力。

二、心理面

步入老年，雖然有許多人都能夠適應良好，但還是有些長者會面臨心理及情緒的困擾。隨著疾病的產生，甚至可能會有憂鬱的心理問題。此外，老年人還可能面對失落感、經濟壓力、社會隔離等問題，更增加影響心理健康的機會。心理學家Robert Peck便談及人們到了中老年階段所遭遇到某些決定的關鍵問題時，會面對更多具有壓力性的任務。若無法調適心理或沒有發展出適當的因應能力的長者，極可能會經歷一個痛苦的老年生活。

另外，在艾瑞克森（Erik Erikson）的社會心理發展理論中，認為每個階段都會有不同的任務，每個階段不論是建立成就或失落，彼此是互相連結的。而在老年時期則會面臨自我統整（ego integrity）或絕望的課題。如果適應得宜，那麼老人回顧自己的生命史，便有自我統整、滿意的感覺。自我統整對生命的回顧與反省提供最好的機會，老年人不但會想著各種心理層面的事情，對生命也會有進一步的認同，並為自己的生命賦予意義。但假使有所缺憾，便易覺得自己「沒碌用」、什麼都沒做好。對老年人來說，要在過去與現在取得平衡是件不易的事，因為面臨死亡是不易接納的事實。

Erikson和Peck皆強調人類生命周期與自我發展的適應和調整，且都

提到應整合老化的相關因子以發展因應模式，即應結合心理、生理與環境因素以幫助長者適應老化過程。具體而言，適當藥物的提供、社會支持系統、個人社交網絡及相關資源的建立等都是可行之道。

三、社會面

一般來說，個人在人生過程中，扮演著各式各樣的角色，如兒子、學生、父親等。這些角色扮演，除了是形塑自我概念的心理基礎外，同時亦使個人及他人辨識其社會位置。而這些社會角色是很有系統地跟人的年齡與生命的階段相連結，尤其在現代社會中，年齡往往是決定各種社會地位之重要條件之一，同時又可用於評估不同社會角色的適合性。

年齡的高低可能會改變他人對其角色的期待，亦使他人期待個人該如何扮演。透過各種的社會化過程，年齡規範內化成人們的價值觀及社會規範，人們會依循著時間軌道行為或期待他人的角色扮演。而年齡規範亦會影響到個人社會角色的開始與結束，例如認為人到了老年會失去某些能力，便透過法律制定強制性的退休政策。

此外，在老年階段的生命過程中，常面臨到角色喪失或角色中斷（role loss or role discontinuity）的問題。角色喪失會導致個人對社會認同的降低，以及自尊的失落。老人在角色喪失的過程中，同時亦會經驗到角色中斷。即在生命過程中所學習到的社會角色變得無用，而必須自我調整，在社會活動中再創造替代角色（substitute roles）。然而，當社會角色無機會代替或補充時，則其自我概念便容易產生適應不良的問題，老人便要面對並學習如何處理此困境。

有許多的研究發現，持續健身運動、社交活動、經濟等生產活動，對於老人之心理健康與生活滿足有正面的效果。然而，老人在社會活動的參與則有其阻礙，如身體狀況、職業、性別，甚至是環境等皆有影響其參與之可能，而勞動市場的年齡歧視亦是不易克服的問題。

第三節　健康老化

　　由上述可知，正常老化是指一些隨著年齡增長而自然出現的生理、心理及社會改變，非由疾病或環境因素所造成的，外觀上雖有所不同，但卻不影響健康。然而，我們卻也發現，現代社會「年輕就是美」的想法使得很多人花費大量金錢購買保養品，甚至美容、整型等，在此風氣下，皮膚科、整型外科也成為熱門行業。

　　老化之所以讓人畏懼，或對於老年人存在著社會性排斥及負面印象，多起因於「老」被視為不良的生物現象或是代表疾病的過程，另一方面，受到工業社會的影響，「老」亦被認為失去勞動價值與社會資源的浪費。直至近年，對於老化，才又開始正向的接受為人生正常發展的必然結果。而透過老化概念的演變，我們可以發現，事實上，老化可被視為一種新生活風格或充滿活力的實際挑戰。因此，老化不純然是生理衰退的現象，也可以是一種持續創造或建構的過程（葉肅科，2005）。

　　關於老化概念的正向意涵，除了之前WHO所提的「一種生理、心理、社會全面安適的狀態，而不只是沒生病或障礙」的意義外，現今老人工作者強調的是健康老化（healthy aging）、積極老化（positive aging）、成功老化（successful aging）、多資源老化（resourceful aging）、復原力老化（resilient aging），甚至在地老化（aging in place）等（梅陳玉嬋、楊培珊，2005；葉肅科，2005）。從中我們可以發現，除了身體健康外，長者本身的意志及主觀感受亦逐漸受到重視。事實上，老化多少會伴隨著身體功能的衰退，所以健康的心態比健康的身體更為重要。若長者擁有健康的心態及正面積極的人生觀，即便面臨生理功能的限制，如能調適良好，仍應被視為健康、有能力的。因此，健康老人應指能克服個人與環境面的壓力與挑戰且適應良好的長者。

　　另一方面，如果環境更為友善且無障礙，則失能長者便能自在地適

應生活，即「在地老化」，此為西方國家重新思索老人最佳生活品質時所衍生之概念，認為回歸家庭、社區的生活，才是老年人最好的生活方式。近年來，包括台灣在內的高齡社會亦紛紛以「在地老化」作為福利改革的目標，以增進老人的自主生活品質。「在地老化」的社會追求，可維持銀髮族尊嚴的完整性，以及生活目標的獨立自主性。「在地老化」強調維護老人應有的權利，一旦老人失能或失智，社會應提供安全照顧網絡，給予必要的醫療及生活照顧。

「在地老化」理念的落實，不僅需要長期照顧服務的提供，為了讓長者能自由自在地參與社會，無障礙環境的營造更不容忽視。此不單單僅是無障礙空間的設計，還需要受過訓練的專業人員從旁提供協助，硬體設備以及軟體服務相互配合，才有真正實現的可能。如日本為因應高齡社會的來臨，除了立法建構無障礙環境外，還有福利居住環境諮詢員提供居家無障礙空間及輔具運用等協談服務，此外，在一般服務行業，如大眾運輸機關、旅館、銀行，甚至汽車業者亦鼓勵員工接受安心服務介助員證照訓練，以提供必要協助予日常生活行動不便者。

綜合以上，我們可以發現，「老化」的積極意涵實為個人、社區以及公私部門面對老化的處理方式，其目標在維持與改善老人的生理、心理、情緒與精神，以達到健康。為了促進老人積極與健康老化，除了需要醫療衛生與社區服務之外，還需要環境以及社會整體對於老化有正確的認知與態度，並適時的提供協助。因此，瞭解老化過程，輔以適當的軟硬體服務，規劃促進健康的活動與環境，並進行社會整體對老化的意識改革是每個邁入高齡社會所面臨的重要課題。

另一方面，對當事人而言，健康老化可定義為個人對自我生活滿意，且有足夠的內在力量與外部資源來因應生理、心理、社會的失落以安渡晚年。然而，如何增進健康老化以及生活品質，一般來說，不外乎是做到以下三點：

1.增進健康體能：保持良好的身體活動是老年生活的健康之道。大多數的老年人可能會認為自己身體衰弱不宜運動，其實是不正確的觀念。從活動量較大的慢跑、騎腳踏車到緩和地慢走等，皆能增進心肺功能，對健康很有幫助。

2.豐富精神生活：人與大自然及其所在環境建立友善的關係是非常必要的。但同時，個人的心靈成長也是十分重要的，花點時間沉澱自己的想法、冥想、享受陽光、音樂都能讓生活充滿活力，更有勇氣及精力面對生活中的高低起伏。

3.發展並維持和諧的人際關係：社交活動能夠讓生活變得更多彩多姿，樂於付出，並與他人發展良好的關係，學習去體驗他人的感受，接納不同的觀點，可以擁有多元的角度來看待生活。

 ## 第四節　健康照護服務

在高齡化社會中，健康照護無疑是相當重要的議題，也是影響高齡者生活品質的重要關鍵。依「臺灣地區老人狀況調查」報告顯示，19%的六十五歲以上高齡者，生活中最主要的活動項目是從事養生及保健方面的活動；而「醫療保健」也成為五十歲以上國民最需要的福利措施（80%）。由此可見，「健康與保健」是高齡者最關心的話題，也是最能夠提升高齡者幸福感及生活品質的重要項目（內政部統計處，2000年）。

我們每個人都只有一個身體，如果現在不好好照顧，未來將負擔一大筆的醫療費，因此預防疾病、保持建康、增進自己的抵抗力是很重要的。然而，伴隨著年齡的增長，生理功能的退化卻也是不爭的事實。而醫藥技術的進步、疾病型態的改變，雖然導致平均餘命的延長，但也造成需要長期照護的人口大幅增加。因此，除了個人努力健康老化外，公

私部門亦需針對此龐大需求，提供相對應的服務，如政府應妥善規劃健康及長期照護服務的財源機制，並訂立相關法規及配套措施，建構完善的健康與長期照護體系，以照顧人民的基本需要；而民間團體亦能推出多元的服務，滿足長者個別多樣的需求，公私部門共同協力合作才能創造出有活力有希望的高齡社會。

關於健康照護服務，衛生署將台灣的醫療保健體系規劃為公共衛生預防保健服務、急性醫療服務、復健及後續性服務，如圖7-1所示。然而考量到長者整體的需求，健康照護服務則應涵蓋預防保健、醫療服務、長期照護及另類療法等四大方面，以下分別陳述之。

一、預防保健

健康不是沒有病就是健康，而是指保持身體於最佳的狀態，故在日常生活中便需相當注重預防保健。目前政府對於老人的預防保健需求，

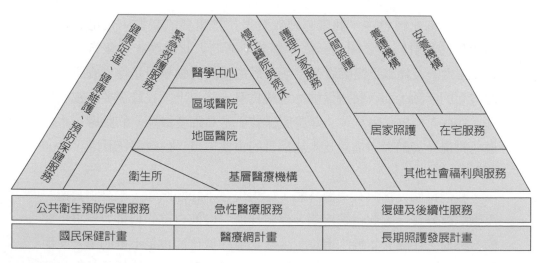

圖7-1　台灣健康照護體系

資料來源：衛生署，2003。

在「老人福利法」第三章服務措施第二十一條中便規定：「直轄市、縣（市）主管機關應定期舉辦老人健康檢查及保健服務，並依健康檢查結果及老人意願，提供追蹤服務。」規定地方主管機關每年應定期舉辦老人健康檢查及提供保健服務，滿足老人健康維護及預防疾病之需求。

此外，「全民健康保險法」第三十二條規定：「爲維護保險對象之健康……主管機關應訂定預防保健服務項目與實施辦法……。」因此，成人預防保健納入全民健保，而「全民健康保險預防保健實施辦法」於民國八十四年由衛生署頒布，民國八十七年訂定「老人健康檢查及保健服務項目及方式」，其中規定的成人預防保健服務的實施對象爲六十五歲以上者，每年給付乙次。其服務項目有：身體檢查、健康諮詢、血液檢查及尿液檢查等。

從「全民健康保險法」的實施對老人醫療福利發展來看，免費健康檢查，可以普及預防保健觀念，以期能早期發現疾病，做好預防保健工作。此由民國九十一年的「臺閩地區老人狀況調查」得知，對老人福利需求很需要和還算需要占最多的是「老人免費健康檢查」（占62.39%），其次是「中低收入老人生活津貼」（占57.07%），再次是「中低收入老人重病住院看護津貼」（占35.33%）。

除了健康檢查之外，老人預防保健服務內容涵蓋如下：

1. 預防注射：對易受感染老人給予流行性感冒的預防注射或肺炎雙球菌疫苗等。
2. 健康及慢性病管理：針對個別長者的健康狀況與需求進行系統化的管理。此外，絕大多數的長者都帶有一種以上的慢性病，因此需要針對盛行率較高的慢性病進行定期追蹤管理，以掌握老年人的健康狀況。
3. 營養管理：營養是新陳代謝最主要的來源，很多老年人的特殊健康問題與營養有關係，如骨質疏鬆症、某些特殊維生素缺乏症、

肥胖、成熟期開始的糖尿病、便秘、憩室症（diverticular disease）等。很多因素可以影響老年人的營養狀態，其中一部分的因素是老化的結果（如消化液的減少分泌、胃腸的減少蠕動），但生活習慣等社會因素也很重要。

4.衛生教育：老年人的健康維護有相當大的部分必須仰賴充分的衛生教育，而由醫師親自進行的衛教是所有衛教形式中成效最好的一種，因此，由醫師領軍的衛教團隊也是不可或缺。

5.心理衛生：身心狀況是相互影響的，自信的缺乏往往是身體機能之衰退及心理衛生失調的結果，由於從職場上退休及家庭空巢化，再加上身體功能逐漸老化，長者易感到寂寞及憂鬱，與社會有疏離感，因此，心理衛生的維護是非常重要的。世上沒有完全健康的老人，只要是老年人多少都會有病，而保持老年人的活動性，建立其自信心，維護其心理衛生，促進其身心平衡與健康，實爲預防保健的重點。

6.運動：運動可獲得主觀上的安寧以及確保活動性，因而促進社會化及其他興趣之延伸，避免與社會產生隔離感。應多鼓勵老年人從事規則性的運動。

7.環境改善：老年人的健康維護中與環境因素有很大的關聯，例如老年人的跌倒便與居家環境有莫大的關聯。

此外，隨著人們平均壽命的延長，人們也愈來愈重視自己身體的健康，尤其台灣人向來認爲食補比藥補好，所以平常就喜歡吃一些補品。另一方面，因爲人們壽命延長，老年時期也跟著加長，使得人們面對慢性疾病的時期大增，像是高血壓、心臟病、糖尿病與各種癌症，多半在接受藥物治療時，還會加上吃一些健康、養生食品。以目前台灣人喜歡吃維他命和直銷市場最暢銷的就是健康食品來看，台灣老年人在這方面的消費能力是很可觀的。

除了服用健康、養生食品外，民眾會為了過更健康的生活而從事有益健康的活動，對老年人而言更是必要。如前所述，老年人生理上的變化，將使他們對疾病的抵抗力普遍降低，且在老化過程中，各器官的功能亦大幅降低，對外來的刺激反應變得遲鈍而緩慢，使他們對外界變化之適應力降低。故更需要透過各種活動與器材來促進健康。Ruffing-Rahal（1991）便曾指出健康促進對老年人的意義，包括：(1)大多數的老年人相信他們雖然有慢性疾病或殘障，但是他們仍處於良好的健康狀況並會主動關心自己的健康。(2)老年人有動機瞭解並學習適應老化的現象以及健康相關的知識。(3)健康促進可轉化老年人成為知識豐富的參與者以及自我照顧的管理者。(4)健康促進可激勵老年人獨立地生活。(5)健康促進對老年人而言可減少其罹病及傷害的發生。

健康促進是預防醫學的初級預防，著重於正面積極的健康，即一個人對自己有信心，同時體力充沛又富有朝氣，所強調的是增進幸福安寧和生命的品質，而不只是壽命的長短。健康促進開始於人們基本上還是很健康時，即設法尋求能協助人們採行有助於維護和增進健康生活方式的社區發展和個人策略（高毓秀，2006）。提升健康的最佳途徑，不單僅是醫療科技和健康服務，更重要的應是各類促進健康、預防疾病的策略和活動。

有鑑於此，近年來政府加強預防保健與健康促進，在衛政方面，衛生署擇定糖尿病、腦血管及心血管疾病、支氣管炎、肺氣腫、氣喘、腎臟疾病之防治及更年期婦女保健等七項工作優先推動，並先後推行「整合性預防保健服務計畫」、「糖尿病人保健推廣機構評級計畫」、「糖尿病共同照護計畫」、「支氣管營、肺氣腫及氣喘病患健康諮詢推廣服務計畫」等。

而在社政方面，則積極推動老人健康促進活動，為取代定點老人文康活動中心的功能，內政部推展「行動式老人文康休閒巡迴服務實施計畫」，利用巡迴關懷專車深入社區，於各地老人聚集之社區公園或廟

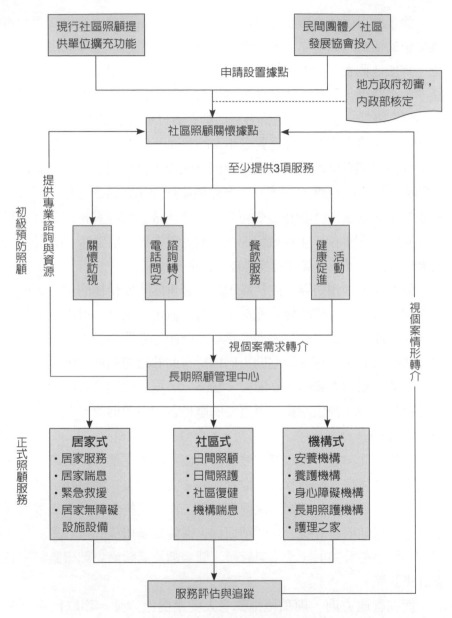

圖7-2　社區照顧關懷據點與相關照顧服務資源關係圖

資料來源：內政部社會司。

口，提供福利服務、健康諮詢、生活照顧服務、休閒文康育樂等服務，並適時宣導各項社會福利服務措施。實施方式由內政部補助各縣市購置多功能巡迴關懷專車，由縣市政府結合民間團體定期定點辦理社區巡迴服務，協助社區老人就近接受服務、參與活動並瞭解各項社會福利服務措施（內政部社會司，2005）。

此外，九十四年五月開始，鼓勵各鄉鎮市成立社區照顧關懷據點，結合當地相關資源，提供長者關懷訪視、電話問安諮詢及轉介服務、餐飲服務、健康促進等多元服務，期能透過社區自主運作模式，促進長者社會參與，提供老人社區化之預防照護，建構連續性照顧體系。而長者透過據點，得以學習動態的體適能、身體肢能伸展、運動、團康活動、醫療照護以及同儕生活，有些據點的長者甚至利用環保素材製作手工藝、學習插花、園藝等技藝，生活多采多姿，一方面能達到健康促進，一方面亦能重建退休後的人際網絡，找到生活的意義。

二、醫療服務

隨著人口老化，對於社會整體的主要衝擊便是醫療需求的大幅成長。生理上的變化使得老年人對疾病的抵抗力降低，且各器官的功能亦大幅降低，對外來的刺激反應變得遲鈍而緩慢，使他們對外界變化之適應力變差，同時生理修復功能也減退。其衝擊反映在醫療資源分配上，特別是八十歲以上的老人群體（Blank & Burau, 2004）。

就鄰近日本的經驗來看，二○○四年時，其六十五歲以上老人醫療費高占國民醫療費總額51%，其中七十五歲以上後期老人醫療費占整體老人醫療費55%。為解決老人醫療費用高漲，自二○○八年四月起，日本實施10%定率負擔的「後期老人醫療制度」（通稱「長壽醫療制度」），削減老人長期住院的慢性病床以及不必要的醫院門診，縮減老人醫療給付，期望降低老人醫療費用。然而，由於政策宣導

不周，再加上此制度造成老年人提高負擔且縮減給付，因而制度一上路，就引發各方強力反彈與指責（フリー百科事典「ウィキペディア（Wikipedia）」，2008）。隨著高齡化的進展，台灣亦不例外，老年人的醫療費急速上升，全民健保制度恐怕無法全面承擔，如何妥善規劃好老人的醫療制度，實應提早思考因應對策。

目前我國長者的醫療需求，大多能透過全民健康保險服務取得基本的照顧，從老人加保人數逐年增加可知，在全民健保開辦之前，六十五歲以上人口有將近一半尚未納入任何健康保險，在健保開辦之後，現今則增加至九成五以上的高齡人口已納保。另外，由健保局（2003）按年齡層來看投保人數，發現六十五歲以上老人投保總數約為2,060,749人，占所有投保人數的9.36%。但以二○○三年全國老人總數約為2,087,734人來看，則尚有約26,985人尚未納保。也就是說，老年人口中尚未納保人數只占1.31%了（莫黎黎，2005）。由此可知，老年人口有相當高的比例享有全民健康保險的保障。

而針對無力負擔醫療費用之長者，依據「老人福利法」第二十二條之規定，地方政府應予以補助參加全民健康保險之保險費、部分負擔費用或保險給付未涵蓋之費用，以滿足老人醫療之需求。另外，為使機構內老人因重病住院期間，能獲得妥善照顧並減輕其經濟負擔，內政部編列經費提供財團法人老人福利機構及附設老人福利機構之財團法人辦理中低收入老人重病住院看護費補助，對於低收入戶老人每人每日最高補助看護費一千八百元，每年最高補助二十萬六千元；中低收入老人每人每日最高補助九百元，每年最高補助十萬八千元。

一般而言，老年人罹患急性疾病時的特徵與年輕人不同，主要在於老年人的急性疾病往往是多重病因，若不及時治療，則病況可能急速惡化，一般治療效果較差，復原緩慢，且後遺症發生率較高，病癒後常需長期照護體系的介入，因此當老年人罹病時，往往不是單一器官系統的疾病表現，也因此常需借助各專科之間的合作來完成老年人的疾病照

護。故未來的老人醫療服務應加強整體性的老人照護,而非片段式醫療。因此,應以支付制度為誘因,鼓勵醫院發展老人醫學科或是設置老人醫學門診,使老人在求醫的過程中可以得到綜合且完整的照護,如此一來,不但可以節省醫療資源之重置與浪費,亦可使長者綜合性的毛病獲得適當的診治。

此外,期待公立醫療院所應具備社區民眾健康管理者的角色。在老人的健康照護方面,除了醫療服務的提供外,更應加強從事中老年病防治以及疾病控制等工作,因伴隨著老化,最大的問題就是慢性病健康照護,公立醫療院所應積極走入社區,與社區內相關之團體合作,提供適當且符合老年人的健康教育及老人的健康促進能力、預防疾病、增加自我健康照護,以提升長者的生活品質及生存尊嚴,共同建構一個健康的生活環境。

而為了讓病患回到家中及社區之後,能接受後續的長期照護服務,衛生署於民國八十三年即積極推動「出院準備服務」計畫,期使患者在急性治療到適宜階段後,能順利出院或轉介,獲得完整、持續性的醫療照護。另為解決病患出院後面臨健康照護問題時所需的諮詢與照顧,陸續於各縣市設置「長期照護示範管理中心」(現為「長期照顧管理中心」),並依各縣市發展程度,定期提供輔導及訪查計畫。

高齡化社會的來臨改變了健康照護的型態,除了醫療服務外,必須更注重健康促進、預防保健與長期照護的整合機制,而出院準備計畫與長期照顧管理中心便成為急性醫療與長期照護體系的連結管道,扮演著舉足輕重的地位。

案例

搶銀髮族商機　居家照護新興連鎖業

　　曾經開過便利商店的朱愛蓮，二度就業選擇的工作，是自今年起成為中化生醫科技員工，按時到社區照顧行動不便的銀髮族，這項名為「居家照顧服務員」的工作，不僅對朱愛蓮是一項新嘗試，對目前台灣高齡社會時代來說，也是一項新興行業。

　　朱愛蓮說，照服員的工作性質不同於看護及外傭，他們的訴求是陪伴銀髮族、準備餐食、簡易居家清潔、陪伴就醫及提醒用藥等。

　　朱愛蓮坦承，剛接這項工作時心理壓力很大，她必須在最短時間內得到被照顧老人的信任，每個月朱愛蓮回到中化生醫的駐站接受課程訓練，內容包括心理諮商、營養調理及危機訓練等。

　　今年中，一位接受朱愛蓮照顧的癌症阿媽過世，這位阿媽生前想收朱愛蓮當乾女兒。公祭上朱愛蓮和家屬一樣哭得悽慘，中化生醫科技也從總經理李宗勇以下，多位幹部參加公祭。中化生醫在去年九月自美國最大居家照顧公司Home Instand Senior Care（銀髮族居家服務照顧系統）取得銀髮居家照護的品質及技術授權。在朱愛蓮之前，在全世界已有約六百八十家公司上萬名員工參與相同工作，接受照護的銀髮族超過五十萬名以上。

　　李宗勇表示，居家照服市場對台灣而言是一項相當龐大的商機，根據經建會預估，去年六十歲以上銀髮族占全台人口的9.9%，預估二○二六年將占全台人口的20.6%，台灣的高齡人口成長速度居全球第二位，相關市場商機至少三千億元。

　　李宗勇進一步解釋，儘管台灣已有相當普及的安養院、養生村，仍有八成以上銀髮族希望留在自己家裏，「在地老化」的觀念，將是老人養護市場新趨勢。

　　中化生醫科技今年初在台北市設立第一家據點後，計劃以兩萬人

口區域設立一個據點，三年內在全台成立三十至五十個據點。

除中化生醫科技外，在台北擁有十二家連鎖店的祥寶養護中心的院長林哲弘也表示，計劃明年起開辦銀髮族居家照護和日間托老服務。

已投入養護服務二十二年的林哲弘說，社區照護對台灣民眾仍是新的嘗試，但鄰近日本已相當普及，祥寶除以人力派遣方式提供社區銀髮族照護服務外，也會成立中央廚房，專為社區銀髮族提供餐飲外送。

至於日間托老服務，林哲弘指出，將比照托兒所經營模式，每天以專車將銀髮族從家中接到養護中心，接受一天的活動安排，及照護服務後，傍晚再將老人送回家中。

林哲弘認為，銀髮照護服務，過去一向被視為社會福利工作，願意投入這個工作的，有相當大的比重是由非營利的財團法人機構志工來進行，但是隨著銀髮人口比例不斷升高，財團法人向政府申請的補助，勢必對國家財政造成愈來愈沉重的負擔，唯有以企業化管理來規劃銀髮族照護，才是未來發展的趨勢。

資料來源：摘自於民國九十六年十一月二十日《經濟日報》C8版，記者謝柏宏專題報導。

三、長期照護

依據主計處在民國九十三年所做的戶口及住宅普查中的資料顯示，台閩地區六十五歲以上老人有一百八十九萬兩千人，占總人口之8.5％，其中獨居老人約三十萬人，占老年人口之16％，老人需長期照護者計二十八萬六千人，占老年人口之9.1％，其中有四成為需重度與極重度照護者。如前所述，隨著疾病型態的慢性化、家庭結構的小型化、子女同住率降低與雙薪家庭的增加，致使家庭原本所擔任的照護功能逐漸

喪失，社會對長期照護的需求有增無減。而長期照護的需求是多元且複雜的，其照護模式隨著老人的健康狀況不同，而有不同比重需求。事實上，為了提供持續性的照護，各服務是環環相扣、密不可分的，在適當的時機，提供適當之醫療保健與社會福利服務，才能使醫療與社會福利資源得以妥善被運用。

(一)長期照護之定義與範圍

長期照護乃指在一段長時間內，針對身心功能障礙或身心健康功能限制而須依賴他人之幫助以維持生活者，一般來說，長期照護時間的界定為至少三個月，而隨著功能障礙程度與原因的不同，所需長期照護的時間也不一，而許多的老人照護個案可能是終身期。

長期照護的目的在於使個案能改善或維持身心功能，增進自我照顧及獨立自主之生活能力，減少依賴程度，減輕他人或社會之負擔，並增進其尊嚴。儘量維持個案的殘存能力，支持個案獨立生活，使其生活過得有尊嚴與自信，是長期照護重要的目的。而長期照護的對象是以失能、失智的個案及家屬為服務對象，以個案為中心，提供持續性及整體性的照護。所謂的持續性，即指依個案的狀況及獨立自主的程度，提供適時適當的服務，包含各階段的各種形式的照顧，如衛生署（2005）所提的「從預防、診斷、治療、復建、支持性、維護性，以及社會性之服務」，對照我國的健康照護體系，可整理如**圖7-3**所示。

所謂的整體性，則是指提供一套包含醫療、保健、護理、生活、個人與社會支持之照護服務，就其具體服務內容而言，從需求面來看，包含個人照顧、活動照顧、生活照顧、精神照顧、醫療保健照顧以及其他等；從提供服務面來看，則包含醫療、保健、護理、社工、復健、心理、營養、藥事、管理等系列之維護或支持等。在照護服務之類型上，可分為居家式、社區式、機構式，以及須有長久性之照護設計與安排之特殊照護服務（如呼吸照護、安寧照護、失智症照護、植物人照護

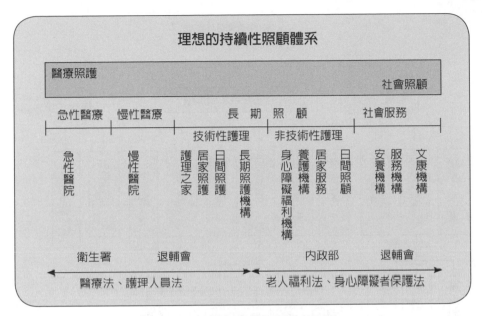

圖7-3 理想的持續性照顧體系

資料來源：引自衛生署，2005，「醫療保健及照顧服務業旗艦計畫：社區長期照護計畫執行情形專案報告簡報」。

等），如**圖7-4**。

　　隨著老年人生理功能的退化，家庭照顧的功能縮減，專業性照顧服務需求的出現是無可避免的。就老人照護模式而言，一九九〇年代「在地老化」（aging in place）理念被普遍接受，認為應盡可能地幫助功能障礙者留住其熟悉的家中或社區中，過獨立自主的生活。故在這種主流理念影響下，社區式照顧、居家式照顧及其他新型照顧服務模式被積極鼓勵發展，相對地，機構式照顧模式與內容也鼓勵變革，如機構功能多元化、照顧模式多層級化等，強調人性化服務及品質，以全方位、人性化的服務為導向，為失能者及其家庭創造一個具有尊嚴及品質的生活環境。

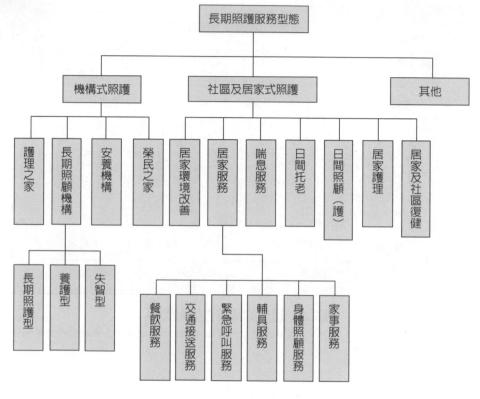

圖7-4　長期照護服務型態

資料來源：作者自行整理。

(二)行政體系的長期照護資源

就台灣現況而言，與長期照護服務有關的行政服務體系，包括社會行政體系、衛生行政體系、勞工行政體系、退輔會體系、農業行政體系、原住民行政體系，以下分別陳述：

■社會行政體系

行政院於八十七年開始實施「加強老人安養服務方案」，除了加強推動養護機構、日間照顧、居家服務等資源發展外，並明訂於每一鄉

鎮普設「居家服務支援中心」以提供居家服務。此外，內政部發放「中低收入老人重病住院看護費補助」，使老人因重病住院聘僱專人看護期間，能獲得妥善照顧並減輕其經濟負擔。而對於未接受收容安置及居家服務、未請看護之中低收入老人，其日常生活活動功能量表評估為重度以上，需家人照顧者，發給「中低收入老人特別照顧津貼」，此外，還有「中低收入老人住宅設施設備補助改善」。而在長期照顧十年計畫中，針對不同家庭經濟狀況者，提供不同程度的補助。

■衛生行政體系

八十四年全民健康保險開辦，將居家護理納入全民健保給付範圍，給付技術性護理服務；八十五年擴大給付護理之家的專業性醫療護理服務。而八十七年核定「老人長期照護三年計畫」，發展以消費者為導向，居家社區照護為主、機構照護為輔的實施策略；並試辦長期照護資源管理中心，期以統籌社區照護資源。九十年核定「新世紀健康照護計畫」，規劃研析長期照護制度、研修相關法規、建立整合性服務網絡、推動多層級照護設施、加強人力培訓宣導等。

■勞工行政體系

九十年七月公告調整外籍監護工之申請資格，訂定適當的聘僱外勞評量標準，診斷書僅限於衛生署認定之區域以上或公辦公營之公立醫院醫師開立者方可使用。此外培訓本國照顧人力，建立「居家照顧服務網」人才資料庫，在「永續就業工程計畫」中辦理人員訓練，增加訓練管道，並訂立「促進從事家庭監護工就業獎助津貼辦法」，發給勞工就業津貼，實施「就業促進津貼實施要點」，透過「尋職津貼」、「僱用獎助津貼」及「就業推介媒合津貼」等促進失業者再就業機會。

■退輔會體系

退輔會對榮民的安養主要為機構式照護，然而榮民之家設施已不符

現代化標準，故依行政院核定之「養護機構榮民安養護設施改善中程計畫」及「公費安養機構安養功能調整計畫」，整建老舊房舍，調整居住空間，並配合老人長期照護三年計畫，檢討釋出榮民醫院護理之家部分床位，提供一般民眾使用。

■農業行政體系

八十五年度起，推動提升農家婦女工作能力相關措施。為因應失業率攀升，九十年度特別加強輔導與支持農家婦女成立副業經營班，並鼓勵農村居民接受居家服務員，或參與經營居家照護產業，以改善農家所得。八十九年度開始，辦理農村高齡者諮詢服務中心，結合志工力量以及動員農村社區資源，強化對農村高齡者服務。並自九十年度起，為照護失能老農並創造農村就業機會，輔導農民團體運用農會、農村資源開辦安養、日間照護、居家照護等照護產業。

■原住民行政體系

八十七年度起，依據「原住民老人暨兒童六年照顧實施計畫」，推動居家照顧及送餐服務；採「社區照顧」和「在地老化」等觀念，補助民間團體辦理，並組織原住民婦女，接受居家服務訓練；服務對象以六十五歲以上中低收入老人為主，服務內容包括送餐服務、洗補衣服、關心問安、環境整理、簡易護理及復健、陪同就醫、文書服務等項目。

(三)長期照護服務的型態

■機構式照護

由於人口老化快速、社會觀念及家庭結構的改變，老人與子女同住的比率逐年下降，根據民國九十四年台閩地區老人狀況調查結果可知，目前老人的家庭狀況，「三代家庭」占37.87%，「兩代家庭」占22.49%，「僅與配偶（同居人）同住」占22.20%，而「獨居」占13.66%。此外，老人目前對安養、養護機構服務狀況之瞭解雖有限，

但未來「願意進住安養機構者」占14.96%，「願意進住老人住宅」占21.28%，在未來健康不佳時，「願意進住養護機構或護理之家」占27.88%，均遠高於目前實際進住數。這顯示選擇獨居或考慮住進安養、養護機構的比率正攀升中，因而對於老人安養護設施的需求也愈來愈爲殷切。政府除了增建各類老人照顧設施、老人公寓外，民間人士也紛紛投入申請設立老人養護機構、護理之家，或興建銀髮住宅等。

機構照護主要是提供二十四小時全天性的服務，服務內容包含醫療、護理、復健、個人與生活照護等。凡病情嚴重、依賴度高，或無家庭照護資源，不能以社區或居家方式照護的老人，均爲機構照護的主要服務對象。目前機構式照護在國內，包含衛政單位管轄的護理之家、社政單位管轄的老人福利機構——長期照護機構、養護機構、安養機構（九十六年一月三十一日修正公布的「老人福利法」中，將此三類機構簡化爲老人長期照顧機構及安養機構兩類；九十六年七月三十日修正發布「老人福利機構設立標準」，亦將老人長期照顧機構分爲長期照護型、養護型及失智型三種），以及隸屬於退輔會管轄的榮民之家及自費安養中心。

現階段雖然以「在地老化」爲主，但全機構化的照顧服務模式的發展對於某些特定的個案來說，仍然有其存在之必要。就目前國內的機構式老人照護發展，主要挑戰已非資源的普及，根據內政部統計處統計（2008），至九十六年十二月底，我國老人長期照護、養護以及安養機構計有一千零三十四所（含行政院退輔會之十四家榮民之家及四所自費安養中心），依機構類別分，養護機構九百二十二所占89.17%最多，可供進住人數39,135人，使用率爲73.65%；安養機構六十一所次之，可供進住人數20,610人，使用率78.57%；長期照護機構三十七所最少，可供進住人數1,932人，使用率62.37%。綜上可知，目前可供進住人數62,881人，但實際進住人數46,699人，進住率爲74.3%，整體而言，目前機構床位數足以因應需求，但面臨「不均」的問題。此外，亦應以照顧服務品

表7-2 機構式照護服務

機構類型	服務對象	服務內容	主管單位
護理之家	罹患慢性病需長期護理或出院後需繼續護理之病人。	提供機構式的生活照顧服務及醫護照顧技術層次較高的服務。	衛政單位
長期照顧機構（長期照護型、養護型、失智型）	罹患長期慢性病需醫護服務或生活自理能力缺損且無技術性護理服務需求之長者。	提供機構式生活照顧服務及護理照護技術層次較低的服務。	社政單位
安養機構	自費老人或扶養無親屬照顧之老人。	提供生活照顧、護理醫療保健及辦理文康活動等服務。	社政單位
榮民之家及自費安養中心	公費安養：因戰（公）致身心障礙，失去工作能力，或年老無依及生活無著之退除役官兵。自費安養：以年老單身、高齡榮民夫婦及殘癃榮民為對象。	生活照顧、權益維護、醫療保健及善後照顧等。此外，於榮家中另設有失能、失智養護專區。	退輔會

質的提升為首要任務，才能消除社會大眾對於機構照護品質的疑慮，此有賴政府與民間來共同協助發展。

　　目前長期照顧十年計畫中，針對使用長期照顧機構服務者提供補助。家庭總收入未達「社會救助法」規定最低生活費1.5倍之重度失能老人：由政府全額補助；而家庭總收入未達「社會救助法」規定最低生活費1.5倍之中度失能老人：經評估家庭支持情形如確有進住必要，亦得專案補助。每人每月最高以新台幣一萬八千六百元計。

　　為順應在地老化的趨勢，機構式照護雖有其必要，但亦面臨到轉型與變革。除了機構內部家庭化、重視營造成家庭溫暖的感覺外，服務對象已不單僅拘限於機構內的住民，亦擴及至社區居民，將服務送至社區，甚至社區居民家中，成為社區資源的一部分，即所謂的「機構社區化」，而其所推動的外展服務，包括居家服務、送餐服務，甚至成立社區照顧關懷據點，將機構的資源帶至社區，與社區做連結，提供社區服

務。另一方面，亦成為社區照顧的平台，成立日間照顧中心，提供社區長者於白天至機構接受日間照顧服務，並歡迎社區居民至機構內從事志願服務，帶領團康活動或發揮所長服務長者，讓機構有與社區互動交流的機會。

此外，隨著失智人口的急速增加，失智症照顧受到重視，政府於九十六年所提出的「大溫暖社會福利套案」第五章旗艦計畫——建構長期照顧體系十年計畫中，談及利用現有福利機構空間增設失智症老人照顧專區，並推出參考日本的團體家屋（group home）及生活單位型機構照顧（unit care）之「老人福利機構失智症老人照顧專區試辦計畫」等，期以提升失智症照顧品質。

另一方面，有鑑於高齡化社會的來臨，政府參考歐美國家及日本的老人住宅發展方案後，於民國九十三年頒布「促進民間參與老人住宅建設推動方案」，將民間投資老人安養設施產業列為促進民間參與公共建設之重要項目，以優惠獎勵措施增加民間參與老人住宅建設經營誘因。同年十二月底頒布「老人住宅綜合管理要點」，增訂第十六章老人住宅專章，並同時訂頒「老人住宅基本設施及設備規劃設計規範」。對於身體狀況良好，希望保有自我空間，且能和子女維持關係的長者，老人住宅提供完善的安全環境及保護措施、合格的照顧人員、休閒、室內活動、健康管理及餐飲照顧等，不啻為老年夫妻同住或獨居長者新的居住選擇，而此健康老人群居的情形亦可能是未來的趨勢。

為配合老人實際需求及國際趨勢，機構式照護從收容孤苦無依長者的集中照顧機構，轉為去機構化、家庭化、社區化、小型化，並且與社區鄰里照顧結合，服務內容及對象不斷地擴大，提供的功能越趨多元。現有的老人機構如何轉型經營及管理，依照機構資源及特性發展重點特色之服務，符合需要的服務措施，為老人福利及銀髮產業之未來重要課題。另一方面，以健康長者為對象的老人住宅與照顧住宅，因應老人獨立及自主性，其軟硬體設施更為豐富與彈性，可能蔚為新型的老人居住

模式。雖然現階段強調在地安老的觀念，但只要機構能不斷地求新求變，追求以客為尊的良好品質，在高齡化持續的進展下，其扮演的角色將越來越重要。

■社區及居家式照護

社區及居家式照護不像機構式照護將老人集中照護，而是在老人居住的社區及家中提供服務。因此，接受服務的老人，不必完全離開熟悉的居住環境，仍可享有原本習慣的生活。其服務內容包含技術性醫療護理與一般性之個人照護、家事生活照護和社會服務等，除了提供居家失能老人本身照護外，亦可協助家庭照顧者來照護老人，增加老人留住社區及家中的可能性。服務的型態有：日間照顧（護）、家庭托顧、喘息服務、居家服務、居家護理、居家及社區復健、短期照顧、老人營養餐飲服務及緊急救援系統等。

根據經濟部的分析，九十五年國內六十五歲以上老人高達二百二十六萬人，透過社會醫療機構照護者僅約十四萬人（相當6%），有高達二百一十二萬（相當94%）老人，需仰賴社區或居家式照護。可知大多數的失能長者居住於自己的家中，由家庭成員擔任主要照護工作，屬於非正式的家庭照顧，成本低，是國內目前最普遍的照護型態。為了體恤家庭照顧者的辛勞，並減輕照顧者因照顧老人而無法外出就業的經濟負擔，對於照顧失能程度為重度以上之中低收入戶老人之家屬，每月補助五千元的「特別照顧津貼」（詳情請參考「中低收入老人特別照顧津貼發給辦法」）。然而，國人因家中人力不足，請外籍看護工照顧失能者趨勢擴大，目前估計有124,421人。且由於外籍看護工相對於本國看護有服務彈性高、價格低、服從性高等特性，除影響國人就業機會外，亦由於缺乏相關規劃與培訓，照顧水準不一，加以溝通不良，常有老人受虐事件發生。

居家式及社區式照護服務的提供，則能讓家庭照顧者搭配護理人

員、復健人員、社工人員、照顧服務員或其他專業人員共同照顧長者。民國九十六年，政府為推動長期照顧體系的建立，訂定長期照顧十年計畫，編列預算補助照顧服務項目，協助民眾使用服務。服務對象以日常生活需他人協助者為主（經ADLs、IADLs 評估），包含四類失能者：六十五歲以上老人、五十五歲以上山地原住民、五十歲以上之身心障礙者、僅IADLs失能且獨居之老人。

其實施原則：(1)針對一般社會大眾，給付型態以實物給付（服務提供）為主，現金給付為輔，而以補助服務使用為原則；(2)依老人失能程度及家庭經濟狀況，提供合理的照顧服務補助，失能程度分為三級：輕度、中度和重度，失能程度愈高者獲得政府補助額度愈高。照顧服務補助對象在補助額度下使用各項服務時，仍需部分負擔費用，部分負擔的費用則與失能者之經濟狀況有關，收入愈高者，部分負擔的費用愈高。

而服務項目以日常生活活動服務為主，包括居家服務、日間照顧、家庭托顧服務；另為維持或改善個案之身心功能，也將居家護理、社區及居家復健納入；其次為增進失能者在家中自主活動的能力，提供輔具購買、租借及住宅無障礙環境改善服務；而老人營養餐飲服務則是為協助經濟弱勢失能老人獲得日常營養之補充；喘息服務則用以支持家庭照顧者。此外，為協助重度失能者滿足以就醫及使用長期照顧服務為主要目的交通服務需求，補助重度失能者使用類似復康巴士之交通接送服務。此計畫各項服務之補助內容詳如**表7-3**（內政部社會司，2007）。

■其他

除了以上的照護服務外，長期照護還包括長期照顧管理中心、出院準備服務、輔具資源中心、居家服務支援中心、農村社區生活支援中心、長期照護服務管理資訊系統等提供諮詢、轉介、整合之連結式照護資源。而針對特殊人口群的長期照護，如失智症照顧、呼吸照護、安寧照護、植物人照護等，更需要整合性的照顧服務來支持個案及其家屬。

表7-3 我國長期照顧十年計畫服務項目及補助內容

服務項目	補助內容
照顧服務（包含居家服務、日間照顧、家庭托顧服務）	・依個案失能程度補助服務時數： 　輕度：每月補助上限最高二十五小時；僅IADLs失能且獨居之老人，比照此標準辦理。 　中度：每月補助上限最高五十小時。 　重度：每月補助上限最高九十小時。 ・補助經費：每小時以一百八十元計（隨物價指數調整）。 　家庭總收入未達社會救助規定最低生活費一點五倍者，全額補助；一點五倍到二點五倍者，補助九成，民眾自行負擔一成；一般戶，補助六成，民眾自行負擔四成。 ・超過政府補助時數者，則由民眾全額自行負擔。
居家護理	除現行全民健保每月給付兩次居家護理外，經評定有需求者，每月最高再增加兩次。補助居家護理師訪視費用，每次以新台幣一千三百元計。
社區及居家復健	針對無法透過交通接送使用健保復健資源者，提供本項服務。每次訪視費用以新台幣一千元計，每人最多每星期一次。
輔具購買、租借及住宅無障礙環境改善服務	每十年內以補助新台幣十萬元為限，但經評估有特殊需要者，得專案酌增補助額度。
老人餐飲服務	服務對象為低收入戶、中低收入失能老人（含僅IADLs失能且獨居老人）；每人每日最高補助一餐，每餐以新台幣五十元計。
喘息服務	・輕度及中度失能者：每年最高補助十四天。 ・重度失能者：每年最高補助二十一天。 ・補助受照顧者每日照顧費以新台幣一千元計。 ・可混合搭配使用機構及居家喘息服務。 ・機構喘息服務另補助交通費每趟新台幣一千元，一年至多四趟。
交通接送服務	補助重度失能者使用類似復康巴士之交通接送服務，每月最高補助四次（來回八趟），每趟以新台幣一百九十元計。

資料來源：內政部（2007）。

　　此外，為了因應日益快速的高齡化社會，建構完善的老人居家安老服務模式，發展安全、適居、共享的無障礙環境，以及兼顧老人自尊與服務需求的照顧型態，營造福利化社區是必然的趨勢。

(四)我國長期照護之推動現況

　　台灣在一九九三年進入高齡化社會之後，各界便開始重視長期照護的議題。而我國現行的長期照顧體系，可說是由政府的幾項重要法案及方案計畫為主導，以一九八○年訂定的「殘障福利法」及「老人福利法」為起始點，歷經二十多年的制度發展，陸續訂頒其他關於健康醫療及社會福利的重要法案或機構設置之相關規定，另外，衛生署、內政部等政府部會亦提出了多項行政方案計畫。

　　一九九七年衛生署發表「衛生白皮書──跨世紀衛生建設」，在其中便提出長期照護發展以健全醫療照護體系為主；方針以居家及社區式照護服務為主（占70%），機構式照護服務為輔（占30%）。並將長期照護納入「跨世紀國家建設計畫」。從一九九八年開始陸續推動相關計畫，在社會行政體系方面，公布「加強老人安養服務方案」（1998～2007）、「照顧服務福利及產業發展方案」（2002～2007）等重大政策，並修訂「老人福利法」（1997、2007）及「社會福利政策綱領」（2004）等；而衛政體系亦陸續執行「老人長期照護三年計畫」（1998）、「醫療網第四期計畫──新世紀健康照護計畫」（2001～2005），以及「全人健康照護計畫」（2005～2008）。

　　此外，跨部會合作推動長期照護體系的建構，如衛生署及內政部之「建構台灣長期照護體系三年先導計畫」（2001～2003），衛生署及內政部之「挑戰二○○八：國家發展重點計畫」──產業高質化及社區化長期照護網絡計畫（2003～2008年），以及行政院科技顧問組「行政院二○○三年產業科技策略會議──發展醫療保健服務產業之策略」、行政院衛生署、內政部和經建會「醫療保健及照顧服務業發展綱領及行動

方案」（2004～2008）等。以上可知，近年來政府對人口老化所衍生的健康及長期照顧問題越來越重視。

其中，為促進我國長期照顧服務資源的開發與相關服務體制的整合，行政院社會福利推動委員會於二〇〇〇年一月核定「建構長期照護體系先導計畫」三年計畫，由內政部及衛生署委託台灣大學執行，該計畫選定台北縣三鶯地區及嘉義市為實驗社區，試圖建立在地老化的社區照顧模式，期能建構我國長期照護體系之前置作業，建立與發展多元化服務設施與人力，建構照顧管理制度，提升照顧服務的成本效益，評估與規劃合理的財務機制。

爾後，在二〇〇二年，由行政院經濟建設委員會協同內政部、衛生署、勞委會、農委會及退輔會等單位共同規劃「照顧服務福利及產業發展方案」，此方案分為兩期，主要結合民間力量，共同發展照顧服務支持體系，此計畫為行政院「挑戰二〇〇八：國家發展重點計畫」中第十項「新故鄉社區營造」計畫之子計畫之一。此方案之發展策略包括：整合照顧服務資源，落實照顧服務管理機制；引進民間參與機制，充實多元化照顧服務支持體系，全面提升照顧服務品質；健全照顧服務人力培訓與建立認證制度，促進照顧服務專業化；適度調整外籍監護工之引進政策與審核機制；開發輔具及無障礙空間之使用與發展；充實與調整相關法令、措施與規範，促進福利及產業平衡發展；推動溝通與宣傳工作、加強宣導工作，推廣照顧服務資源網路等。

從此方案推動以來，各縣市政府陸續成立「長期照顧管理中心」，提供申請、服務的單一窗口；擴大居家服務補助對象，由原先的中低收入戶擴大到一般民眾；訓練了三萬兩千多個照顧服務員，並有近八千人取得照顧服務員的丙級技術士技能檢定及格證書；推動「外籍看護工與國內照顧服務體系接軌方案」，減少不合理外籍看護工之僱用，並整合國內照顧服務體系；設置各種輔具資源中心，提供有需要的民眾使用、租借等服務。之後，並與「長期照顧十年計畫」銜接，讓照顧資源得以

繼續發展，建立完善的照顧體系（經建會，2008）。

另外，於九十四年開始推動台灣健康社區六星計畫，此計畫主要目標為全面性的社區改造運動，透過六大面向的提升打造健康社區，其中在「社福醫療」方面，規劃社區照顧關懷據點之設置，欲透過社區非正式資源的結合提供初級預防照顧，其服務對象為社區中的健康老人或失能程度較輕的老人為主。而九十六年九月，行政院通過大溫暖社會福利套案，在「強化老人安養」策略下訂定「建構長期照顧體系十年計畫」，並將其列為旗艦計畫，期望在我國人口快速老化趨勢下，能回應民眾日益增加的長期照顧需求。

在推動照顧福利服務的同時，政府亦積極鼓勵民間推動照顧服務產業（如**表7-4**）。過去傳統照顧服務一直是透過政府部門以及民間的志願團體辦理，但因資源有限，服務對象僅限於弱勢人口，面對經社環境的急速變化，政府所能提供的經費或專業人力已不足以因應照顧服務需求的多元化與專業化。因此，結合民間力量共同提供照顧服務，以滿足日益增加的照顧需求，已成為必然的趨勢。

目前我國多以政府的老人福利政策來滿足需求，隨著高齡人口增加，產業扮演的角色也愈趨重要，相關產業能夠提供的就業機會和商機不容小覷。鑑此，政府從九十一年起即推動「照顧服務福利及產業發展方案」，積極培訓照顧服務員，促使照顧工作證照化；而九十三年通過的「推動民間參與老人住宅建設推動方案」，則提供長者居住安養更多元的選擇。行政院「二○一五經濟發展計畫」也將健康照護列為新興產業，發展重點包括老人照顧服務、藥品、健康食品等；醫療產業部分，則專注在服務品質的提升、醫療e化和專業照護人才的培育。九十五年四月經濟部公告推動的「銀髮族U-Care旗艦計畫」，則輔助老人機構式或社區式集中照護、居家照護及緊急照護服務體系。九十五年九月行政院通過的「大溫暖社會福利套案」中，更將「建構長期照顧體系十年計畫」訂為旗艦計畫，未來十年政府將投入新台幣八百一十七億元來執行。

表7-4　政府銀髮產業重要鼓勵政策

計畫名稱	內　容
照顧服務福利及產業發展方案（經建會、內政部）	實行期間：二〇〇二至二〇〇六年，三年一期 • 促進照顧服務「福利」和「產業」平衡發展，建構完善照顧服務體系 • 開發國內照顧服務人力，降低對外籍看護工的依賴 • 充實居家式及社區式照顧資源，落實在地老化
推動民間參與老人住宅建設推動方案（內政部）	實行期間：二〇〇四年四月至二〇〇八年一月 • 以促參方式鼓勵民間參與老人住宅建設，規範老人住宅設備、無障礙環境標準化 • 老人住宅企業化經營管理、多元化服務 • 簡化老人住宅土地取得、變更程序
醫療保健及照顧服務業發展綱領及行動方案（經建會）	實行期間：二〇〇四至二〇〇八年 • 將以服務為核心，IT平台為主軸，串聯輔具產業、醫療產業、遠距照護、遠距醫療、居家照護與照護服務等相關產業
銀髮族U-Care旗艦計畫（經濟部技術處）	計畫公告：二〇〇六年四月 • 建置機構式或社區型銀髮族集中照護服務體系 • 建置居家銀髮族照護服務體系 • 建置銀髮族緊急照護服務體系 • 計畫完成五年內促進相關產業產值超過新台幣一百四十億元
建構長期照顧體系十年計畫（行政院長期照顧制度推動小組）	實行期間：二〇〇七至二〇一五年 • 建構長期照顧管理中心綜合評估機制 • 結合民間資源提供長期照顧服務 • 建立支持家庭照顧者體系 • 強化長期照顧服務人力培育與運用 • 投入適足專門財源，建立穩健長期照顧財務制度 • 經費：二〇〇七至二〇〇九年新台幣八十億元 　　　　二〇一〇至二〇一五年新台幣三百五十四億元

資料來源：修改整理自行政院經建會、經濟部、內政部；拓墣產業研究所，2007/2。

　　另一方面，內政部及地方政府亦鼓勵小規模事業團體以勞動合作社形式參與居家服務經營，鼓勵社區內具有照顧服務能力之勞動者集體向外承攬業務，輔導成立勞動合作社，有效創造社員從事照顧服務勞務工作機會，增進社區民眾接受照顧服務的便利性。此外，經建會在二〇〇

四年通過「服務業發展綱領及行動方案」，此行動方案選定的十二項重點服務業之一即為「醫療保健及照顧服務業」，將以服務為核心，IT平台為主軸，串聯包括輔具產業、醫療產業、遠距照護、遠距醫療、居家照護與照護服務等相關產業。

四、另類療法

另類療法已在世界各地蓬勃興起，其興起是不可抑止的潮流。何謂另類療法？簡言之，泛指非正統（unconventional）或非正規（unorthodox）醫療的療法，其措施在正統的醫學院未廣泛加以教授，一般醫院也未能普及使用，而其療法因挑戰各種社會信念與作為，故未能納入主流的健康照護模式（胡月娟，2007），其正式的名稱為「補充及替代醫療」（complementary and alternative medicine, CAM）。雖然目前仍無足夠證據證明CAM是安全有效的，但卻仍被普及使用。在一九九七年的美國醫學期刊中便有研究指出，約有四成的受訪者回答在一九九六年至少使用十六種不同的CAM，最受歡迎的治療是草藥、按摩、綜合維他命、自助團體、民俗療法、能量治療法和順勢療法（江麗玉等，2004）。

不可置疑的，另類醫療不僅在美國，在世界各地亦形成很大的影響力量，包括台灣民眾所熟悉的中醫藥、針灸、刮痧、拔罐、推拿、按摩、整脊、氣功、催眠、冥想、芳香療法、生機飲食、營養補充品等，還有西方國家的祈禱、瑜珈、印度式草藥療法（ayurvedic medicine）、草藥療法（herbalism）和順勢療法（homeopathic medicine）等。其種類之多樣及複雜令人嘆為觀止。

在過去，由於對另類療法缺乏訊息，因此最為人所詬病的便在於只有「見證」式的個案報導，多的是嘩眾取寵、誇大不實、害人匪淺的劣質療法，卻少有客觀嚴謹的科學實驗來證實療效，這是另類療法無

法納入正統醫療的最大原因。然而，近幾年，另類療法卻有很大的改變，美國國會有鑑於另類療法日益盛行，故於一九九八年成立了「國家另類療法研究中心」（National Center for Complementary and Alternative Medicine, NCCAM），此為國家衛生研究院（NIH）中的研究中心，負責研究另類療法的安全性、成本效益與對人類的福祉（胡月娟，2007）。

幾年之間，大量的另類療法科學化文獻發表，官方成立專責另類療法機構，學校設立另類療法課程，民眾更熱衷於追求另類療法。在實證醫學著名的Cochrane Library內，目前已有四千篇另類療法的隨機對照試驗，兩百篇回顧性文獻及四十篇完整的指引發表（魏正宗，2006）。且根據一九九八年一個調查報告，美國一百二十五個醫學院中，已經有六十一個學校開課教授另類醫療，有些甚至將它列為必修課程，且有不少保險公司也給另類醫療師適當的支付。一時之間，另類療法似乎變成熱門趨勢。

另類療法並不全然是不好或具有傷害性的，只要正當地使用，將會帶來好處。為了協助世人妥善應用另類療法，世界衛生組織在二○○四年公布了一項另類醫藥的使用指引，希望協助各地政府訂立法律來監管這些藥物的使用，讓民眾得到另類藥物的好處之餘，又免受任何傷害。另類藥物對於病情有時是可以非常有助益的，但服用者對所服用的相關藥物要有所瞭解。此外，生病時欲使用另類療法時，應事先告知醫護人員，因為有些時候另類療法會帶來一些預料之外的結果，會導致兩者藥物「相沖」的可能，反使病情更加惡化。

只要有疾病及症狀無法根治的地方，便有另類療法生存的空間。在現行多樣而混亂的療法中，如何避免遭受精神、錢財與身體的損失，追求身心靈整體的健康，考驗著每一個人，同時也須靠政府為民眾嚴格把關。而在另類療法風潮襲捲全球之際，若能將我國傳統的另類療法予以科學實證化，研究其療效並發展成養生照顧產業，不啻造福人類，亦能將國粹發揚光大。

案例
時間貨幣 施與受都有福

請你牽我散步 付10分鐘券

「阿嫂、阿嫂,來去囉。」七十六歲阿嬤劉陳粉牽著八十八歲中風的遠親陳招,散步到社區活動中心。陳招坐下來,顧不得胸口喘,先拿出十分鐘「時間貨幣」遞給對方。戴眼鏡的劉陳粉從口袋摸出另一張時間券,瞇瞇眼笑著說:「我等會兒找春見下棋。」

「阿嬤,來量血壓。」七十三歲劉碧蓮伸出右手,眼珠子隨水銀柱的起落移動,她說:「我以前頭暈暈,血壓兩百一,靠她天天幫我量,記得吃藥,血壓才會降下來。」

龍龍幫幫家族 貨幣通有無

這個位於台中縣龍井鄉龍西村的活動中心,是台灣第一個實施「時間貨幣」的地方,取名「龍龍幫幫家族」,時間貨幣在此通行已超過一年多。

推廣「時間貨幣」概念的弘道老人福利基金會執行長林依瑩說,把助人的時間當成金錢,印成實體的時間貨幣(時間券),在社區內流通,讓助人與受助不再難以啟齒,就像在玩「真人社區版大富翁遊戲」。

志工站長劉束解釋,每位會員有三百分鐘時間貨幣,分成十、卅、六十分鐘三種。憑著時間券,從收衣服、量血壓、買菜或陪看電視,都能大方地開口拜託其他會員;用完了再設法幫助別人,把貨幣賺回來。

受助者也助人 開口不歹勢

林依瑩檢討弘道基金會、台北市衛生局推廣超過十年的「志工時間銀行」制度,不管作法是「年輕當志工,年老可提領」或「兒子當台北志工,爸爸在鄉下受惠」等模式,都發現參與者愛當志工、愛付

出，卻很少人提領；或是無法滿足彼此的需要，成了單向付出。雖然創造了志工價值，卻無法促進社會信任。

但是，她轉念一想，如果讓同一社區的老人是助人者，也是受助者呢？貨幣有來有去，更活絡了關係，每個老人都是被需要的，開口求助也不再困難。

教人練外丹功　賺30分鐘券

「大家來練功。」身手敏捷的劉陳粉，修習外丹功超過廿年，她每周二、四、六下午教老人家練功。她雙腳打開，雙手拉高喊著「托天抱月」，接著兩手平伸，輪流緊盯著雙手中指，「這招是飛燕回首！」練完卅分鐘，她喊著「拜祖師爺」，雙手合掌揖拜，大夥兒才散去。

練完功，劉陳粉賺得卅分鐘的時間貨幣，開心地找八十二歲的戴春見，再廝殺一盤將軍棋。

活動中心一隅，四十六歲的郭秋霞祭起三炷線香，口裏喃喃有詞，在鄰居孩子面前畫符收驚；十分鐘後，她收斂心神，交代鄰居焚燒金紙，親吻孩子的頭，低聲說：「沒事了。」

阿霞賺飽貨幣　趕跑一身病

替人收驚，郭秋霞累積一大疊時間貨幣，她還教跳毛巾操、宣導健康飲食，在家族中擁有最多「存款」，是最富有的成員。劉束向她伸手：「上次替你摘芒果，你還沒給我貨幣。」郭秋霞慷慨抽出一張六十分鐘時間券，寫上「勞動服務」遞給對方。

事實上，郭秋霞六年前罹患紅斑性狼瘡，全身浮腫，關在家裏不出門，差點得憂鬱症。她因為這場病接觸風水、命理與收驚，病情奇蹟似好轉，她走出家門當志工，越活越開心。

郭秋霞說：「別把自己當病人，走來出當志工，可以賺別人的時間，每天都很快樂。」

阿嬤花光「存款」 作粿撈資本

劉束與小她八歲的陳玉英，也常用時間貨幣互助。陳玉英不會開車，每次要到市區都靠劉束載她，「讀國中的老大忘了帶磁碟片，臨時託她送，付六十分鐘時間券，不必付車錢喔！」

這場成人遊戲越玩越認真，時間貨幣變成老人家相當重視的資產。八十八歲陳招剛拿到時間券，覺得用不到，沒想到劉陳粉陪她散散步，就花了她不少「錢」，為了賺「所費（零用錢）」，她搬出石磨、蒸籠「作粿」給大家吃，趁機撈點資本。

社區互助互信 感動瓦斯工

在沙鹿一家瓦斯行工作的李基振，負責送龍西村的瓦斯，他愛上這裏的互助精神，也變成家族的「地勤人員」。劉束說，像搬桌椅、種花鋤草等地面勤務，全都交給他。

不送瓦斯時，李基振替老人泡茶、跑腿、照顧花草樹木，閒來沒事還會唱首歌，自娛娛人。他的老闆找不到人，也會打電話到活動中心，這裏「簡直是他的第二辦公室」。在地的電器行的老闆劉坤助、陳正一，常免費替老人家修電視、卡拉OK與音響。

劉束說，時間貨幣改變了老人家，幾張紙片讓大家學會彼此幫助，不怕開口求人。更重要的，老人家過久了不被需要的日子，生命力逐漸萎縮，透過這場時間遊戲，找回活力與快樂，最是寶貴的收穫。

資料來源：摘自民國九十六年七月二十三日《聯合報》A6版，記者洪敬浤、丁志寬、林依瑩報導。

第五節　健康照護服務產業

　　高齡少子化的趨勢，使得健康照護的需求日益增加，帶動健康照護服務的龐大商機。有鑑於此，經濟部積極推出計畫，協助台灣醫療服務體系及資通訊業者發展健康照護服務產業。九十一年推動「照顧服務福利及產業發展方案」，九十三年推出「推動民間參與老人住宅建設推動方案」，在九十五年九月再推出「銀髮族U-Care旗艦計畫」，主要協助機構、社區照護、居家照護、緊急照護服務體系，建置銀髮族無所不在的健康照護服務。此外，在醫療器材方面，整合心電圖、血壓、體溫、氣喘呼吸計量器，建構養生照護平台，並整合發展遠距照護服務平台，朝醫療e化及醫療服務國際化發展；在藥品方面，則利用台灣肝病醫療優勢，以建立生技醫藥產業嶄新育成模式。

　　為了持續推動健康照護產業發展，行政院二〇一五年經濟發展遠景第一階段三年（二〇〇七至二〇〇九）衝刺計畫發展套案的政策當中，將健康照護列為未來新興產業，發展重點包括銀髮族照顧服務、醫療器材、藥品、健康食品等。此外，並增加慢性病患者的照護管理服務，及擴大健康照護相關科技應用與創新服務，例如安全防護系統、遠距照護服務、老人交通服務、智慧型老人住宅等應用，並逐漸擴展到生活育樂、休閒娛樂、理財教育等方面。鼓勵照護相關機構與科技相關廠商共同攜手合作，運用科技提升銀髮族健康照護之品質、範圍、效率與效益，另外，「長期照護體系十年計畫」亦屬於「投資型的福利計畫」，此計畫預先籌劃高齡社會所需的各項照顧資源、並建立完善的長照制度，可創造更多的就業機會，帶動健康照護產業的更新發展。

　　另一方面，外貿協會配合舉辦「台灣國際銀髮族暨健康照護產業展」，展覽內容規劃含有：復健及輔具區、醫療照顧區、保健用品區、保健食品區，以及休閒理財區五大專區，由政府與民間共同合作促進銀

髮族產業。老人的健康照護產業範疇以**圖7-5**表示。以下針對未來熱門的老人健康照護產業發展做簡單介紹：

一、照顧服務

據經建會的定義，「照顧服務產業」係指以提供照顧服務為目的的產業。在行政院勞工委員會於民國九十五年第八次修訂之「中華民國職業分類典」指出，照顧服務業主要係指Q大類「醫療保健及社會工作服務業」下之「居住照顧服務業」以及「其他社會工作服務業」，產業範疇擴及老人、婦女、兒童暨青少年等各個族群的照顧服務。

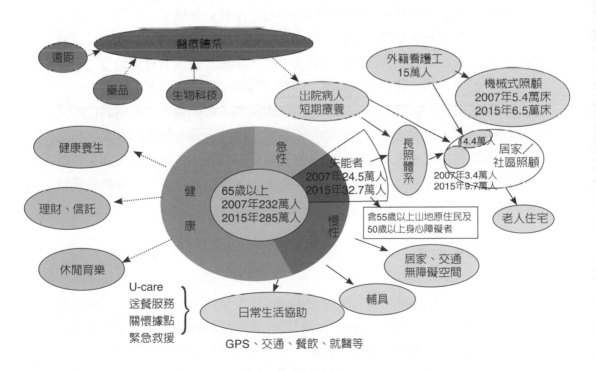

圖7-5 健康照護相關產業示意圖

資料來源：DigiTimes（2007）。

其中，居住照顧服務業（八十七中類）乃指「凡結合健康照顧及社會工作，從事提供住所並附帶住宿者所需之護理、監管或其他形式照顧服務之行業均屬之。其服務過程中最重要的是提供住所，而健康照顧主要係指護理服務」。其中包括護理照顧服務業、心智障礙及藥物使用者居住照顧服務業、老人居住照顧服務業以及其他居住照顧服務業等。而其他社會工作服務業（八十八中類）則係指「凡從事居住照顧服務以外之社會工作服務均屬之」，其內容包括兒童及少年之社會工作服務業、老人之社會工作服務業、身心障礙者之社會工作服務業、婦女之社會工作服務業，以及未分類其他社會工作服務業等。

隨著高齡化社會的到來，人口老化所帶來的照顧需求增加，使得照顧服務產業成為未來重要的經濟角色。不論是機構式、社區式、居家式的照護服務都有其一定的發展空間。以居家照護來說，我國引進外籍監護工的比例逐年升高，便可略知一二。未來在勞委會實施總量管制、限縮外勞名額，聘用外籍監護工的難度將提高之下，隨著服務的專業化及民眾需求的持續開發，未來國內照顧服務人力的需求會有飛躍性的成長。另外，隨著國內人口老化、雙薪家庭增加，到府提供的家事服務也逐漸受到中產階級家庭的歡迎。惟從事照顧服務工作除了需要專業技能與體力外，也必須具備愛心、耐心與毅力，更要秉持客戶導向的服務精神，才能勝任愉快。

二、遠距照護

為了要因應國內人口快速老化與疾病型態的慢性化，民眾需要持續性的健康照護服務，以及健全的社區化長期照護網絡，行政院衛生署自九十六年起推動「遠距照護試辦計畫」，透過資通訊科技的導入應用，發展友善使用人機介面，建置社區式、居家式、機構式三種遠距照護服務模式，並建構互通之電子照護記錄交換機制與認證環境；使用者不論

身處於家中、戶外或照護機構，皆可自在遊走於各式照護服務之間，獲得連續性的照護服務。

為強化服務資源的整合性，遠距照護計畫結合了醫療照護、生活支援以及在地社區資源，為社區民眾提供多樣化的照護服務。在科技應用方面，遠距照護計畫結合可攜式醫療器材、資訊、網路、電視，為居家民眾提供便利的科技化照護服務，並應用各種視訊設備，為護理之家提供跨專科、跨專業的整合照護，其中資訊共通平台更是推動連續性照護的資訊關鍵。無論是輔具產業、醫療體系、照護機構、醫療器材廠商、通訊業者、網路服務業者、居家照護與照護服務等，都可以在這個平台上貢獻他們的專長，並透過這些業者的異業或同業策略聯盟，將可以帶動整體醫療照護產業的發展形成遠距照護生態系統（Eco-system），發展創新的照護模式。

透過此計畫，不但能增進民眾的健康福祉，同時也可帶動相關產業的發展，擴大照護服務的產值。衛生署將持續結合民間與產業力量，推動遠距照護服務，並透過政府補助、修訂法規以及資訊提供等措施，鼓勵更多的機構一起投入遠距照護服務提供的行列。

三、行動醫療照護

行動醫療照護目前已被認為是下一代新興產業。政府為了加速行動照護市場發展，幾年來陸續推動多項計畫，來促進產業發展。而行政院所推出的挑戰二○○八國家發展重點計畫「M台灣」計畫中，便編列行動醫療照護於創新服務開發項目之中。「M台灣」計畫目標是在二○○五年完成兩個M-City、兩個行動專區、兩個特定政府服務區及提供十四個以Wi-Fi或WiMAX無線網路的應用，在無線網路基礎建設完成之後，重點在於應用服務，而行動醫療照護則被編列入項目之一。此外，加速偏遠地區照顧及遠距照護應用服務等重點，也都將成為行動醫療產業的

推手。

　　「M台灣」的行動醫療照護如果能夠研發出良好的經營模式，其所能帶動的產業發展，將會對許多周邊產業有所助益。其利益將全面擴及電信業者、軟硬體廠商、系統整合商甚至保全業者。以資策會目前正積極推動的「數位健康服務創新應用計畫」爲例，整個將產業鏈包括政府單位的衛生署、健保局，提供生理監控、儀器設備、醫療耗材的醫療儀器設備產業，提供健康照護盒、生理監控儀器警訊系統的醫療資訊整合設備商，或是提供系統整合的醫療資訊服務商，提供資訊平台的電信業者，以及醫院、藥局等醫療服務業者或健康產品業者，甚至是提供救護車、保全、人力派遣的照顧服務運籌者，都有各自的發展遠景。

四、輔具

　　長久以來，台灣的輔具多以國外傾銷及輸入使用過的輔具器材爲主。歸其因發現，由於國內在臨床醫學上的進步相對於歐美各國而言較爲緩慢，連帶牽連到輔具的發展，使其頗受限制。由於輔具工業不甚成熟，輔具的進口便占了醫療需求市場相當大的比例，不過這情況隨著國內技術的進步、研發水準的提升以及世界市場需求的成長，不但進口值已有逐漸下降的趨勢，國外市場對我國產品的需求亦逐年提高。

　　國內輔具產業目前多屬醫療性照護輔具占大宗，大多是醫療器材，兼顧少量的銀髮生活照護輔具之生產。輔助器材之技術來自其他產業成熟技術之應用，因此十分依賴其相關產業之帶動與發展，特別是人因工程、生物力學、機械設計、機電整合、模具材料等相關產業，而其產品設計與系統整合是商品開發之關鍵。我國輔具產業以外銷爲主，廠商又以中小企業居多，一般廠商研發能力不足，尚待整合學術界與研發機構，共同投入發展。此外，極需政策配合推動國際化證照品管制度，以利產品進入國際市場。

　　台灣長者多以居家照護為主，故居住環境需要無障礙設施改善，和各式的移動、安全輔具，隨著國人老化程度的加快，輔具市場也逐年擴大。此外，在未進入老年期前，大部分人會選擇適合的健康運動輔具，來增強身體的健康，預防疾病，故健康運動器材也是未來看好的熱門商品之一。在輔具產業發展的同時，必須有政府的補助政策來做好配套措施，以免民眾因價格昂貴或經濟能力（補助有限）不足，直接放棄或改選其他較便宜但幫助較少的輔具，而影響到國內輔具市場的發展。

　　為了促進輔具資源的發展，應建立IT平台之流通情報，普及「輔具資源流通中心」，提供輔具的使用諮詢與使用輔導，以及回收與租賃機制，提供二手輔具的回收流通，以使輔具能做最有效率的應用。另外，加強「輔具租賃」機制，使輔具可經由短期租借的方式方便獲得。

五、保健食品

　　由於消費者健康意識提升及高齡社會的來臨，保健食品已成為全球食品產業的主要潮流。官方統計數據顯示，國內保健食品市場規模約五百億元。部分直銷業者甚至推估可達一千億元。目前台灣保健食品工廠家數約一百四十家，以中小企業居多，產品內銷比例約占八成，政府正積極輔導業者轉型，擬針對個別素材，結合產、官、學的力量，協助業者生產規格化與高品質產品，並佐以相關科學研究及專利，對國際市場進行品牌行銷，拓展外銷市場（中央社，2007）。此外，隨著人們平均壽命的延長，人們也愈來愈重視自己身體的健康，故政府結合國人營養需求，開發不同消費族群的保健食品，期待國內的保健食品能成為新的銀髮商機。

第六節　結語——未來展望

在高齡人口急遽增加之時，老人健康照護服務益顯其迫切性與重要性。然而，家庭結構核心化、生育率降低、婦女就業增加、家庭的照顧功能日漸薄弱等社經環境的急速變化，政府所能提供的經費或人力，已不足以因應健康照護服務需求的多元化與專業化。因此，政府有必要結合民間力量，發展相關科技，共同提供健康照護服務，以滿足民眾日益增加的需求。目前，政府的政策規劃與民間亦開始重視這個層面，透過彼此的協力合作，共同推動以老人需求為導向的福利服務及產業發展，期待可以造福長者們均能「安享天年，老有所終」。

隨著科技的發展，高科技應用在老人的健康照護上，彼此相輔相成。同時健康照護為因應人性化，符合在地老化的需求，健康照護產業服務與裝備，勢必朝向個人化、社區化發展，甚至深入至家庭中，期盼健康照護產業，能將科技與人性做結合，一方面提供資深國民優質的健康照護服務，一方面又能帶動科技化服務產業的發展，創造雙贏，帶動新的經濟奇蹟。

然而，值得留意的是，雖然健康照護產業在未來的發展上有許多整合高科技的應用與機會，但也別過於強調科技應用而忽略了人性。畢竟科技創新應是輔助，而非主要的產品，在照護產業上，應該要回歸本質，以「人」為出發點，而在科技創新之餘，更應該注重服務的安全與品質，以及對「人」的尊重。

老人的健康照護，其範疇依照食、衣、住、行、育樂的需求，包括健康食品、預防保養、延緩老化、活化機能、日常生活照護裝備、安養養護、居家照護、老人住宅、無障礙環境、省力照護裝備及設施、行動娛樂、輔具、健康養生、休閒旅遊、預防診斷、醫療復健等；健康照護的相關產業還包含了機械／電子產業、資訊／通信產業、醫療產業、生

物技術產業等跨領域的結合（台慶科技教育發展基金會，2005）。由此可知，健康照護產業已跳脫了傳統的醫療照護服務，服務日趨多元與專業，其後續發展潛力無窮。

問題與討論

1. 請說明高齡化社會的健康議題。
2. 請說明老人生理、心理、社會方面的健康挑戰。
3. 請摘要說明健康老化的意義與重要性。
4. 請綜合概述台灣的健康照護服務。
5. 請說明老人長期照護服務的定義、類型與現行的服務體系。
6. 請敘述老人健康照護服務的內涵。
7. 請綜合概述老人健康照護服務產業之現況與未來展望。

老人服務事業概論

232

參考書目

中央社（2007年3月6日），〈台灣2006年保健食品產值380億元 2008年估460億元〉，97年7月11日取自http://health.wedar.com/show.asp?id=4786。

內政部統計處（無日期），〈臺閩地區民國89年老人狀況調查摘要分析〉，97年7月9日取自http://sowf.moi.gov.tw/stat/Survey/89old.doc。

內政部統計處（無日期），〈臺閩地區民國91年老人狀況調查摘要分析〉，97年7月9日取自http://sowf.moi.gov.tw/stat/Survey/91old.doc

內政部統計處（無日期），〈臺閩地區民國94年老人狀況調查摘要分析〉，97年7月9日取自http://sowf.moi.gov.tw/stat/Survey/94old.doc。

內政部統計處（2008），〈96年底老人長期照護、養護及安養機構概況〉，97年7月8日取自http://www.moi.gov.tw/stat/。

內政部社會司（2005），「建立社區照顧關懷據點實施計畫」。

內政部社會司（2007），〈民國96年社政年報〉，97年7月9日取自http://sowf.moi.gov.tw/17/96/index.htm。

內政部社會司（2005），〈民國94年社政年報〉，97年7月9日取自http://sowf.moi.gov.tw/17/94/index.htm。

行政院（2002），「挑戰2008：國家發展重點計畫（2002－2007）」，97年7月7日取自http://www.ba.ncku.edu.tw/stuff/teacher/yong/z/eco_filedown/econ_develop/0531.pdf。

行政院（2007），「我國長期照顧十年計畫核定本」。

行政院主計處（2002），「民國89年戶口及住宅普查報告」。

行政院經濟建設委員會（2004），「照顧服務福利及產業發展方案第一期方案執行情形檢討及第二期規劃初步構想簡報」，96年7月20日取自http://www.cepd.gov.tw/m1.aspx?sNo=0000465&key=&ex=%20&ic。

行政院經濟建設委員會（2008），「照顧服務福利及產業發展方案第二期計畫總結報告」。

行政院衛生署新聞（2008年1月31日），〈照護上線 健康無限——遠距照護服務啟動〉，97年7月8日取自http://doh.telecare.com.tw/ewsContent.aspx?NSequenceNu

mber=35&Category=100953。

行政院衛生署（2005年10月5日），「醫療保健及照顧服務業旗艦計畫：社區長期
　　照護計畫執行情形專案報告」。

行政院衛生署、內政部、經建會（2004），「醫療保健及照顧服務業發展綱領及
　　行動方案」。

全球台商服務網（2007），〈醫療保健及照顧服務產業分析〉，取自97年7月24日
　　http://twbusiness.nat.gov.tw/asp/industry15.asp。

江麗玉等譯（2004），《健康促進》（第一二部），台北：華騰文化。

呂奕樞、嚴崇仁（2005），〈老化與抗老化〉，《台大校友雙月刊》，2005年11
　　月號。

呂萬安、郭正典，〈專題報導自然療法與中醫現代化——大家來打太極拳〉，《科
　　學發展》，2006年5月，401期。

吳淑瓊（2004），〈從「建構長期照護體系先導計畫」之執行看我國社區式長期
　　照護體系之建構〉，《社區發展季刊》，106期，頁88-96。

胡月娟（2007），〈另類療法於長期照護之應用〉，收錄於劉淑娟等著《長期照
　　護》，台北：華杏。

高毓秀（2006），「蘭陽女中健康與護理學科中心第十五期電子報」，97年7月8
　　日取自http://health-nursing.lygsh.ilc.edu.tw/各期電子報/第15期/健康促進概念的
　　起源.doc。

財團法人台慶科技教育發展基金會（2005），「設立健康照護產業技術發展中心
　　之可行性評估委託研究計畫」，行政院經濟建設委員會。

許智堯（2008），〈銀髮族照護產業分析〉，大同大學戰略暨產業研究中
　　心，97年7月25日取自http://www.csistaiwan.org/km-master/front/bin/ptdetail.
　　phtml?Part=QQ2007110027。

莫藜藜（2005），〈高齡化社會醫療福利體制與服務措施——台灣經驗的反思與前
　　瞻〉，《社區發展季刊》，110期，頁78-95。

梅陳玉嬋、楊培珊（2005），《台灣老人社會工作》，台北：雙葉書廊。

陳亮恭（無日期），〈老年人的健康服務需要〉，台北榮民總醫院高齡醫學中
　　心，97年7月24日取自http://homepage.vghtpe.gov.tw/~omc/default_04_x03.
　　html。

黃美娜（2005），〈臺灣老人長期照護服務政策〉，《社區發展季刊》，110期，頁29-33。

葉肅科（2005），〈樂活銀髮族　持續社會參與動力〉，《健康台北》，90期，頁28-32

葉肅科（2005），〈高齡化社會與老年生活風格〉，《社區發展季刊》，110期，頁230-241。

劉玉蘭（2004），〈建構公平合理之社會安全網〉，行政院經濟建設委員會93年8月6日「人口老化相關問題及因應對策」研討會。

劉麗惠（2007年4月13日），〈2009年健康照護服務商機達3,200億元！　醫療服務與ICT業者如何奪先機〉，97年7月15日取自http://app.digitimes.com.tw/ShowNews.aspx?zCatId=164&zNotesDocId=0000046879_B5S59P9LC06I5RLLMPST8。

魏正宗（2006），〈另類療法的證據醫學〉，96年7月25日取自http://www.drwei.idv.tw/Blog/2006/03/post_42.html。

Blank, R. H. & Burau, V. (2004), Comparative Health Policy. N.Y.: Palgrave Macmillan.

Ruffing-Rahal, M. A. (1991), Rationale and design for health promotion with older adults, Public Health Nursing, 8, 258-263.

フリー百科事典「ウィキペディア（Wikipedia）」（2008），「後期高齡者醫療制度」。

Chapter 8

遠距照護與科技應用

林清隆
中原大學電子工程學系博士
明新科技大學老人服務事業管理系主任
明新科技大學老人服務事業管理系、電機工程系副教授

學習目標

在學習完本章節後，希望讀者能夠：

1. 認識政府相關單位推展遠距照護的政策。

2. 瞭解銀髮遠距照護科技產業最新發展。

3. 熟悉如何運用遠距照護科技產品照顧銀髮族。

摘要

遠距照護緣於行政院科技顧問組擬定「台灣策略性服務產業」之THIS計畫（包含Telecare（遠距照護計畫）、Health tourism（保健旅遊計畫）、Integrated medical System（醫院建置與管理、健保管理制度與資訊系統計畫）。依據行政院經建會所作人口推估，民國九十五年我國六十五歲以上人口比率已超過9%，民國一○七年老年人口比率將攀升至14%，我國人口老化速率僅次於日本，為全球第二。隨著人口快速老化及疾病型態的慢性化，我國身心障礙或老衰的人口也同步急劇增加，導致長期照護需求殷切。有鑑於此，行政院衛生署規劃「遠距照護試辦計畫」，透過資通訊科技的導入應用，發展友善使用人機介面，建置社區式、居家式、機構式三種遠距照護服務模式，並建構互通之電子照護記錄交換機制與認證環境，使用者不論身處於家中、戶外或照護機構，皆可自在游走於各式照護服務之間，獲得連續性的照護服務。

第一節　遠距照護發展的緣起

從民國八十二年九月，我國六十五歲以上老年人口比率達到總人口的7%，正式邁入世界衛生組織所界定之「高齡化社會」；而目前比率更已超過10%，約有二百四十萬老年人口，未來老年人口比率更將快速攀升，推估至民國一○七年時，我國老年人口更將達14%，老年人口數如**表8-1**所示。

另外，國內家庭結構核心化、生育率降低、婦女就業增加、家庭的照顧功能日漸薄弱等社經環境的急劇變遷，政府所能提供的經費或專業人力，已不足以因應照顧服務需求的多元化與專業化。因此，政府有

表8-1　我國老年人口數量及比例

年度	總人口數	65歲以上人口數	老年人口比%	老年依賴比%
82	20,995,416	1,490,801	7.10	10.48
85	21,525,433	1,691,608	7.86	11.39
90	22,405,568	1,973,357	8.81	12.51
95	22,876,527	2,287,029	10.00	13.91
96	22,958,360	2,343,092	10.21	14.13
107	23,308,000	3,346,000	14.36	19.63
115	23,100,000	4,764,000	20.63	30.28

資料來源：取材自內政部社會司陳素春科長演講稿。

必要結合民間力量，發展相關科技，共同提供照顧服務，以滿足民眾日益增加的照顧需求。由企業立場來看，老人人口數在可預見的五十年內將增加近四百萬人，加上老年年金制度的成熟，老年經濟自主性提高，顯見照顧服務市場的潛力。從就業市場來看，照顧服務產業是人力密集的內需產業，因訓練容易，可吸收現階段我國產業轉型後所釋出之中高齡者投入。以美國為例，根據美國勞工統計局一九九八至二○○八年職業別就業預測，未來十年，美國將增加的工作機會中有三分之一職業集中在電腦、醫療與居家照顧業。從全球化趨勢來看，世界貿易組織（WTO）服務業貿易總協定將包括醫療保健及照顧服務等公共服務業，開放全球自由貿易與自由市場，未來公共服務產業不僅是國內市場的競爭，更將開放為全球市場的競爭。國內發展遠距照護的緣起如下：

　　1.逐漸成熟的資通訊產業。

　　2.老年人口與長期照護需求增加。

　　3.提出因應長期照護需求方案。

　　4.導向替代方式照護與整合性照護服務。

　　5.促進健康照護的可及性與成本效率。

　　6.整合現有之長期照護資訊網絡服務。

　　有鑑於此，行政院衛生署將於九十四年起試辦推動遠距照護計畫，目前規劃中的遠距照護，將分爲社區式、居家式、機構式三種遠距照護服務模式。遠距照護結合可攜式醫療器材、資訊、網路、電視，爲居家民衆提供便利的科技化照護服務，並應用各種視訊設備，爲護理之家提供跨專科、跨專業的整合照護，其中資訊共通平台更是推動連續性照護的資訊關鍵，提升長期照護服務品質並加速建構社區化長期照護體系發展爲主。所謂遠距照護，即是當醫療或照護專業人員無法與病人或被照護者同時在一地點時，運用電子傳訊與資訊科技來提供醫療照護。除了運用在照護上，其運用範圍還可包含「健康的促進」、「疾病與意外的預防」、「人員的再教育」、「病人與家屬的衛教、諮詢」、「個案的管理與相關行政業務」。所以「遠距照護」可以免去病患往返家庭與醫院之間的舟車勞頓，減少就診之不便，避免病患因長期住院所引發之合併症，進而促進醫療資源的有效運用。衛生署表示，爲了因應高齡化社會的到來，世界各國無不積極推動相關計畫，讓目前以機構爲主的照顧服務模式逐漸移轉成以居家式、社區式爲主的照顧服務模式。在這樣的前提下，包括歐盟、美國、日本等均有類似遠距居家照護先導計畫，希望藉由這些計畫，尋求大規模提供遠距居家照護的可能性，試圖測試商業化運轉的能力，並提升醫療照護服務品質。未來高齡者照顧服務將本於福利與產業並重原則，透過政府補貼弱勢族群的購買力、修訂法規以及資訊提供等措施，保障弱勢民衆基本照顧權利、鼓勵民間投資服務產業，透過政府與民間合作的力量，使得老年人的生活能更加舒適、便利、安全，以及更有尊嚴。

第二節　遠距照護的模式

　　衛生署將建置社區式、居家式、機構式三類遠距照護服務模式與其

應用系統，以及遠距照護共通資訊平台。此三類服務模式可各自獨立運作，服務不同照護需求之個案。惟民眾的照護需求可能會發生轉移，譬如從機構式照護服務轉移為社區式或居家式照護服務，因此在服務轉移的過程中，個人健康資訊與服務機制必須透過共通資訊平台機制串連起來，以便能建構整合性、連續性及共通性的數位健康照護服務。二類遠距照護服務模式主要內容簡介如下：

一、社區式遠距照護

以社區民眾需求為導向，結合社區醫療、社區營造及在地資源，建立社區照護網絡。社區式照護的精神除了提供完整的照護網絡外，更鼓勵社區民眾能夠走出家門，利用社區的資源以達到照護的目的，同時也能夠間接透過社區群體的力量，提供身心靈的關懷照護。衛生署透過健康調查問卷，對於需要照護的社區民眾，由專業醫護人員採取主動關懷的方式，積極評估收案對象的照護需求，以設計妥適的服務或協助轉介。此外，利用社區活動中心等作為社區存取照護服務資源之中心點，提供醫療與非醫療的照護服務，讓居民能夠真正享受到完善的社區照護服務。遠距照護服務系統配合示範社區的經營管理模式，進行服務宣導推廣，鼓勵社區民眾加入社區式遠距照護工作。社區式遠距照護的服務內容如下：

(一)藥事安全服務

建立個人完整用藥紀錄，由專業藥師提供用藥指導、藥物交互作用提醒與送藥到府服務等方案，提升會員的用藥安全。

(二)行動定位安全通報服務

利用行動定位設備，提供輕中度失智症者安全通報、定位協尋、定

時回報、遠端守護等服務，無論會員身在何處，都可以透過行動定位來查詢所在位置及雙向通話，以確保會員安全。

(三)居家專業人員訪視服務

經個案管理師評估，如會員有居家護理、居家復健、居家呼吸治療及營養指導等方面的需求，將協助轉介專業人員到府訪視。

(四)遠距生理量測服務

透過生理量測儀器，將會員的血壓、血糖、脈搏等數值自動進行系統儲存與分析，會員可以用最簡便的方式進行自我健康管理。若偵測發現生理異常，將有專業人員提供異常提醒及照護建議。

(五)視訊衛教及諮詢服務

透過事前預約，會員可透過社區健康便利站的遠距視訊設備，連結遠端的專業醫療團隊，進行遠距衛教活動或一對一健康諮詢服務。

(六)居家生活支援服務

會員若有居家生活服務需求，可轉介所需服務，包含送餐服務、家事清潔、陪同就醫、協助身體清潔、代購物品、交通接送、簡易肢體關節活動等。

二、居家式遠距照護

針對特定疾病（如高血壓、糖尿病、失智症等）之居家個案，統合醫療照護與居家生活服務。居家式照護的推動重點在於統合醫療、照護、生活資源，以建構整合式居家照護服務。遠距照護服務系統針對居家民眾或照護服務提供者，發展科技化照護服務網，並積極開發生活支

援服務的異業合作管道，將照護服務擴展至居家生活環境，讓民眾於食、衣、住、行、育、樂中皆可得到所需之照護服務，使行動照護管理科技化。在開發多樣化生活支援服務的同時，亦建立服務品質控管機制，以確保居家個案的權益，並加強與當地長照管理中心的連結，作為長照管理中心轉介與派案的合作機構，為居家個案提供優質的整合式居家照護服務。居家式遠距照護的服務內容如下：

(一)個案健康管理

透過醫療團隊之跨專業結合，為會員量身打造合適的健康管理計畫，提供「以會員為中心」之個人化健康管理服務，讓會員擁有更好的生活品質。

(二)遠距生理量測服務

提供血壓血糖二合一量測儀器，供會員在家量測，量測紀錄將可回傳醫院，提供門診參考調整用藥及協助必要診療，若偵測發現生理異常，護理師將主動提供叮嚀關懷及後續服務。

(三)遠距衛教服務

利用電視影音或網路等多元化媒介，為居家會員及家屬提供衛教資訊。也可透過遠距視訊，設計創新的遠距活動參與方式，提供互動式衛教及醫療專業諮詢。

(四)醫療專業人員到府服務

依照會員健康管理計畫的需求，協助聯繫安排專業醫護人員到府關懷探視，提供符合居家照護所需的專業諮詢，如營養評估或藥事諮詢，掌握居家照護狀況的最佳狀態。

(五)生活照顧資源轉介

連結長期照護資源與在地業者，利用網路線上訂購或電話代訂方式，提供多樣化居家照顧生活協助或資源，抒解會員及家屬因長期照顧產生的身心靈疲憊。

(六)緊急狀況處理服務

居家會員若有急診或住院必要時，可提供緊急狀況諮詢及協助安排就診，並進行關懷探視，減輕會員及家屬焦慮情緒並協助醫病溝通。

三、機構式遠距照護

以護理之家住民為對象（未來可推廣至養護機構），與醫療機構合作，結合跨專業團隊，導入遠距醫療照護服務。機構式遠距照護的執行方式，係透過網路與醫療院所連線，提供機構住民心血管相關生理訊號（血壓、脈搏、體溫、血氧濃度）的收集、分析與監測，輔助醫師做治療判斷，針對個案異常狀況做警示，提供機構住民長期與個人化的健康管理資訊服務，降低診療誤差，減少再住院率，改善住民健康狀況及減少醫療資源消耗。機構式遠距照護的服務內容如下：

(一)遠距視訊會診服務

住民發生醫療照護問題，可透過視訊設備，獲得醫療專業人員之諮詢及照會服務。

(二)遠距生理量測服務

利用血壓、體溫、血氧、心電圖及脈搏多合一生理量測儀器與血糖測量，為住民進行測量，並將生理資訊儲存及判讀，醫院將提供警示提醒、照護指導、追蹤管理等服務。

(三)視訊探親服務

由住民或家屬和護理之家協調探視時程，在約定時間裏，家屬與住民可透過視訊進行遠端探視。

(四)遠距衛教指導

利用多媒體方式，醫院專業團隊可為護理之家人員提供單向或雙向衛教課程。

(五)藥事安全服務

醫院藥師、專科醫師提供用藥諮詢指導及藥品安全規範，並提供重複用藥及藥品交互作用等專業判斷，提升住民的用藥安全。

四、小結

三種遠距照護服務模式服務項目如**表8-2**所示。

針對「老年人的生活作息」和「老年人的活動情況」提出「遠距照護系統」，該系統應用既有的軟硬體技術，在老年人照護機構的生活環境中，去得到老年人的生活活動情況，間接得到老年人的生活作息紀錄，做到即時的監控老人的行蹤和提供老年人的生活作息給家庭醫生，預防老年人因為作息不正常所引發的特殊疾病，降低罹患的機率。遠距照護系統最大的特色為：

1. 系統的硬體控制單元簡單且大眾化，在一般的家庭或安養中心都可使用，無需特殊的教學或訓練，就可以馬上監控受照護者的行徑。
2. 可程式化的單晶片使用裝置，軟體程式的系統相容性極佳，適合各種安養中心或是居家場所。
3. 透過中央監控照護系統的路徑資料，提供老年人生活作息紀錄，

表8-2　社區式、居家式、機構式三種遠距照護服務模式的服務項目

	社區式照護	居家式照護	機構式照護
個案	・心血管疾病 ・糖尿病 ・失智症 ・低度失能 ・獨居	・目前居家護理收案對象 ・罹患慢性病之主要照護者 ・低、中度失能	・中、高度失能 ・復健照護
核心服務項目	・健康促進 ・視訊診療 ・遠距衛教 ・遠距生理量測 ・藥事服務 ・生活支援	・遠距生理量測 ・遠距衛教 ・導入科技應用之居家訪視 ・生活支援 ・緊急救援	・視訊會診 ・復健指導 ・生理監測 ・電子化記錄 ・遠距學習 ・品質監測

資料來源：衛生署。

方便家庭醫師對老年人生活作息更進一步的掌握，有利於醫生的診斷。

 ## 第三節　遠距照護的科技應用

「遠距居家健康照護服務」是一個跨多領域之應用服務產業，在剛要起步的國內市場環境中，如何整合各領域需求，建構一個適合國內居家健康照護服務的全新應用服務模式，推動居家照護產業市場，是欲從事該產業之相關領域CEO須面對的課題。遠距照護資訊平台（如**圖8-1**）可以視為區域照護資訊介接中心，或是區域照護與生活資源的訊息整合中心，因此，遠距照護資訊平台的主要功能包括：

1. 介接衛政與社政資訊網，協助三類照護服務提供者與外部資訊平台之整合。

2. 建立服務資源註冊與發布管道，讓各照護服務模式能夠共享彼此之照護與生活資源，提供多元化的服務項目，落實以需求為導向之全面性照護。

3. 建立健康照護資料庫，記錄個案之健康照護資訊，以提供個人化健康資訊查詢與應用。

4. 制訂照護服務模式轉移流程和管理機制，提供連續性照護服務之資訊介接環境。

5. 建立高規格的通訊安全、身分確認與病人隱私保護等安全機制，提供安全、有保障的健康照護資訊環境。

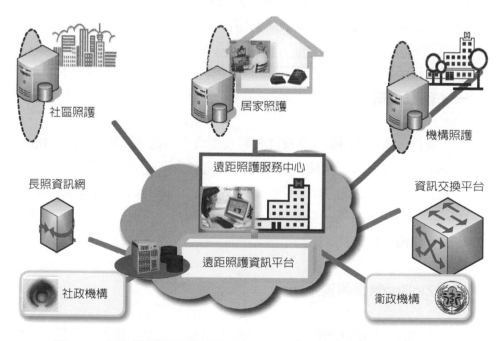

圖8-1　串連各種服務系統與資源，建立整合式照護服務網絡

資料來源：衛生署遠距照護試辦計劃網站。

以無線網路及網際網路技術應用於遠距病患生理監視爲框架，透過資訊科技的導入，提供e化、M化等新型態的遠距照護服務，使得遠端的服務提供者，得以對在家中或照顧機構中的年長者，傳送促進健康之服務。遠距照護的用途：

1.遠距服務年長者生理監視。

2.資訊科技的導入。

3.掌握年長者的狀況。

4.改善偏遠地區的醫療資源分配不均的現象。

5.增進居家醫療照護的福祉。

隨著網路媒介、微機電、奈米積體電路等技術的進步，使無線通信技術得以成熟與突破。世界各先進國家都積極開發無所不在的網路架構，希望藉由各種不同無線網路通信技術的結合與應用，交織成一個綿密的資訊通信網絡，爲人類的日常生活帶來更多的安全性與便利性。

一、網路架構

受控裝置與遠距監控系統間資料及指令的傳遞是以無線電訊（Radio Frequency, RF）方式傳輸；遠距監控系統與中央遠距照護系統間資料及指令的傳遞是以既有的有線或無線區域網路（Local Area Network, LAN或 Wireless Local Area Network, WLAN）方式傳輸。目前的中央遠距照護系統架構如圖8-2。

二、ZigBee無線傳輸系統

ZigBee是以IEEE所制定的802.15.4爲基礎，它是一種短距離無線通信傳輸的新標準，主要強調成本低、耗電小、雙向傳輸功能等特色。傳輸

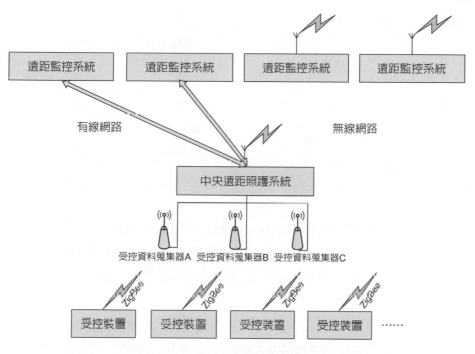

圖8-2　中央遠距照護系統架構

距離數十公尺、在2.4GHz頻段的資料速率250Kbps。868／915MHz頻段的特性則如**表8-3**所示。ZigBee技術是一種以點對點串聯連接的無線網路傳輸，應用在低速、低功率及短程的應用，可藉單一遙控器或通訊設備，就能控制整個區域的空調、照明、消防系統及各種家電設備。

ZigBee 的最大速率為128 Kbps，系統記憶體資源要求少於32 Kbytes（8位元控制器），每新增一個從屬節點需要超過三十毫秒的時間，若是有成千上萬個使用者端，ZigBee都可以控制，並且可以快速連接、交換資訊、分離，然後再回到待機睡眠狀態，以便獲得長久的電池壽命。

ZigBee的技術具有下列特性：

1.省電：傳輸速率低，傳輸資料量亦少，所以訊號的收發時間短，

表8-3　2.4GHz 頻段和868/915MHz 頻段的區別

工作頻率	2.4GHz	868 MHz	915 MHz
頻率範圍 （區域）	2400~2483.5 （全球）	868~868.6 （歐洲）	902~928 （美國）
調變方式	QPSK	BPSK	BPSK
資料傳輸速率	250kbps	20kbps	40kbps
傳輸距離	0~100m	0~100m	0~100m
頻道數	16	1	10

　　且在非操作模式時，ZigBee處於待機模式，而在操作與待機模式之間的轉換時間，一般待機啓動時間只有15ms，而設備搜尋時間為30ms。由此可知ZigBee十分省電，透過電池則可長達六個月到兩年左右的電池使用壽命。

2. 可靠度高：ZigBee之MAC層採用talk-when-ready之碰撞避免機能，此機能為當有資料傳送需求時則立即傳送，每個發送的資料封包都由接收處確認收到，並進行確認訊息回覆，若沒有得到確認訊息的回覆，就表示發生了碰撞，將再傳一次，以此方式大幅提高系統資訊傳輸之可靠度。

3. 高度擴充性：一個ZigBee的傳輸網路，最多包括有255個ZigBee網路節點，其中一個是主（Master）設備，其餘則是輔助（Slave）設備。若透過Network Coordinator則整體網路最多可達到6,500個ZigBee網路節點，再加上各個Network Coordinator可互相連接，整體ZigBee的傳輸網路節點數目也大大擴充。

三、人工智慧

　　人工智慧（Artificial Intelligence）簡稱AI，即將決策系統、機器裝

置、電腦語言能力等，所有內容整合起來稱之。人工智慧是高級智慧的
電腦系統的學門，其中最主要的是如何建構知識庫於電腦上與如何應用
知識庫以解決問題。上述距離真正的人工智慧還有一大段的距離。

　　人工智慧精確的定義是：一個電腦系統具有人類的知識和行為，
並具有學習、推理判斷來解決問題、記憶知識和瞭解人類自然語言的能
力。人工智慧的產生過程則是：對於人類因問題和事物所引起的刺激和
反應，以及因此所引發的推理、解決問題、學習、判斷及思考決策等過
程，將這些過程分解成一些基本步驟，再透過程式設計，將這些人類解
決問題的過程模組化或公式化，使得電腦能夠有一個結構的方法來設計
或應付更複雜的問題。這套能夠應付問題的軟體系統，即稱之為人工智
慧系統。

　　我們用蓋伏特所提供的人工智慧元素圖來說明（如圖8-3）。內層為
人工智慧的核心內容；外層為人工智慧的應用。

圖8-3　人工智慧元素圖

資料來源：http://lingb28.myweb.hinet.net/b9091199/AI.htm

依照這樣的模式可將人工智慧分為三個區塊（I－輸入、P－處理、O－輸出），瞭解整個人工智慧概念可以利用在各個層面及步驟，包括對電腦的輸入及輸出部分（如**表8-4**）。

將我們過去使用過的經驗建構於資料庫中，以後如果系統碰到類似的問題則可比對資料庫中資料，尋找一個較合適的答案進而解決問題；如果資料庫中沒有類似的經驗時，則將此次所解得方式新增於資料庫中，作為下一次可以尋找比對的答案。然而透過每次的資料庫累積的經驗，則使人工智慧學習得更加精確。

表8-4　人工智慧IPO模型

I		P		O	
・影像辨識　・語言辨認 ・知識擷取		・推論及搜尋　・知識表達 ・知識工程　　・計畫及問題解決 ・機械學習		・機器人　・語言翻譯 ・自然反應	

案例
全國首座遠距照護諮詢中心

　　遠雄企業團、馬偕紀念醫院及工研院合作的「遠距照護服務示範計畫」，今天於林口正式成立全國首座「遠距照護諮詢中心」；遠雄目前在推廣遠距照護兩年中，已造就二〇五〇戶家庭可採用遠距照護。遠雄指出，目前遠雄於林口採用遠距照護社區為「遠雄未來市、遠雄U未來、遠雄大未來」共一千七百戶，北市VIP遠距照護「遠雄富都、遠雄上林苑」共三百五十戶，因此，遠雄在推廣遠距照護兩年中，已造就二〇五〇戶家庭可採用遠距照護，在家中即可以得到最完善的健康照護服務。

　　順應世界醫護髮展趨勢，並因應高齡化社會的來臨，遠雄企業團從二〇〇五年開始便推出數位第六部曲——遠距照護，提供住戶生理監

測設備及專業諮詢服務，提高民眾健康管理概念，達到預防醫學並進而減低醫療成本。遠雄企業團董事長趙藤雄表示，遠雄從二○○六年七月起就已經開始推廣住戶遠距照護的觀念，提供住戶國際規格健康照護服務，早在政府將「遠距居家照護服務」列為台灣二○○八年新興服務產業的發展計畫前，遠雄超過六百戶的住戶就已經親身體驗這套在全球數位科技發展下順應而生的新醫護概念。趙藤雄指出，歐美、日本等先進國家早在十多年前就已經開始使用遠距照護服務來提升醫護服務效率，並證實使用遠距照護服務能在早期就監測出發病徵兆，即早診治減少身體遭受永久性損害，節省醫護資源的成效日益顯著。

根據聯合國的報告指出，到二○五○年，台灣六十五歲以上的老人人口將占人口數的29.8%，台灣人口老年化的速度是全世界最快，老年人口比例從10%至20%，歐洲需要七十五年的時間、美國六十五年、日本二十八年，台灣不到二十年的時間就可能會達到。反觀台灣生育率平均只有1.03人、日本1.3人、新加坡1.4人，美國、冰島、紐西蘭2人。這些老年人口都將需要遠距照護的服務，這使得遠距照護成為未來台灣各個醫護體系的重要發展方向。繼遠雄企業團、馬偕紀念醫院及工研院合作的「遠距照護服務示範計畫」廣受好評，健康照護鐵三角今天於林口正式成立全國首座「遠距照護諮詢中心」，率先開放遠距照護諮詢中心給林口地區居民，並與工研院、馬偕醫院共同推動將遠距照護諮詢的概念擴展到林口地區。

工業技術研究院醫療器材科技中心主任邵耀華表示，由遠雄、馬偕醫院及工研院共同研發的遠距照護平台，運用現代化的電子傳訊與資訊科技，不但縮短醫院與住家的距離，提升民眾健康生活品質，更能節省近50%的醫護成本，縮短近60%的看診時間，使醫護資源獲得有效運用。

資料來源：戴海茜（2008），轉載自http://news.yam.com/。

第四節 遠距照護系統架構

遠距照護的系統架構，可分為四個部分：

1.中央遠距照護系統（Center Telecare System, CTS）。

2.遠距監控系統（Remote Monitoring System, RMS）

3.受控資料蒐集器（Monitoring Controled Data Sharing, MCDS）。

4.受控裝置（Monitoring Controled Device, MCD）。

　　每一個遠距監控系統，將透過區域網路、網際網路和無線網路等線路將資訊存放於中央遠距照護系統（如圖8-4）。

　　遠距照護系統是具有初始受控老年人安全時間建議法則的依據和遠距人性化的監控所組成，遠距照護系統是遠距監控系統的大腦，這個系統會依據受照護者的移動路徑和預先建立好的安全建議法則的規範，對

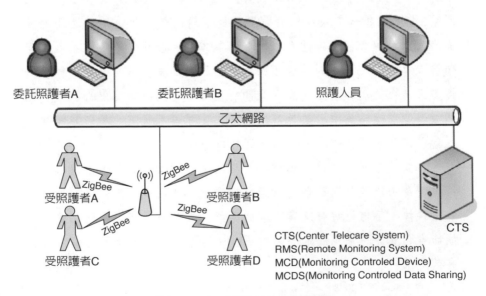

圖8-4　CTS對MCDS架構圖

受照護者做監控，並於意外狀態時對照護人員發出警訊，以提供照護人員在第一時間照護和監控受照護者的情況。

一、受控裝置（MCD）

受控裝置（如圖8-5、圖8-6），是一組可程式化、無線通訊的控制器。無線通訊功能是將受照護者所在位置訊息傳送至受控資料蒐集器，透過網際網路的傳送，並記錄該受照護者的活動路徑，運算處理後呈現給受委託照護者來監控，且將所有的資料傳送到中央監控系統建立資料庫，並提供第一時間內，判斷受照護者的生活情況和基本安全，提供給照護人員的基本資訊。

受控裝置的功能流程圖如圖8-7所示。系統開始時就會將過去受控者的最終位置載入系統中，和受監控者當下的ID序號透過受控資料蒐集器的蒐集，經過系統運算處理得到新的路徑來建立路徑資料，提供委託照護者和照護人員的監控；使用的過程中，並隨時接收受監控者傳來的訊號即時的更新，並提供給中央監控系統和遠端監控系統相關資訊，來做

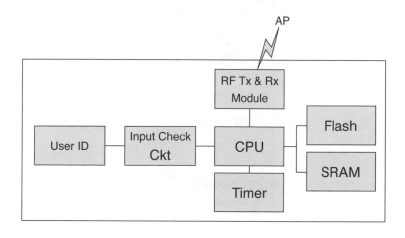

圖8-5　受控裝置發射端

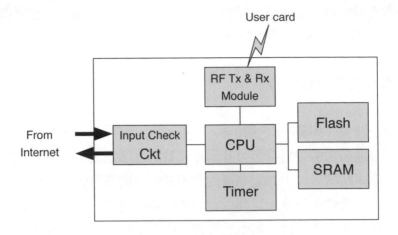

圖8-6 受控裝置接收端

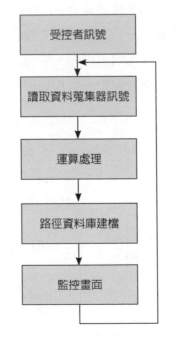

圖8-7 受控裝置流程圖

照護和監控的動作。

二、受控資料蒐集器（MCDS）

　　受控資料蒐集器是一組由多個MCDS所組成的架構，由於單一個MCDS和兩個MCDS是無法準確的判斷出正確的位置，都會有極大的誤差和被其他的信號強度所干擾，所以需配合三角定位法（如圖8-8），來排除誤差和被外界其他信號強度的干擾導致的誤判，定位出所要判斷的受照護人員的正確位置。

　　並且以每個MCDS本身為同心圓，以定時有規律的掃描鄰近的受照顧者所發射出來的ID和訊號強度的訊號，並且將這些資訊集中起來，再透過ZigBee MCDS將訊號傳送回系統，透過運算處理來得到受照顧者的準確位置，提供給中央監控系統。

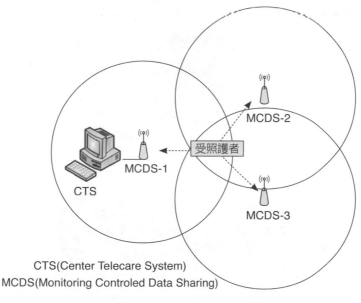

CTS(Center Telecare System)
MCDS(Monitoring Controled Data Sharing)

圖8-8　三角定位架構圖

三、遠距監控系統（RMS）

　　遠距監控系統的架構（如圖8-9），主要是透過網際網路的模式，將中央遠距照護系統的資訊呈現出來，讓委託照護者和照護人員只要透過網際網路的媒介，就可以監控到受照護者的一舉一動，遇到緊急狀況時，照護人員可以直接透過委託照護者留下的電話，立刻通知受照護者的親屬或家人前來處理，不需要再另外架設昂貴的設備或安裝複雜的系統，且無距離的限制，就可以在有網路的地方隨時地監控受照護者的行動。

四、中央遠距照護系統（CTS）

　　中央遠距照護系統是由受控資料蒐集器和遠距監控系統所組成的一個系統，所有受控資料蒐集器依受控裝置所回傳的ID和訊號強度來判斷

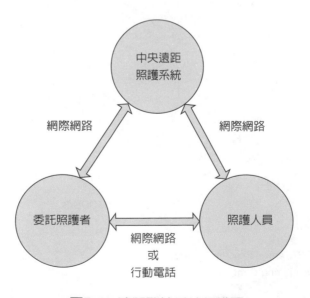

圖8-9　遠距監控系統架構圖

出受照護者的位置，透過中央遠距照護系統的運算處理，及遠端監控系統傳送訊息給委託照護者和照護人員，達到對受照護者的監控和照護。此系統所用的操作平台如圖8-10至圖8-13所示，此平台稱爲遠距照護系統。

圖8-10　遠距照護系統主畫面

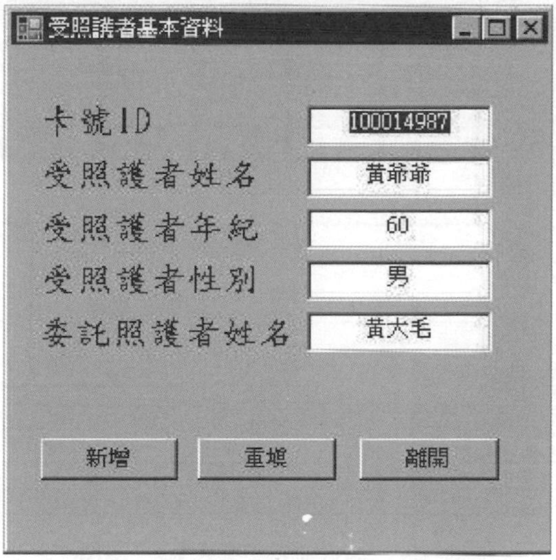

圖8-11　新增受照護者基本資料

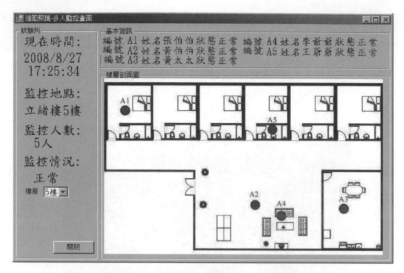

圖8-12　遠距照護多人監控畫面

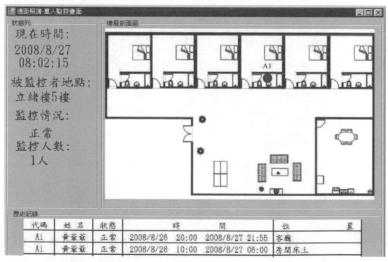

圖8-13　遠距照護單人監控畫面

初始受控老年人安全時間建議法則（如**表8-5**）是由觀察一般正常老年人的生活作息時間和生活動作所需花費的時間作為依據並且記錄下來，跟過去老年人所發生的意外狀況的紀錄來建立起一個初始受控老年人安全時間建議法則，提供系統剛開始的判斷，經由人工智慧的學習方式，來修改此系統的建議法則的判斷條件，以達到人性化的法則。

表8-5　初始受控老年人安全時間建議法則表

地　　點	花費時間（分）
房　　間	420
廁　　所	60
客　　廳	120
飯　　廳	60
休閒空間	180

中央遠距照護系統流程圖如**圖8-14**，系統一開始就將時間、受照護者居住地圖和安全建議法則載入系統中，當作系統之後的依據和判斷。受控資料蒐集器先讀取各個照護者身上配戴的受控裝置所回傳的ID和訊號強度，經由訊號的強弱和系統的運算處理，建立路徑資料庫並載入中央監控照護系統中。

資料載入後先判斷受照護者的位置，從受控資料蒐集器得到的位置資訊和預設的地圖座標做比對後，得到受照護者的位置，即將位置傳送到監控程式上；若監控範圍內無受照護者的信號可以判斷，就進入程式搜尋階段，若搜尋結果依然沒有，立即通報照護人員前往處理和尋找受照護者的位置。

得到受照護者的即時位置時，將先做位置和時間的紀錄，並和安全建議法則裏的位置和時間做比對，判斷是否在適當的地點及停留的時間是否符合安全建議法則，若判斷受照護者無異常停留在某個位置上時，就繼續監控受照護者；若發現有異常的停留時間太久，就立即通報照護

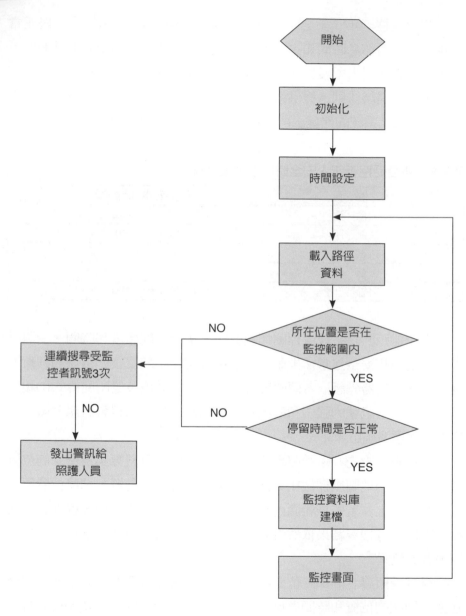

圖8-14　中央遠距照護系統流程圖

人員前往瞭解情況和排除例外狀況。

　　中央遠距照護系統是一套著重在受照護者的生活活動路徑的監控和異常在某一個區域停留過久，避免受照護者於意外發生時無法自我求救導致延誤就醫為主的一套系統。

　　我們設計以下三個狀況，來驗證系統的功能是否滿足我們的需求：

(一)模擬實際狀況一：多人監控畫面中一人離開監控範圍內

　　當中央監控系統發現無法偵測到其中一個受照護者的ID和訊號強度時，在遠距照護系統畫面上就會顯示異常的警訊，以告知照護人員（如圖8-15），立即前往現場搜尋消失的受照護者，並將受照護者帶回模擬場所（如圖8-16），以防止受照護者在沒人知道的情況下，離開安養中心的情況發生。

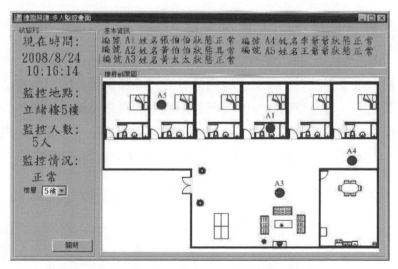

圖8-15　模擬多人監控一人不在監控範圍內

圖8-16　模擬多人監控狀況正常

(二)模擬實際狀況二：單人監控畫面中停留在廁所時間過長發生異常

　　當一個受照護者，停留在一個區域的時間和系統裏的安全建議法則的時間比對，發現超過預設的時間時所發生的異常畫面（如**圖8-17**）。如「模擬實際狀況一」一樣，照護人員前往處理排除，預防受照護人員突發性的暈倒、重大疾病發生和發生意外時，無法自行通報照護人員。

(三)模擬實際狀況三：記錄一個人的一天生活作息狀態

　　安排一名受照護者進入模擬場所。記錄生活一天的時間，再由受控資料蒐集器所建立的路徑資料庫裏讀取受照護者的路徑記錄檔，提供給家庭醫生當作生活作息的參考資料（如**表8-6**），提供醫生在診斷老年人病情時，來改善老年人不良的生活作息，降低老年人因爲不良的生活作息所引發的疾病。

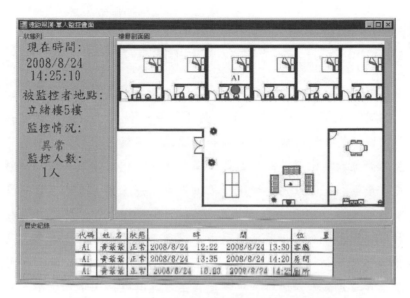

圖8-17 模擬人在浴室停留時間過長的狀況

表8-6 某一受照護者的一天路徑記錄表

代碼	姓名	狀態	時間	位置
A1	黃爺爺	正常	2008/8/24 10:00 2008/8/24 11:05	休閒空間
A1	黃爺爺	正常	2008/8/24 11:10 2008/8/24 11:14	廁所
A1	黃爺爺	正常	2008/8/24 11:30 2008/8/24 12:20	飯廳
A1	黃爺爺	正常	2008/8/24 12:22 2008/8/24 13:30	客廳
A1	黃爺爺	正常	2008/8/24 13:35 2008/8/24 14:20	房間
A1	黃爺爺	正常	2008/8/24 14:23 2008/8/24 14:25	廁所
A1	黃爺爺	正常	2008/8/24 14:30 2008/8/24 17:05	休閒空間
A1	黃爺爺	正常	2008/8/24 17:10 2008/8/24 18:15	飯廳
A1	黃爺爺	正常	2008/8/24 18:22 2008/8/24 20:02	客廳
A1	黃爺爺	正常	2008/8/24 21:07 2008/8/24 21:37	廁所
A1	黃爺爺	正常	2008/8/24 21:40 2008/8/25 01:10	房間
A1	黃爺爺	正常	2008/8/25 01:16 2008/8/25 01:19	廁所
A1	黃爺爺	正常	2008/8/25 01:22 2008/8/25 05:40	房間
A1	黃爺爺	異常	2008/8/25 05:44 2008/8/25 05:50	廁所
A1	黃爺爺	正常	2008/8/25 05:55 2008/8/25 09:30	休閒空間

案例

迎接老年化社會，不出門也能享受醫療照護——衛署、萬芳試辦遠距照護計畫

　　台北市立萬芳醫院負責創立與運行此一創新「遠距照護服務中心」，以驗證其整合與提供各類長期照護服務資源的功效。藉由資訊平台的設立和電子照護記錄之開發與運用，遠距照護服務中心便可依據民眾最新之生理狀況和醫護記錄，提供迅速、高品質，且最適當的健康照護與生活服務給所需之民眾。除了預期的節約醫療資源和減輕財務負擔之外，遠距照護服務中心設立三大目標：首先是整合及串聯各種醫療，包括醫院、居家e櫃台、社區e櫃台、機構e櫃台、其他長期照護資源與生活服務資源，使得民眾在其住所，例如家中、社區或照護機構裏，就能便利獲得完整之多元化照護服務與相關資源。第二目標是提供計畫會員二十四小時之不間斷完整照護，讓會員能獲得二十四小時服務，以確保會員生命安全、健康管理。最後是希望透過各種品質管理手段，包括服務流程標準化、民眾回饋意見分析以及品質指標評估，提供最優良的服務給所需民眾，提高滿意度。

　　遠距照護服務中心提供三大類型服務：健康客服、行政管理、和資訊管理。健康客服主要是指由客服人員所提供的照護服務與資訊，包括計畫諮詢、生活資源轉介和緊急狀況處理。行政管理主要是為確保照護服務品質而提供之各種服務流程，包括異常事件處理、回饋事件處理、文件品質管理和定時教育訓練。除了資訊平台之建構外，資訊管理是透過定期的資料蒐集、分析與評估，以便即時瞭解計畫之營運績效和照護服務之品質，進一步改善計畫內容以及服務品質。民眾可經由下述三種途徑連絡遠距照護服務中心，獲得所需服務，包括客服專線（0800-008-850）、遠距照護服務中心首頁（http://doh.telecare.com.tw）和電子信箱（tsc@wanfang.gov.tw）。

除了創立遠距照護服務中心之外，萬芳醫院亦負責發展居家式之遠距照護服務（稱為居家e櫃台）。「居家e櫃台」是透過專業居家護理人員、遠距生理量測儀器和視訊設備，讓民眾在家中便能量測重要之生理功能，如血壓和血糖，並得到即時且必要之醫療諮詢與照護服務，以及所需之生活服務資源。基本上，「居家e櫃台」將會提供六大項服務給居家會員，包括健康管理、遠距生理量測、遠距衛教諮詢、醫療專業人員到府服務、居家生活資源轉介服務、緊急狀況處理。

「遠距照護服務中心」的揭牌儀式代表台灣將邁向嶄新的遠距照護時代，今天與會現身說法的鍾先生，即以自己本身的經驗，分享此一計畫所提供的便利與成效；記者曾中並實地示範，只要將家中電視與「遠距生理量測機」連結上線，就可以輕鬆將血糖、血壓、體溫等資料上傳至醫院，一旦有異常狀況，專業醫療團隊將主動介入關懷處置；還可以與醫護人員、藥師、營養師等面對面進行視訊，隨時提供諮詢與照護；讓民眾不用出門就能享受醫療照護資源！

資料來源：萬芳醫院公共事務組。

 ## 第五節　結論

遠距照護系統設計的目的不外乎與科技結合提供快速服務、節省人力成本、建立結構性老年人生理方面資料。我們對遠距照護系統的預期成效如下：

1.提升照護服務品質。
2.降低照護成本。

3.提升服務可及性與可近性。

4.減少健保醫療費用支出。

5.促進健康照護e化。

6.促進健康照護產業體系之發展。

7.促進在地化照顧服務業的興起。

　　期望在遠距照護系統的運用也能提供老人服務事業管理相關科系畢業生的就業方向，因為老人服務事業科系的學生最能體會老年人的生理或心理的需求，老人服務事業科系的學生能夠提供老年人需求的相關資訊給系統開發者作為開發系統的構想，設計出最適合年長者需求的系統。**圖8-18**為衛生署所提供未來遠距及長期照護資訊網絡服務架構圖。

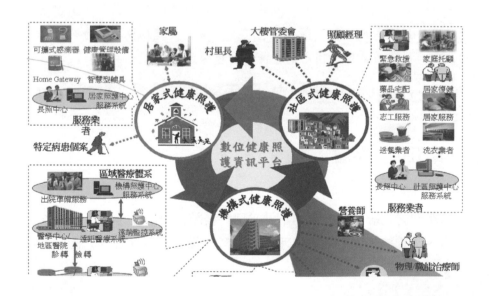

圖8-18　衛生署所提供未來遠距及長期照護資訊網絡服務架構圖

資料來源：衛生署。

問題與討論

1.國內發展遠距照護的緣起？

2.衛生署將建置哪三類遠距照護服務模式？

3.社區式、居家式、機構式三種遠距照護服務模式的服務項目有哪些？

4.遠距照護系統使用的設備有哪些？

5.本書所提及的遠距照護系統有否兼顧老年人的隱私和尊嚴？

6.目前有哪些機構已經建置遠距照護系統？

7.遠距照護系統的預期成效有哪些？

參考書目

邱文達（2008），〈我國遠距照護試辦計畫推動現況〉，遠距照護政策與服務模式國際研討會。

吳俊忠（2007），〈無線感測網路室內區域定位及監測系統之實作〉，逢甲大學碩士論文。

吳俊忠（2008），〈長段距離完整無線M2M解決方案〉，高儀科技。

林清隆、黃元均、林靖烽、葉佳興、邱信儒、張源峰（2007），〈以網際網路及編碼無線遙控應用於校園能源控制系統〉，中華民國第二十八屆電力工程研討會。

徐業良（2008），《老人福祉科技與遠距居家照護技術》，台中：滄海書局。

衛生署（2008），〈遠距照護試辦計畫〉，http://8850.tw/Index.aspx。

戴海茜（2008），〈全國首座遠距照護諮詢中心〉，轉載自天空新聞http://news.yam.com/，2008年7月26日。

Ingram, Michael (2007), *Implementing a remote patient self-monitoring system to enhance the efficiency of GP services- the Surgery Pod,* Telecare 2007, U.K.

Lingard, Dan (2007), *I don't want your telecare-this is what I want....please!* Telecare 2007, U.K.

Chapter 9

老年人力資源與開發

陳永德
國立台灣大學心理學博士
明新科技大學老人服務事業管理系助理教授

學習目標

在學習完本章節後，希望讀者能夠：

1. 瞭解老人持續工作有其經濟及心理方面的影響因素。
2. 瞭解造成中高齡者就業的障礙有許多方面，如公共政策、企業經營策略、社會大眾之刻板印象以及中高齡者本身的因素等。
3. 瞭解人力資源與人力資源開發是探討老年人力之基礎概念。
4. 瞭解老年人力運用與老年人力的價值。
5. 瞭解老年人力中之教育訓練及職務再設計之差異；TTSQ的教育訓練模式以及政府在教育訓練方面的補助。

摘要

老人工作有許多好處，但是老人持續維持工作還有其經濟及心理方面的影響因素。

目前社會上中高齡者失業及再就業困難的問題相當嚴重，造成中高齡者就業的障礙有許多方面：如公共政策、企業經營策略、社會大眾之刻板印象以及中高齡者本身的因素等。而中高齡勞工本身有許多特性會造成企業願意或不願意僱用的結果。

人力資源與人力資源開發是探討老年人力之基礎概念。

中高齡人力開發必須先考慮到老年人力運用與老年人力的價值。

開發老年人力的時候要注意是對老人進行教育訓練以提升其能力，抑或另行設計選擇適合老人之職務。符合TTSQ的教育訓練較能達到企業需求，老人要參與教育訓練提升工作能力，可利用政府資源減輕自身之負擔。

第一節　前言

工作對老人而言不僅是經濟來源也是個人社會地位建構的基礎，引導人際互動的模式，工作角色的喪失容易造成老人與社會的隔離（呂寶靜，2007）。依據「中高齡勞工就業狀況調查」顯示中高齡勞工（四十五至六十四歲）目前仍就業的原因最多為「維持自己與家人的經濟生活」占了78.1%，其次為「有社會參與感，可使生活有意義」占10.3%，第三則為「工作有益健康」占7.5%（如**表9-1**）。但隨著年齡層的增加，就業原因在維持經濟方面比率則逐步下降，轉而傾向心理滿足與健康的維護。

表9-1　不同年齡層中高年勞工目前仍就業之主要原因　　　　單位：%

原因 年齡別	維持自己與家 人經濟生活	有社會參與感， 生活有意義	工作有益健康	提高生活 水準	其他
總　　計	78.1	10.3	7.5	3.0	1.1
45~49歲	82.8	7.9	4.6	3.0	1.8
50~54歲	77.3	12.3	6.5	3.4	0.6
55~59歲	72.5	9.8	14.2	3.0	0.5
60~64歲	67.2	17.1	12.6	2.2	0.9

資料來源：行政院勞工委員會（1999），〈八十八年中高年勞工就業狀況調查報告〉。

　　但是如果中高年勞工不幸失業，其再就業的意願，顯示有65.6%的中高年勞工仍有再就業的打算。其餘34.4%無再就業意願者，退離勞動市場，轉為非勞動力人口。其不再就業的原因依次為：「預期未能尋得適當工作」（35.6%）、「體力衰退」（21.2%）、「健康不良」（15.0%）、「願專事家庭管理」（8.6%）、「技能專長已無法適用」（6.5%）。其中「預期未能尋得適當工作」（35.6%）及「技能專長已無法適用」（6.5%）合計42.1%，占全部中高年勞工14.48%，顯然仍有就業意願，只不過因為技能或機會的因素而打消念頭（行政院勞工委員會，1999）。因此可以說有八成（65.6%+14.48%=80.08%）以上的中高年勞工都有就業意願。

第二節　老人就業的經濟因素

一、退休準備資金龐大

　　根據台北市九十三年「每戶家庭平均收支」調查顯示，台北市整體家庭消費支出925,845元中，前三名包括：房租及水費占27.04%、飲食費

20.52%、教養及娛樂費13.9%。若換算成實際金額，則台北市每一家庭平均每年花在房租、水費上高達二十五萬元，飲食費約十九萬元，教養娛樂費約十三萬元。

因此投信業者分析，台北市民若自六十歲退休，壽命到八十歲為例，在不考慮通膨因素下，一個家庭最少要有一千八百五十一萬元的財務準備，才能維持相同消費水準；若為高雄市民也要準備一千三百六十一萬元才夠。

依據一項退休規劃的〈退休夢想大調查〉（大都會國際人壽，2005）顯示台灣多數民眾理想的退休年齡集中在五十一歲到六十歲之間。其中男性、高收入、高學歷（尤其是博士）者的理想退休年齡都比較晚；薪水愈高、退休時間也愈晚。例如，年薪一百五十萬元以上者比年薪在八十萬至一百萬元之間者，有更多人（6%）希望到六十五歲以後才退休。實際上台灣勞工平均退休年齡一直在下降，九十三年已降至54.9歲的新低水準。壽險業者指出，近年台灣勞工主動或被動，提早從職場離退已成趨勢。這與國際上延後退休的潮流大為不同，在國人平均餘命不斷延長的趨勢下，顯示國人需要準備的退休金數目也愈來愈多了。

在退休以後的打算方面，如果退休後有相當多的資金（一千萬元）時，有四成的人會想要去環遊世界或旅行（如**表9-2**）。

如果擁有豐厚的積蓄及退休金，加上家人的經濟支持，大部分老人

表9-2　若退休後有一千萬元的用途

用途	百分比
去環遊世界或旅行	42%
作為繼續進修或學習新知費用	19%
全部存起來以備不時之需	17%
當遺產	3%

資料來源：大都會國際人壽（2005），〈退休夢想大調查〉。

都期望退休之後，能夠過著無憂無慮的生活。但退休對很多老人尤其是中下階層的人來說，都會擔心收入減少導致家庭經濟出現困境，若以平均八十歲的壽命來看，一個人在退休之後仍要活上二十至三十年，故此老人對經濟上的擔心是很容易理解的。

二、退休金

每個人工作大半生退休時總希望能夠領到退休金以保障未來的生活，由於每個人的工作年限及各事業單位的不同，退休金的請領還可分一次領及逐月領的差異，但是事實上並非每個人都可如願的領到退休金。勞動基準法規定，「勞工需在同一場所服務滿十五年、年滿五十五歲，或同一場所工作滿二十五年，才具自願申請退休資格」，依據「八十八年中高年勞工就業狀況調查」顯示，中高年勞工預計退休後能請領到事業單位發放之退休金的人只有57.6%，而高達35.2%的人則認為不能領到退休金。在各行業中認為不能領到退休金的人中，工商服務業有近六成（59.5%）、批發零售及餐飲業超過五成（56.6%），營造業則超過四成（44.0%），至於製造業和社會服務及個人服務業也達三成左右（分別為33.3%和28.9%）（如**表9-3**）。因此，有相當多的人是無法獲得退休金的經濟保障的。

三、國民年金以及生活津貼

雖然老人經濟上還可以依靠國民年金或請領老人生活津貼，但老人生活津貼是一種社會救助，由政府編列預算來扶助生活困難的老人。但只限於保障老年生活，且必須經過資產調查。也就是受益者仍須符合規定條件才可領取津貼，不一定每年都可以受益。而國民年金是一種社會保險制度，以全體國民為保險對象，目的是提供民眾生活上的保障。當

表9-3　各行業中高年勞工預計可以請領到事業單位發放之退休金情形

單位：%

項　　目	總計	礦業及土石採取業	製造業	水電燃氣業	營造業	批發零售及餐飲業	運輸倉儲及通信業	金融保險及不動產業	工商服務業	社會服務及個人服務業
能領到事業單位發放之退休金	57.6	71.3	59.5	96.0	50.7	35.5	68.2	57.0	32.9	64.2
不能領到事業單位發放之退休金	35.2	24.2	33.3	3.3	44.0	56.6	24.8	26.8	59.5	28.9
不知道	7.3	4.5	7.2	0.8	5.3	7.9	7.0	16.1	7.6	6.9

資料來源：行政院勞工委員會（1999），〈八十八年中高年勞工就業狀況調查報告〉。

民眾遭遇老年、殘障或死亡時，國民年金提供定期性繼續給付，以保障本人或其遺屬的生活。國民年金法即將於九十七年十月實施，待其保險開辦後當可嘉惠許多人，但對於未及參加保險將退休或已退休的老年人來說，其生活經濟保障仍然是不足的。所以在缺乏經濟保障的情況下，很多身體健康及有能力的長者均希望可以繼續工作。因為他們尚有工作能力，便不願意申請社會救助金，不希望依賴社會。

四、經濟獨立，避免成為負擔

另外，隨著社會變遷家庭結構及傳統觀念的改變，過去「養兒防老」的觀念到今天已起了很大的變化。現在社會，小家庭制度已經成為主要的家庭模式。子女結婚之後，多數會搬離年老的父母，建立自己的家庭。由於要負擔家庭的開銷，他們奉養父母的能力也會較婚前下降。近年來，隨著通貨膨漲及生活水準的上升，很多年輕子女即使想奉養父

母也會感到有心無力。而現在很多的父母也較從前開明，能夠體諒子女的困難，不會予以勉強。而部分老人更希望可以繼續工作，能夠多積蓄以幫忙孩子或維持自己經濟獨立的晚年生活，避免成為家人的累贅。

 ## 第三節　老人就業的心理因素

　　工作除了能夠獲得經濟收入外，還能夠使人獲得社會地位及體現自我價值，讓人感覺生活有意義，有社會參與感。很多老人在離開工作之後，都會出現強烈的失落感，覺得自己失去了同事、朋友，甚至家庭中的地位。退休初期還可以享受一下放鬆沒有壓力的快樂時光，但是日子久了，人會變得意志消沉，生活也變得苦悶。一些習慣了生活便是工作的老人，便希望能夠再去工作以解除心理上的空虛感。

第四節　失業問題

一、中高齡失業者再就業困難

　　在經濟不景氣的年代，許多人可能因為各種原因而離開工作崗位。這些人離職的原因中，有些是自願性的，有些則為非自願性的。在非自願性離職的人中，若年齡愈大則再度找到工作就愈困難，以八十六年十月的〈人力資源調查統計月報〉為例，四十歲到四十九歲以及五十歲以上的缺工與失業者之相對倍數為0.64與0.46，較其他年齡組為低。這顯示中高齡失業者之就業機會較少，而相對於其他年齡層其失業週數也愈長，九十六年的〈人力資源調查統計年報〉顯示四十五到六十四歲的失業週數平均長達28.21週（行政院主計處，2007），較其他年齡層為長

（十五至二十四歲爲17.72週，二十五至四十四歲爲25.82週），而且有遞增的趨勢。而年齡愈高之失業者其找尋基層工作之比率亦愈大。

二、中高齡失業人口年輕化

但是由於經濟轉型、景氣問題及人口老化快速，老人的失業問題並不僅只限於六十五歲以上的老人。在整個中高齡（四十五歲以上）人口中，失業者的年齡有愈來愈年輕化的趨勢，以四十五至四十九歲失業人口占據整個中高齡失業人口比率來看，從七十五年的35.29%到八十五年的46.15%再到九十六年的45.95%，在這二十年間持續上升，差異達到了10%以上。因此，對老人失業問題的考量應該向下延伸，涵蓋到中高齡部分（如**表9-4**）。

表9-4　歷年四十五至四十九歲失業人口占中高齡失業人口比率

年	%	年	%
75	35.29	86	47.06
76	36.36	87	51.52
77	40.00	88	52.50
78	44.44	89	51.16
79	40.00	90	51.95
80	33.33	91	51.65
81	33.33	92	47.17
82	33.33	93	44.21
83	40.00	94	44.83
84	46.15	95	42.47
85	46.15	96	45.95

資料來源：行政院主計處（2007），〈九十六年人力資源調查統計年報〉。

三、重視老人失業問題

　　由於生活條件及醫療水準上升，國民平均餘命逐年增加，加上隨著第二次世界大戰後的戰後嬰兒潮，大量出生的人們漸漸邁入老年階段，因此人口老化的情形非常快速而且會越來越快。依據九十六年之〈人力資源統計月報〉顯示：我國六十五歲以上的老人占總人口之比率從八十二年的7.10%至九十六年時已快速增加到10.21%（行政院主計處，2007）。李漢雄（2000）指出，中高齡員工未來仍是人力資源中可靠與重要的一群。在全國老人比率快速增加，退休年齡下降而大多數老人仍有良好的健康、能力及意願繼續工作的情況下，老人失業已經是不得不加以重視的問題。

 ## 第五節　中高齡者的就業障礙

　　依據九十六年五月的統計，中高齡者失業者七萬人中，兩萬六千人（37.35%）是有工作機會的，但卻未去就業的原因則有兩成（22.08%）的人是因為待遇太低；而在沒有工作機會的四萬四千人（62.65%）中，找尋工作過程中遭遇困難之最主要原因，有將近六成（59.01%）是因為年齡限制，而約兩成（18.59%）則是技術不合（如**表9-5**）。因此老人就業的問題除了中高齡者本身的特性、個人因素外，還有一些障礙是因為社會大眾刻板印象的影響。此外，法令與公共政策以及企業經營策略，都對中高齡者就業造成相當的障礙。

表9-5　中高齡者失業者找尋工作過程中遭遇困難之最主要原因

原因	技術不合	教育程度不合	年齡限制	語言限制	工作性質不合	其他
百分比	18.59%	5.77%	59.01%	0.35%	12.04%	4.23%

資料來源：行政院主計處（2007），〈九十六年人力運用調查報告〉。

一、法令與公共政策方面

　　在公共政策方面，「勞基法」五十七條規定「勞工工作年資以服務同一事業者爲限」；「勞工退休準備金提撥及管理辦法」第八條也規定「事業單位歇業時，其已提撥之勞工退休準備金，除支付勞工退休金外，得作爲勞工資遣費。如有賸餘時，其所有權屬該事業單位」。因此，讓部分雇主有可能爲了逃避支付退休金而提前資遣勞工或鼓勵中高齡者提前退休。

　　但是政府九十四年正式實施「勞工退休金條例」，新制的改革重點強調退休金的可攜帶性，確保勞工在轉換工作時年資可以接續，有效地改善勞工領不到退休金的缺點。勞退新制中引進了可攜式的個人退休專戶的概念，退休金可以帶著跑，擺脫了因轉換工作而退休年資歸零的困境。如此當可降低雇主爲了逃避支付退休金而資遣勞工的誘因。

　　政府及很多私人機構均設立退休政策，規定雇員到了某個年紀便要退休。一般來說六十歲是一個較爲普遍的退休年齡，除非表現極爲優異或對公司有重大貢獻的員工可以在退休之後繼續申請留任，否則一般員工留任的機會是很有限的，但是很多雇員都在仍具工作能力卻又無奈的情況下被迫退休。九十七年立法院修正「勞動基準法」第五十四條，將強制退休年齡由六十歲延長至六十五歲，這樣可以因應國人平均壽命延長，保障高齡勞工的工作權。不過若以年齡來衡量員工的工作能力是不公平的方法，外國很多地方已廢除於招聘廣告中刊登年齡，改以個人的能力及經驗作爲招聘指標。漸進式或彈性退休年齡制度也是值得效法的，因爲保留有經驗的員工對公司的發展很有幫助。

二、企業經營策略

　　企業在經營政策上的考量仍然偏好年輕人，原因有三（陳伸賢，

1995）：(1)中高齡者薪資水準一般來說高於平均薪資，年輕就業者的
福利會比較少，僱用中高齡者企業必須付出較高的成本，而且因為中高
齡者更換工作的機會比年輕人小，故企業支付退休金的機會較高。中高
齡者工作到退休（以六十歲計）的期間至多十五年，工作期限較年輕人
短。(2)管理上，若一個企業內年齡異質性高則管理不易。中高齡者各
方面已經定型了，要重新適應新文化較為不易，為減少員工互動之歧異
性，公司偏好僱用年齡差距較少的員工。(3)技術調整能力的要求，因為
台灣地區中老年勞工多屬教育程度較低者，技術調適能力不佳，故職務
上也需要再設計。這些對企業來說都是會提高僱用成本的，因此導致企
業需要資遣員工時，中高齡者會是優先對象，而招募員工時他們卻被排
除在外。

三、刻板印象

李臨鳳（1987）的研究指出，社會人眾的刻板印象是老人就業的障
礙之一。很多人對老人存有偏見，常覺得年老便等於身體健康不良、觀
念落伍、頑固不易溝通，又認為他們能力退化、工作效率不佳，應該退
休，應該把機會讓給年輕人。不少雇主認為年長體弱多病，容易缺勤，
加上技術、步伐未能配合時代，難與年輕同事合作。報章上刊登的廣告
經常設有年齡上限，使老人很難藉此找到工作。而許多年長的求職者也
曾因年齡關係遭雇主拒絕或慢待，這些經驗都會影響他們的求職意願。

根據勞委會職訓局調查（1999）顯示，老人的工作表現並不一定較
年輕人為差，而他們的工作經驗更豐富，犯錯率更低。因此，雇主如能
摒棄對老人負面的刻板印象，多欣賞他們的優點，如責任心強、穩定性
高及成熟的人際關係等，年長雇員仍然可以繼續為公司做出良好貢獻。

四、中高齡者本身因素

(一)缺乏自信及工作技能

很多中高齡者在轉職或再就業時，容易受別人的看法而影響對自己的信心。若察覺到其他人認為他的能力差，他們會將這看法內化（internalize），因而覺得自己能力差。尤其是失業時間較長飽受求職挫折之後，漸漸地便會對自己缺乏信心，就算有能力也會因為害怕失敗而不敢面對。這種矛盾的心理狀態往往會影響年長人士的就業動機。

另一方面，中高齡者以往的工作技能並不容易轉化為現今市場所需要的技能。以文字處理為例，以往是用紙筆繕寫的方式記錄文件講究寫字迅速、字體工整，但今天大部分的單位已改用電腦，就要重新學習電腦操作及中文輸入法。其他很多技術也因改朝換代而落伍或不敷使用，如汽車修護過去只要有汽車的相關機械知識即可，但現在幾乎所有新型的汽車都配備了行車電腦，維修時也需要以電腦檢測問題，光靠過去對機械的瞭解已無法應付。事實上，老人是有能力去學習新的工作技能，只是他們可能對自己缺乏信心或雇主未給予學習機會罷了。

(二)對勞動市場的誤解

不少中高齡者在重新找尋工作時，因缺乏對勞動市場實況的瞭解而碰壁。部分人員仍然保留著以前的工作市場觀點，把工作多年的事業與現時的就業機會比較，如此很多時候只會導致更多的失望。現在台灣的經濟環境在過去的二十多年中轉變頗大，從以生產製造為主導轉向以服務業為主導。二十多年來，農、林、漁、牧業及工業的勞動人口已下降了將近二成（19.15%），相反的，服務業的勞動人口卻不斷增加，這也表示工作機會的改變，而這兩類行業對員工的要求顯然也會有很大的分別。

表9-6　就業者之行業　　　　　　　　　　　　　　　　　　單位：%

年	農、林、漁、牧業	工業	服務業
70	18.84	42.39	38.77
80	12.95	39.93	47.12
90	7.52	36.58	55.90
96	5.28	36.80	57.92

資料來源：行政院主計處，〈九十二年人力資源調查統計年報〉及〈九十七年人力資源調查統計年報〉。

　　中高齡者很多時候並未察覺到市場的轉變，故在找尋工作時，常會出現期望過高的情況；他們可能期望得到像從前自己工作的地位、薪金及待遇，但很多情況顯示，中高齡者在轉職時卻得從頭開始。如中高齡者未能接受這種現實，便容易產生心理落差，也會影響他們的就業機會。

 ## 第六節　中高齡勞工的特性

　　由於老人就業受到許多因素的影響，其中關於老人本身的因素也是很重要的部分。黃英忠（2005）的研究指出，中高齡者在身心及能力上有許多特性造成各個企業願意或不願意僱用的因素，茲分述如下：

一、心理及工作態度方面

　　整體來說，中高齡者好的方面是較重視工作倫理，年齡愈高者愈能以工作為榮，重視從工作所取得的精神性報酬，如能力的發揮、被尊敬與受重視等。對工作的滿意度較高，比較不在意報酬或升遷。同時在工作態度與忠誠度方面，中高齡者較年輕工作者有較多正向的傾向，並有

較低的工作缺席率。他們的時間充裕，較無家庭牽掛，且外務少，投入較專注。在經驗及判斷能力的技能上，年長者表現較佳，擅長於綜合總結及沉穩的態度使其有較穩定的工作表現。資深中高齡工作者可扮演耆老的角色，他們見證了工作單位的歷史，也像備忘錄一般，可以提醒新進人員或決策者避免重蹈覆轍，造成不必要的損失。

(一)優點及企業願意僱用的原因

1.工作穩定，不會跳槽。

2.物質需求較低，不計較報酬。

3.經驗豐富，立即可用。

4.外務少，工作專心。

5.更遵守企業規範。

6.工業安全警覺高。

7.錯誤機率小。

8.社會關係良好，有利業務。

9.做事較細心徹底。

10.責任感重，敬業精神良好。

11.人格成熟，有管理能力。

12.子女漸成人，較無牽掛。

13.時間充裕，可與公司配合。

14.生活平實穩健，不好高騖遠。

15.特殊經歷與工作心得，樂於傳授。

16.處事較圓融，減少尖銳衝突，創造組織和諧。

(二)缺點及企業不願意僱用的原因

1.過度依賴組織。

2.不關心社會動態。

3.維持現狀，排斥改革。

4.主觀意識強，不易溝通。

5.倚老賣老，掌控後進。

6.態度悲觀，缺乏積極樂觀。

7.得過且過，事事冷淡。

8.活力不足，缺少衝勁。

9.經驗重複，創意不足。

10.健康不佳者，請假較多。

11.知識老舊，教育訓練不易。

12.進入新公司不易融入新文化。

13.少部分失業後有自卑感，缺乏信心。

14.職務需再設計，受限於變化較少之工作。

15.行動緩慢，較難承擔挑戰及應付競爭壓力。

二、生理弱點

除了心理及工作態度方面的問題外，林毓堂（1997）也表示在生理上由於老化的影響導致各種機能下降，也使老人在工作上顯得不利，老人在生理弱點方面列述如下：

1.感覺機能的變化：

(1)視力從十歲以後開始逐年遞減，視域五十五歲以後逐漸減少，駕駛工作明顯受影響，辨色力二十五歲以後逐年減弱。

(2)聽力隨年齡增加逐年減弱。

(3)語言系統老化使語音定位力、語音辨識力、語言理解力及回憶長句能力變差。

(4)觸覺敏銳度隨年齡增加而降低，嗅覺敏銳度隨年齡增加而遞減。

2.動作機能的變化：隨年齡增加而衰退，以單純螺絲和螺絲帽之組合，簡單計算年齡每增加一歲動作機能衰退0.7%至0.75%，超過五十歲減退機能顯著；握力測試、持續力隨年齡增加而降低；反應能力隨年齡增加而遲緩。

3.肌力與體力的變化：男性肌力二十至三十歲為高峰，四十歲減為95%，五十至六十歲為80%，六十五歲為50%。體力隨年齡增加而緩慢減退，四十歲以後較為明顯。

4.智力變化：二十歲時成績最高，而後隨年齡增加而緩慢減退。

5.身體變化：持久力差、體重超重、體力恢復慢、記憶力減退、血壓增加。

但是身體機能的變化在不同年齡層卻並非必然的。醫療進步、保養得宜及適當鍛鍊都可能使中高齡者維持健康，甚至擁有如同年輕人般的身體條件而能勝任許多工作。而心理方面的問題也可以透過輔導及訓練加以改善，從而煥發出更高的工作活力。

 ## 第七節　人力資源與開發

由於中高齡者的特性要考慮中高齡者再就業問題，必須從老年人力資源開發來探討。因此，接下來先介紹人力資源（human resource）的概念。

一、人力資源

人力資源理念是經濟學家將人力視為資本範疇加以考慮後產生的。William Petty在分析生產要素創造勞動價值的過程中，把人的「技藝」列為土地、物力資本和勞動之外的第四個特別重要的要素。所謂人力資

本是「員工擁有的知識、技術和能力，對組織的績效有所貢獻」（李長貴，2000）。Adam Smith將人們學到的有用才能也視爲與有用機器和工具類似的固定資本，人們爲獲得才能而接受的教育和訓練也是一種投資的觀念。Adam Smith認爲：「學習一種才能，須受教育，須進學校，須做學徒，所費不少。這樣費去的資本，好像已經實現並且固定在學習者的身上。這些才能對於他個人自然是財產的一部分，對於他所屬的社會，也是財產的一部分。……學習的時候，固然要花一筆費用，但這種費用，可以得到償還，兼取利潤。」（引自鄭文忠，2004）

　　對「人力資本理論」，Theodore W. Schultz認爲：「儘管人們獲得了有用的技術和知識是顯而易見的，但這些技術和知識乃是一種資本形式，並且這種資本主要是一種有意識投資的產品這一點卻並不是顯而易見的」。他認爲人力投資是經濟迅速增長的主要原因，人們經由正規教育、成人教育、在職培訓、健康及營養的增進而獲得素質的改善，是促進一國國民經濟增長的主要原因。Becker則重視強調並分析了正規教育和職業培訓的支出所形成的人力資本及其價值。人力資本概念的廣泛傳播直接促成了人力資源理念的形成；人被看成是一種可以開發的，必須不斷地投資才能加以維持和提升的資本性資源。有的學者因此將人力資源與實體設備資源（physical resources）、財政資源（financial resources）、技術資源（teachnocratic resources）並列爲組織所必須的四種資源。英國經濟學家F. H. Harbison認爲：「人力資源是國民財富的基礎。資本和資源是被動的生產因素；人是積累資本、開發自然資源、建立社會、經濟和政治組織並推動國家向前發展的主動力量。顯而易見，一個國家如果不能發展人民的技能和知識，就不能發展任何別的東西」（張志鴻等，1999）。管理學家Peter Drucker論述：「企業或事業唯一的眞正資源是人，管理就是充分發揮人力資源以做好工作，要之，組織的主要資源有人力、財力及物力，其中人力資源基本上就是運用其他資源來直接達成組織目的之動力所在。因此，在組織的資源當中，以人力資

源爲活寶，居於核心的地位」（吳定等，1989）。

二、人力資源開發

人力資源開發理論產生於五〇年代，隨著行爲科學研究的發展、人力資本理論和人力資源學說的形成，人力資源開發概念漸漸爲人們所接受。我國也在八〇年代逐漸重視有關人力資源開發的研究和發展。政府爲了因應世界潮流、提升國家競爭力，行政院於一九九八年通過「政府再造綱領」，該綱領中的「人力及服務再造」指出我國人力資源發展政策。人力及服務再造，即人力資源的開發（human resource development）。

(一)人力資源開發的定義

人力資源開發的定義有許多種，其中具代表性的有：

1. 人力資源開發是指社會人從胎兒開始的教育到成年後的使用、調配、管理直到老年退休後的開發餘熱等全部過程，其重點在組織一切力量，有效地對全社會進行智力開發。
2. 人力資源開發是指通過系統的規劃、培養、教育、訓練等手段，提高人對於自然界開發利用能力的過程。這裏的能力包括生存能力、勞動能力、智力、體力等。
3. 人力資源開發是指爲了使勞動力得到充分利用，通過教育培訓，促進就業和有效利用勞動力的人事管理活動及政策。
4. 人力資源開發是指培植人的知識、技能、經營管理水平和價值觀念的過程，並使其經濟、社會和政治各方面不斷獲得發展以及最充分的發揮。也就是說，它是一個提高人的素質、挖掘人的潛力的過程。

(二)人力資源開發的主要特點

■戰略性

科學技術是第一生產力，人力資源作爲其載體，決定了科學技術水平的高低，因此應將人力資源視爲第一資源。人力資源的開發程度直接關係到技術的進步，生產的發展，社會經濟目標的實現。人力資源開發的好壞，在很大程度上決定著國家的興衰和企業的「生命」。

■系統性

人力資源開發是由各種人力資源開發活動組成的大系統。這個大系統包括五個子系統，即：(1)人力資源總量平衡系統；(2)人力資源合理配置系統；(3)人力資源素質提高系統；(4)人力資源能力利用系統；(5)人力資源效益優先系統。這些子系統又包括多種更小的子系統，它們共同構成人力資源開發系統。

■雙重性

這是人力資源開發有別於其他資源開發的重要特徵之一。所謂雙重性，即人力資源具有主觀能動性，其開發主體是人及其組成的組織，開發客體也是人及其組成的群體。而其他資源不具有自我開發的能力，而是人力資源開發的物件。正因爲人力資源的這種特性，決定了人力資源開發的複雜性。因此，要綜合運用多種科學如心理學、生理學等方面的知識，進行全方位開發，且要注意人力資源行爲的概率性特點，適時調整開發的側重點和措施。

■社會性

人力資源開發的目標之一，是透過教育、培訓及其他文藝、體育活動等來提高全民族素質。而這一目標又是經濟發展、社會進步的標誌。

■**效益性**

　　人力資源被視為一種生產性資源加以開發，而不是人事管理中將其單純列為成本。人力資源開發是一種經濟活動，它既具有經濟效益又具有社會效益、政治效益等，因而綜合效益最大化是人力資源開發的出發點和歸宿。

■**動態性**

　　人力資源開發是一個動態過程，他必須根據社會經濟發展、目標的變化，不斷地調整開發目標、內容、途徑，並且還要根據人力資源個體的差異性，採取不同的開發方式。

■**預見性**

　　人力資源開發是一種主動性的活動，透過對未來人力資源供需總量、結構、層次、素質的預測，力求透過各種先導性的措施，取得未來人力資源總量上供求平衡、結構層次合理、素質能滿足需求的效果。

(三)人力資源開發的類型

　　人力資源開發可劃分為以下幾類：

1. 配置性開發，即擇優選擇、錄用或聘用合格的人力資源，並配置到合格的崗位上。
2. 提高性開發，即培訓和教育人力資源，提高其素質和能力。
3. 利用性開發，即既要合理使用現有的人力資源，又要充分利用有關人力資源開發的「思想庫」。
4. 流動性開發，即充分利用勞動力市場和人才市場的功能，使人力資源流向最有利於其施展才能的地區、產業、部門、職業或崗位。
5. 整合性開發，即優化人力資源的群體結構，使人力資源的群體結構功能大於其各個個體的簡單相加。

6.儲備性開發，即適當的儲備各種類型的人力資源，以隨時滿足市場經濟發展和用人單位的需要。

7.自我開發，即人力資源應主動地進行自我開發，敬德修業，不斷提高自身素質，以適應社會經濟發展的需要；或者自謀職業，充分利用自己的能力，為社會創造財富。

 ## 第八節　中高齡人力開發

一、人口老化對就業市場的影響

台灣老化人口逐年增加，對經濟的直接影響即是生產力逐年減少，年輕人未來的負擔將會逐年加重，生育率的下降（少子化）將使這種現象更為嚴重。勞動供給減少，工作年齡人口數減少，中高齡勞動參與率相對下降。生產力下降則會造成長期勞動供給不足，勞動力短缺，將致使外勞將大量移入（陳淼，2004）。許多無法招足本國人力的行業紛紛引進外勞，但外勞的引進卻會衝擊國內的就業市場，使原本就業上有困難的中高齡者面臨更多的競爭。

高齡化和生產力的關係以正面來說，有些研究推論，高齡勞工可像年輕勞工一樣具有生產力。雖然高齡勞工缺乏活力，但可用經驗彌補。高齡勞工的曠職率較低，轉換工作的可能性也較低，與年輕勞工相比，較不需監督。加上即使預期可以工作的年數較少，但高齡勞工的流動率較低，所以，與年輕勞工訓練的報酬率相比，高齡勞工訓練的報酬率較大。

但是從負面來說，勞動力結構高齡化，勞動力素質下降，中高齡勞工人力資本折舊高，體力衰退、工作效率低，對新技術和新技能的適應力不高。人口老化降低了整個社會吸收新知識和新觀念的速度，技術

創新能力下降。高齡勞工需要長時間的訓練以取得基本的、新的思考方法。

二、老年人力可探討的方向

我們可以從下列幾個方向來探討老年人力：

1.老人福利服務。
2.老人健康養生。
3.老人退休理財。
4.老人經驗智識。
5.勞工退休體制之探討。
6.公務人員退休再就業。
7.軍中將校之優退探討。
8.國營事業優秀技術職。
9.中高齡職業訓練成效。

三、老年人力的運用

(一)老年人力一般運用方式

目前有許多老人退休後，會在家中協助家人或從事社會服務工作，在外面所從事有薪給的工作都比較屬於庶務性質的，職類比較受限制。對從企業退休的員工再就業方面，謝明吉（2000）的研究指出，相對於已退休的員工來說，企業僱用即將退休的員工的意願更高。即將退休的員工多擔任在企業之原工作，而已退休的員工則多被僱用為顧問性質的工作。對企業來說，員工全天性工作在管理上相對單純許多，因此在工作安排時間上，企業都希望員工是全天性工作。以下列出目前一般老年

人力運用常見的方式：

1.再就業或重新投入職場。

2.從事簡單之全時性工作，如管理員或餐廳雜工。

3.打零工或是從事部分工時工作。

4.擔任相關專長之人民團體或社團的委員、講師或顧問，領些許津貼。

5.擔任才藝教學、翻譯、寫作或其他個人化的工作。

6.投入家庭：協助家族企業工作、協助看店或幫忙帶兒孫。

7.社會服務：從事志願服務工作，參加志願服務組織或至社會福利機構、醫院、寺廟、教會擔任志工。

(二)運用高齡人力時的困難

但是曾進勤（2003）則指出運用高齡人力時可能會面臨的困難，他以再就業、志願服務以及薪傳教學三個部分加以敘述：

■再就業部分

1.心態無法調適：長輩的心態無法調適，不能接受雜務性或需體力性工作。

2.年齡歧視：工作職場的年齡歧視，不願僱用高齡者。

3.職類受限：工作職類大多為大廈管理員、推銷員或廚工等工作。

4.無適合工作：受經濟不景氣、產業結構改變影響，無工作可找。

5.就業輔導不易：就業輔導單位連結協調不易，甚至排拒為高齡者服務等因素，所以難以媒合。

■志願服務部分

1.心態未調整：推動「以老人服務老人」，運用高齡者擔任志工。由於許多老人退休前位居要職，但擔任志工心態未調整，故服務時未能放下身段。

2.角色混淆：高齡者兼具多重身分難以管理及要求，本身是提供服務者，亦是接受服務者，角色混淆不清，影響服務成效。

3.輪調困難：較辛苦的工作，高齡者不願意擔任，服務輪調困難。

4.外展服務不易：推動機構外展服務，但長輩只喜歡待在設施設備完善的長青中心，不願意到其他社福機構、區公所或較小型的單位外展服務。

5.機構意願低：某些績效較佳的機構志工過多，不願意接受高齡者。

■薪傳教學方面

薪傳教學流於形式，薪傳教學為推行到學校或社福機構從事傳統技藝教學，但因宣傳不足，學校配合意願低，行政單位協調不易，故僅為宣示性質，難以實際推展運用。

四、老年人力開發步驟

老年人力開發的步驟如下：

1.中高齡人口人力價值分類。
2.尋求中高齡人力開發需求。
3.透過職務重新設計與培訓。
4.充分運用政策與政府資源。

五、老年人力價值與分類

(一)分類職能

職能是一種與別人相比能夠勝出的能力。員工能夠在組織情境下，創造組織效能與實現策略目標的工作績效，而為能展現該工作績效背後所需具備的知識（knowledge）、技巧（skill）、能力（ability）與其它特

質（other features）（例如性格、動機、價值觀、興趣、自我概念等），簡稱KSAOs，且這些KSAOs是必須經由行為展現且能被觀察到的，就是所謂的職能。職能必須能夠反應到工作績效上，而工作績效對於不同職務會有不同的績效標準；就算同類職務在不同的組織情境下亦會有不同的績效標準，唯有能顯著達成，甚至超越績效標準相關的知識、技術、能力與特質等行為展現，才可稱作職能（洪淑姿，2007）。職能可分為核心職能（core competency）與專業職能兩類（technical / professional competencies）。

■核心職能

核心職能是從基層夥計到公司老闆都需要具備的，是確保組織成功所需的技術與職能的關鍵成功部分，來自於企業組織、經營哲學、經營使命、價值及經營策略等，為了符合公司的價值觀及達成願景，組織內人人都必須具備的能力，為 行為上的準則。例如，若客戶滿意是公司所持的核心價值觀，那麼組織內所有人都必須有客戶導向的能力及行為展現。故核心職能可以是客戶服務、誠信正直、創新改善、品質管理、主動積極、持續學習、團隊精神、創新求變及突破性思考等，是企業成功的關鍵因子。

■專業職能

專業職能是要有效達成工作目標所必須具備的工作相關特定職能。這是員工所需要知道與能夠操作的特定能力。各部門單位、工作職系所個別評估與發展者，通常透過工作分析的程序而得。專業職能可以是企業知識與技術或功能性專業，如研究發展、財務、人力資源、生產、行銷等。

一般人員專業職能列舉：

1.工作相關技能：企劃、研發、生產、行銷、財務、人力資源……。

2.工作品質技能：書面表達、檔案管理、問題分析與決策、企劃力、創造力、策略規劃、市場行銷、電腦運用、品質改善、專案管理、成本管理。

3.人際互動技能：人際關係、溝通協調、團隊互動、簡報演講、會議主持、教導學習、顧問諮詢、談判技巧。

4.自我管理技能：前程規劃、時間管理、壓力管理、敬業倫理、自我實踐。

(二)技能水準評估

在瞭解核心職能與專業職之後，要判定老年人力價值則應依工作所需技能以及評估老人已具技能加以檢討比較，以瞭解其技能差距。在有了客觀的評估後，才能有所依據為老人正確作出適當的培訓或再設計職務。在評估工作所需技能部分，可利用技能展開表（**表9-7**）對各種工作專業技能所需求的知識、技術與能力進行。在評估老人技能部分，可利用個人技能盤點表（**表9-8**）依各個專業工作項目評估完成工作應具技能水準，以及老人現在已具備的技能水準，而這兩者之差距即為應透過培訓增加的技能。利用技能水準評估表（**表9-9**）可將工作所需技能與個人已具備技能同時呈現，並依二者差距排定所需培訓技能的優先順序。

表9-7 技能展開

客戶需求	A 能力	S 技術	K 知識

表9-8　個人技能盤點

選擇盤點技能項目	應具技能水準	−	已具技能水準	=	技能水準差距

表9-9　技能水準評估表

技能水準評估

單位：＿＿＿＿＿＿＿＿　　　　　　　　　　　　　姓名：＿＿＿＿＿＿＿＿

部門：＿＿＿＿＿＿＿＿　　　　　　　　　　　　　職位：＿＿＿＿＿＿＿＿

技能需求	技能水準			培育優先順序	備　註
	部門需求	目　前	差　異		
測試儀器、程式之使用	L3	L4	+1	----	
主機維修	L3	L2	-1	2	3Q，1993 L3
週邊機器維修	L4	L4	----	----	
系統問題研判	L3	L2	-1	----	請同儕支援
網路問題研判	L3	L2	-1	4	1Q，1994 L3
溝通協調技能	L4	L3	-1	3	4Q，1993 L4
客戶關係	L3	L2	-1	1	2Q，1993 L3
銷售專業服務	L4	L2	-2	5	2Q，1993 L3

六、老年人力的開發需求

老年人力的開發對象主要包括：

1.公教職人員退職者爲對象。
2.以職業軍官退職者爲對象。
3.以公司行號職員退職者爲對象。
4.以女性同胞二度就業者爲對象。
5.以工廠作業退職者爲對象。

七、職務培訓與職務再設計

在人力資源的概念中，沒有最好的，只有最適合的。實際上，這個最適合的，也就是最好的。在面對「老年人力開發需求的對象」與「要開發的職務」時，要開發老年人力也必須思考什麼是最適合的，判斷要開發的對象是要運用其原有專長、經驗，「職務培訓」再發揮利用？還是要轉換其原有的專長、經驗，「職務重新再設計」？

(一)職務培訓

當高齡者的體能尚佳，但原有的專長和經驗與職務所需的知識、技術與能力有落差時，可透過教育訓練職務培訓提高其能力。

職務應具備之能力水準－目前已具備之能力水準＝職務培訓需求

■高齡者之教育訓練與學習

在教育訓練與學習部分，組織所提供的學習機會，不應該將高齡者摒除於外，尤其在快速變動的環境中，學習已成爲維持競爭力的重要利器，一般員工需要教育訓練，高齡員工亦同。研究發現五十五至

六十四高齡者所接受的教育訓練只有三十五到四十四歲員工的三分之一
（Maurer & Rafuse, 2001）。組織應該發展支持高齡學習的文化與政策，
並且提供多元化的教育訓練與學習的機會，除了正式的課程、工作坊、
研討會等，工作任務的多樣化或工作輪調或團隊工作，都可提供學習的
機會。除此之外，管理階層亦需要接受有關管理高齡者、對老化之迷思
與刻板印象、同理心等訓練，以瞭解高齡員工之需求，進行有效的管
理。

　　而最重要的是，在教育訓練設計上，高齡者的學習活動若要成功，
必須妥善掌握高齡者生理及心理的狀況，及其在學習上的特性。Sterns和
Doverspike（1988）之研究指出職場中成功的高齡者訓練方案重點如下：

1. 學習氣氛：營造一個友善、輕鬆、不具威脅性、不具競爭性的學習
   氣氛。管理階層應該給予高齡工作者支持、鼓勵和正面的回饋，幫
   助高齡者建立自尊感，克服害怕丟臉的心態。

2. 引起動機：Peterson（1983）建議將學習設計成遊戲一般，以降低
   高齡者的恐懼和焦慮。訓練過程的社會心理環境會影響訓練的結
   果。

3. 學習活動的結構：學習內容立即可用，教材內容是與工作相關的，
   給予學習者正面的回饋，並鼓勵自信的養成。學習活動的結構可以
   有兩種方式：

   (1) Peterson（1983）建議採用一種發現學習法（discovery
       method），在此方法中，學習者自己解決問題，並且找出解決
       問題的方法。當他們在新的工作歷程中學習時，該歷程可劃分
       為一系列的任務，因此當他們在這歷程當中一步一步的解決問
       題或任務時，他們可以獲得成就感，並因此精熟工作內容。

   (2) 將職業技能分類（例如，資料處理的技能可以分為五至六個模
       組），參與者可以選擇適合自己知識和經驗的模組進行學習。

而模組本身可以利用任務分析作為參考的架構。因此，學習者可以在部分任務、整個任務、模組（module）和工作群聚等不同階段中獲得成就感。

4.熟悉度：教學材料應與高齡者原來就具有的技巧與知識連結，並以其為基礎加以發展，並運用一些策略，使學習者熟悉學習的歷程、工具及設備，可以提高高齡學習者的自信心，並且加強學習內容對其工作上的應用性。

5.組織：許多高齡學習者不知如何將新事物組織或整理，以助於記憶或增進瞭解。因此，針對高齡學習者在學習教材上的瞭解，Harvey及Jahns（1988）認為可採用前導組體的方式（advance organizers），具體的方法如下：

(1)列出大綱：在上課開始時，提供教材內容的大綱，先將概念間的邏輯順序與關係做介紹。

(2)分類：將要探討的概念進行分類，將相似的概念置於同一標題下。

(3)提示重點（advance reminders）：每次上課開始前，先回顧或提示在本次學習中需要熟悉的重點或問題。

6.多元的教學方法：讓高齡者在學習的過程中主動參與，學習才是有意義的，透過多元的教學設計提高參與感，例如透過模擬的遊戲或練習、電腦輔助教學、角色扮演、實作練習等。

7.評量：高齡者害怕測驗或考試，儘量不要採用這樣的學習方式，並多認可讚賞高齡學習者的學習表現，多利用目標設定和實作評量的方式去瞭解高齡工作者學到了什麼。

8.物理環境：物理環境的安排要考慮高齡者感官能力的改變。例如使用不會反光的黑板、大一點的字體以及其他容易接受的多媒體；維持適當的光線和溫度；並以沉穩、速度適中的聲音說話；座位的安排也要考慮到是否每一位高齡學習者都能看到教室前的投影片。

9.學習速率：高齡者學習時，每個人的速率皆不相同，異質性很大。
要讓依自我步調學習或學習速度較慢的高齡者，有足夠的反應時間

10.提供及時的補救協助：利用高齡者作爲同儕訓練師或學習促進
者，可以對其他高齡工作者提供學習上的問題解決與服務。

(二)職務再設計

當原有的專長、體能與經驗非常不適合現有的工作或已成爲工作障
礙時，透過職務再設計，轉換其原有的專長、經驗，有效協助「老年人
力」克服工作障礙（包括能力、技術、知識），增進其工作效能，讓老
年人力順利開發再利用。可以進行的項目有：

1.有效克服工作障礙（包括能力、技術、知識）。
2.提供就業相關資源。
3.改善工作條件。
4.調整工作方法，包括工作重組、簡化工作流程等。

雖然大部分的人認同高齡者在體能、感官上的能力或記憶力有衰退
的現象，但是就認知能力部分，尤其是智力的部分，則是有持續發展的
可能（Lemme, 2002）。尤其，Smith和Pourchot（1998）認爲成人一直
到中年都在不斷地累積職業知識，而到老年則發展非職業方面的知識。
就此點而言，企業可針對高齡者這部分的特性，將高齡者的職務重新設
計。

高齡者的工作內容不宜過於複雜，或是太耗體力，最好利用其豐富
的工作經驗、智慧上的持續成長，及追求穩定的特質加以設計。黃英忠
（1995）認爲適合高齡者擔任的職務如下：

1.包裹式的職務：高齡工作者較喜歡獨立工作，且比較有耐心，因此
一些工作如秘書、清潔、文書等行政工作，可以用包裹方式交給高
齡工作者負責規劃及執行。

2. 諮商性的職務：高齡者工作經驗相當豐富，生活的歷練也多，因此對管理者而言可以擔任決策顧問的角色，也可以成為一般員工諮詢的對象。

3. 訓練性的職務：高齡者經驗的傳承除了被動的接受諮商之外，也可以經過有計畫的設計，透過訓練傳授給後進員工。另外，更可以讓高齡者負責訓練方面的工作，以他們的經歷為基礎，應該可以設計最實用的訓練課程，讓員工獲得適當的能力。

4. 研究性的職務：由於高齡者往往有良好的行業知識，對企業的背景及文化往往有較深的體認，如果能多注重外界的資訊，則會適合擔任研究性的工作，也可以為企業擔任規劃者的角色。

5. 社會性的職務：高齡者的工作經歷及品德修養往往為員工敬重，因此對於組織中衝突的協調及公共事務的推動，可以發揮很大的影響力，如擔任工會幹部、顧問或職工福利委員會等，都很適合。

八、國家訓練品質系統（Taiwan TrainQuali System）／訓練品質計分卡（Taiwan TrainQuali Scorecard）

在辦教育訓練時不知道為什麼要辦教育訓練，這是企業常有的現象。因而會產生辦理教育訓練是否會有成效及意義的疑問。而且企業中許多教育訓練與工作的關係不大，訓練品質亟待提升，但卻不知如何進行。在辦理中高齡之老年人力再開發時，前述問題更為重要，因為老年人力許多條件皆弱於年輕人，更需教育訓練以提升其能力水準。因此一套有效的訓練品質系統，將是辦理中高齡之老年人力再開發成功的關鍵。

國家訓練品質系統（TTQS），為協助企業與社團，檢測企業與社團辦理訓練的品質成效，提升企業辦訓及勞工參訓品質，強化企業優質競爭力，與有效爭取政府訓練補助資源。

■TTQS（國家訓練品質系統／訓練品質計分卡）緣起與內涵

　　行政院「服務業發展綱領及行動方案（二○○四至二○○八年）」針對「人才培訓服務產業發展措施」明列建立人才培訓產業品質認證制度，由勞委會負責規劃引進國際訓練品質規範，提出可行策略方案。因此，勞委會職訓局於九十四年度規劃推動訓練品質規範綜合歸納ISO10015、歐洲職業訓練政策、英國IIP人才投資方案（Investors in People, IIP）、澳洲的積極性職業訓練政策，以及我國面對全球化知識經濟社會之挑戰情況，研擬出一套台灣自己的「訓練品質計分卡」（TTQS）。TTQS是源自ISO10015，為ISO國際標準中唯一對組織中人力資源培訓進行規範的標準，為培訓流程建立了可遵循的指導方針及決定制訂的標準。

　　企業透過TTQS規範導入，建置「訓練品質管理制度」，相關人員如何能快速瞭解其制度精神內涵，並與企業策略目標發展需求相連結？如何能快速將其觀念導入企業各部門層級且進而務實應用？觀念及務實導入後如何評估眞企業產生實質的營運效益？皆為企業之評估是否導入TTQS規範制度之考量因素要點。在TTQS規範中主要的內涵分為「計畫」（plan）、「設計」（design）、「執行」（do）、「查核」（review）、「成果」（outcome）等五個構面，簡稱PDDRO（請參閱圖9-1），圖9-2顯示TTQS的訓練迴圈。其企業管理應用重點簡要說明如下：

　　1.計畫：關注訓練業營運發展目標之關連性以及訓練體系之操作能
　　　力，包括：
　　　(1)單位願景、使命與策略的明確揭露。
　　　(2)企業績效問題與機會分析。
　　　(3)確認職能訓練需求，發展訓練政策。
　　　(4)依訓練政策擬定整體系統性訓練計畫。

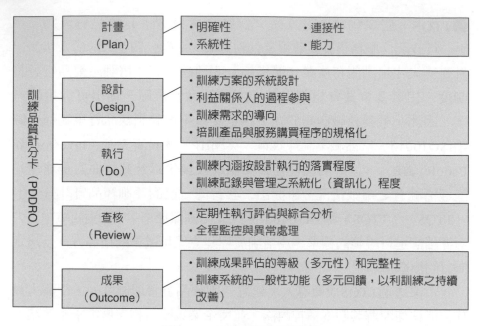

圖9-1　TTQS基本內涵圖

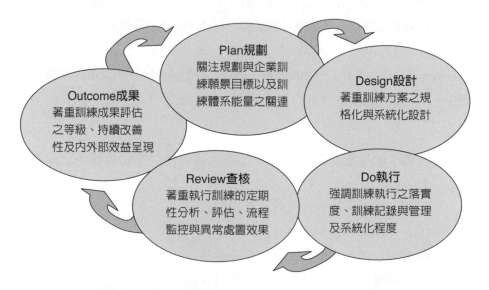

圖9-2　訓練品質計分卡（TTQS）的訓練迴圈

(5)建立書文化訓練品質管理手冊。

(6)檢視制度推動之相關資源及能力。

2.設計：運用系統化設計來制定訓練方案（含利益關係人參與、與企業策略目標需求之結合度、遴選課程標準、採購標準程序）。

　　(1)整體考量企業資源投入評估再設計訓練計畫及決策其政策領域與訓練方案優先順序，進行設計。

　　(2)整個訓練領域及方案推動的利益相關人參與過程檢視。

　　(3)瞭解及評估所設計之訓練方案內涵是否與其策略目標具關聯性與一致性，符合確認決策。

　　(4)為決策訓練方案，擬定採購程序規格及執行標準。

3.執行：著重於強調訓練方案執行之落實度、訓練記錄與管理之系統化程度。

　　(1)依採購程序規格及執行標準，執行計畫設計之訓練方案，包括學員、教材、師資和教學法選擇，以及訓練成果移轉工作應用之建議。

　　(2)訓練過程記錄與管理及資訊知識系統平台建置運用之程度檢視。

4.查核：訓練方案執行過程的監控、異常處理與定期性執行結果追蹤分析。

　　(1)訓練全程（前中後流程）記錄與管控及異常狀況處理與改善。

　　(2)定期性執行各訓練方案結果評估與綜合分析，持續修正與改善。

5.成果：訓練成果評估之等級與完整性，以及訓練品質管理之持續改善。

　　(1)依方案執行的「學員反應」及「學習效果」、「行為改變」、「績效展現」之評估構面，追蹤訓練方案之學習成效與工作應用成效。

(2)透過定期性執行各訓練方案結果評估與綜合分析，瞭解訓練方案的移轉成效與擴散社會應用效益性，不單作為企業持續修正與改善訓練品質管理制度之參考，更能促進提升社會勞動力素質與國家競爭力。

人才是企業最大的資產，企業卻苦於不知如何重視人才，如何培育人才。即使有訓練，但為何而訓、訓練需求的精確度、如何檢驗訓練成效等，都無法形成系統，TTQS為企業解決了這一困境。

1.TTQS讓企業培訓找到真正的需求、訂定目標、思考構想及行動。
2.TTQS讓企業經營績效與人才培訓密切連結，解決了訓練無用論的弊病。
3.TTQS訓練品質計分卡其價值源自系統化的功能，讓人力資源功能環環相扣，形成整體的人才培育解決方案。

九、政府資源運用

辦理中高齡之老年人力再開發時，教育訓練是很重要的環節。然而除了教育訓練品質要重視之外，教育訓練要花費相當的經費，若非企業或工作單位自行吸收，而是要參與訓練者負擔，則可能會降低其參與意願。對很多勞工來說，參與訓練的花費會形成經濟的負擔，尤其是再就業者若參與教育訓練之後，不能保證有工作或訓練內容與工作要求有落差，就更沒有意願參與了。然而政府為了提升勞工的能力，經常提出關於產學訓人才投資補助方案，以減輕參訓勞工的經濟負擔，並保證教育訓練品質。

(一)政府訓練補助方案

行政院勞工委員會職業訓練局為加強在職勞工共通核心職能、產業

核心職能、國際溝通能力、運用科技能力、研發創新能力、專業技術能力，持續激發自主學習與組織學習，辦理實務導向之在職訓練，提升企業人力素質及勞工競爭力，以及在職勞工的知識、技能、態度，激發自主學習，累進個人人力資本。

(二)補助對象與補助標準

■一般在職勞工（政府補助80％）
1. 具勞、農保身分，且年滿十五歲至六十五歲之本國籍在職勞工。
2. 在台之大陸配偶已領有長期居留證或工作證之在職勞工。
3. 外國籍配偶已領有居留證之在職勞工。

■特定對象在職勞工（政府全額補助）
1. 負擔家計婦女。
2. 中高年齡者（年滿四十五歲至六十五歲之間）。
3. 身心障礙者。
4. 原住民。
5. 生活扶助戶（低收入戶）中有工作能力者。
6. 其他依就業服務法第二十四條規定經中央主管機關認為有必要者。

(三)補助金額

三年內補助訓練費用三萬元，初次參與計畫課程之開訓日開始受訓補助八千元，第二年受訓補助一萬八千元，第三年受訓補助四千元，期滿後第四年接續重新起算。

(四)補助流程

學員報名→訓練單位審查資格→受訓→繳納50％或全額訓練費用並簽約→結訓並取得結業證明→職訓中心審查資格→職訓中心撥付補助費

用至實際辦訓工會→實際辦訓工會轉撥補助費用予參訓學員。

(五)辦訓資格

通過訓練局九十六年度以後訓練品質計分卡（TTQS）評核的單位，直接依訓練計畫內容審查，每次申請最多核定六班次訓練補助。

未通過訓練局九十六年度以後訓練品質計分卡（TTQS）評核的單位，訓練局職訓中心另行審核訓練品質通過後，再進行訓練計畫內容審查，全年度內最多核定兩班次訓練補助。

(六)訓練重點業別與課程內容

■訓練業別

1. 行政院推動「服務業發展綱領及行動方案」十二項業別：人才培訓／人力派遣及物業管理服務、工程顧問、文化創意、金融服務、流通運輸服務、研發服務、設計服務、醫療保健及照顧服務、通訊媒體、資訊服務、環保服務、觀光及運動休閒；其中以醫療保健及照顧服務、觀光及運動休閒及流通運輸服務三大產業最優先。
2. 職訓局研訂之策略性產業二十一項。

■課程種類

1. 共通核心職能課程。
2. 國際溝通能力課程。
3. 運用科技能力課程。
4. 研發創新能力課程。
5. 專業技術課程。
6. 管理課程。

問題與討論

1. 老人持續維持工作在經濟上的考量因素為何？

2. 造成中高齡者就業困難，在公共政策及企業經營策略方面的障礙為何？

3. 中高齡者有哪些自身的因素與特性會造成就業困難或企業僱用的考量？

4. 人力資源開發有哪些類型與特點？

5. 老年人力有哪些運用方式及困難？

6. 如何評估老年人力的價值？

7. 開發老年人力時，進行職務培訓或職務再設計的考量為何？

8. 在教育訓練方面，如何成功的掌握高齡者生理及心理的狀況及其在學習上的特性？

9. 何謂TTSQ？符合TTSQ的教育訓練有何作用？

10. 有哪些政府資源可使老人參與教育訓練提升工作能力？

參考書目

大都會國際人壽（2005），〈退休夢想大調查〉，97年8月1日取自http://blog.yam. com/anna23/article/1027133。

台北市主計處（2004），〈93年台北市平均每戶家庭收支〉，《台北市統計年 報》，97年8月1日取自http://w2.dbas.taipei.gov.tw/NEWS_WEEKLY/abstract/ data/18/63040.htm#P3。

行政院主計處（2004），「人力資源統計調查」。

行政院主計處（2007），〈人力資源調查統計年報〉，97年8月1日取自http://www. dgbas.gov.tw/ct.asp?xItem=19105&ctNode=3102。

行政院主計處（2007），〈人力運用調查報告〉，97年8月1日取自http://www. dgbas.gov.tw/ct.asp?xItem=18490&ctNode=4987。

行政院勞工委員會（1999），〈八十八年中高年勞工就業狀況調查報告〉，97年8 月1日取自http://statdb.cla.gov.tw/html/svy88/8806menu.htm。

行政院勞工委員會職業訓練局（2007），〈九十七年度提升在職勞工自主 學習計畫〉，97年8月1日取自http://www.eysc.gov.tw/Data/Document/ %E4%B9%9D%E5%8D%81%E4%B8%83%E5%B9%B4%E5%BA%A6%E6% 8F%90%E6%98%87%E5%9C%A8%E8%81%B7%E5%8B%9E%E5%B7%A5% E8%87%AA%E4%B8%BB%E5%AD%B8%E7%BF%92%E8%A8%88%E7%95% AB.doc。

行政院勞工委員會職業訓練局（2008），〈97年度產業人才投資計畫〉，97年7 月10日取自http://www.nvc.gov.tw/UserFiles/97年度產業人才投資計畫實施計畫 (97_4_10).doc。

吳定、張潤書、陳德禹（1989），《行政學》，台北：三民書局。

呂寶靜（2007），〈台灣老人的工作情形〉，97年7月10日取自http://www.ios. sinica.edu.tw/TSCpedia/index.php/%E5%8F%B0%E7%81%A3%E8%80%81% E4%BA%BA%E7%9A%84%E5%B7%A5%E4%BD%9C%E6%83%85%E5% BD%A2。

李漢雄（2000），《人力資源策略管理》，台北：揚智文化公司。

李臨鳳（1987），〈我國退休老人再就業問題之研究〉，國立台灣大學社會學研究所碩士論文。

李長貴（2000），《人力資源管理》，台北：華泰。

林毓堂（1997），〈高齡勞工職業問題之探討〉，《職業與訓練月刊》，15卷6期，頁52-58

洪淑姿（2007），〈美國海岸防衛隊管理核心職能的作法簡介〉，《海巡雙月刊》，28期，頁36-44。

桃園職業訓練中心（2008），〈97年度提升在職勞工自主學習計畫〉，97年8月1日取自http://www.tyvtc.gov.tw/332/2/1227%E5%9C%A8%E8%81%B7%E5%8B%9E%E5%B7%A5%E8%A8%88%E7%95%AB%E7%B0%A1%E5%A0%B1.ppt。

郭火力、王亞南譯（1972），Adam Smith原著，《國民財富的性質及原因的研究》，北京：商務印書館。

張志鴻、李俊慶、張成福（1999），《現代培訓理論與實踐》，北京：中國人事出版社。

陳仲賢（2005），〈台灣地區中老年人力資源之探討〉，《就業與訓練》，13卷3期，頁70-75。

陳淼（2004），〈人口老化對我國總體經濟的影響與因應之道〉，《台灣經濟研究月刊》，27卷11期，頁21-29。

曾進勤（2003），〈從充權的觀點談高齡人力資源開發運用——以高雄市長青人力資源中心為例〉，《社區發展季刊》，103期，頁261-274。

黃美惠（2006），〈保險退休市場鎖定中壯年世代〉，理財專欄，97年8月1日取自http://blog.yam.com/anna23/article/1027133。

黃英忠（2005），〈高齡人力職務再設計理論之探討〉，《就業與訓練》，13卷6期，頁8-12。

鄭文忠（2004），〈中國大陸國家行政學院公務員培訓之研究〉，世新大學行政管理學系碩士論文。

謝明吉（2000），〈企業內老年人力運用之研究——以高雄地區老人及地區為研究對象〉，中山大學企業管理研究所碩士論文。

Lemme, B. H. (2002), *Development in Adulthood* (3rd ed.). Boston: Allyn and Bacon.

Maurer, T. J. & Rafuse, N. E. (2001), Learning, not litigating: managing employee development and avoiding claims of age discrimination. *The Academy of Management Executive, 15*(4), 110-121.

Peterson, D. A. (1983), *Facilitating Education for Older Learners*. San Francisco: Jossey-Bass.

Smith, M. & Pourchot, T. (1998), *Adult Learning and Development: Perspectives from Educational Psychology*. NJ: Lawrence Erlbaum Associates, Inc.

Sterns, H. & Doverspike, D. (1988), Training and development the older worker. In H. Dennis (ed.), *Fourteen Steps to Managing an Aging Workforce*. Lexington, Mass.: Heath.

Chapter **10**

老年財務規劃

黃久秦
美國University of South Carolina 醫務管理博士
明新科技大學老人服務事業管理系助理教授

學 習 目 標

在學習完本章節後,希望讀者能夠:

1.瞭解世界銀行提出之經濟保障支柱。

2.分析台灣退休金制度。

3.瞭解勞工退休金之來源。

4.熟稔個人財務理財規劃之基本知識。

5.瞭解晚年財務規劃應注意之事項。

6.擁有初步為個人規劃退休財務之能力。

摘要

　　想要過著既愜意又有尊嚴的退休生活，做好完整的老年財務規劃已是必要條件，世界銀行在二○○五年提出一層四柱的老年經濟保障模式為主軸，個人退休生活費用之來源，包含從政府社會福利、社會保險、企業退休金、個人財務規劃以及家庭的支持，因此退休後財務的規劃應從年輕時即開始，充分利用時間價值與複利效果，且應隨時檢視並修正理財目標，方能保障老年生活。此外，老年人在財務規劃上亦與年輕人有所不同，做好規劃，善用遺產與贈與節稅法及信託，亦能讓其子孫受惠。

第一節　前言

　　高齡化社會已成社會各界討論的熱門話題，成功老化（successful aging）更成為眾人追求的目標，根據麥克阿瑟基金會（The John D. and Catherine T. MacArthur Foundation）支持Rowe和Kahn（1987）的研究顯示，成功老化需具備的條件有三：避免疾病（avoiding diseases）、維持高度的心智與身體功能（maintaining high cognitive and physical functions），以及積極的生活（engagement with life），雖然其中並無任何一項提到金錢或經濟條件，但維持身體、心智的功能或規劃積極的退休生活，皆必須要有良好的經濟基礎作為後盾。因此，有錢並不能與成功老化劃上等號，然而沒有完整財務規劃的支持，可以想像其老年生活，會過得比一般人辛苦。許多人都曾聽過這樣的玩笑話，世上最可悲的人，是人死了錢卻還沒花完，而世上最可憐的人，則是錢花完了，人卻還沒死。雖然這是則笑話，然無不意涵著做好自身財務規劃對老年生

活的重要性。

財務規劃若是到老年時期方才進行規劃，以累積財富的思維來看，似乎略嫌晚了，然而，就規劃人生百年之後的遺產問題，無論將財富遺留給子孫或捐出作爲慈善用途，應是刻不容緩的事情。此外，在高齡化以及少子化的影響之下，未來的老人將須藉由自己的力量，進行財務規劃，滿足自己未來退休生活需求，本章將以世界銀行在2005年提出一層四柱的老年經濟保障修正模式爲主軸，從政府退休金政策、社會福利、各類年金制度，以及個人對於老年財務規劃應有的概念與態度，並將介紹未來有志從事老年財務規劃領域之發展，老人服務事業中所注重的財務規劃，應包含滿足自我的退休生活需求及遺產規劃，就以上所述，本章節除介紹個人的老年財務規劃之基本概念外，亦將介紹世界銀行之老年經濟保障模式與台灣退休金制度。

第二節　老年經濟保障

諾貝爾經濟學獎得主莫迪利安尼（Franco Modigliani）、布倫伯格（Richard Brumderg）和安多（Albert Ando），共同提出了生命周期假說理論，又稱爲消費與儲蓄的生命周期假說理論（引自MBA智庫百科，2008），係爲研究退休金問題的重要理論，其強調了消費、個人生命周期所得與儲蓄間之關係，生命周期假說將人的一生分爲年輕時期、中年時期和老年時期三生命周期假說，一般而言，年輕時期，家庭收入較低，因此，在這一階段，往往會把家庭收入的絕大部分用於消費，有時甚至舉債消費（例如貸款購屋），導致消費多於收入。進入中年階段後，家庭收入增加，而消費在收入中所占的比例降低，收入大於消費，故多餘的收入一方面要償還年輕時的負債，另一方面則須把收入儲蓄起來，用於防老。老年時期，收入下降，消費又會超過收入。因此，形

成人的生命不同階段的財富累積圖（如**圖10-1**）。圖中之縱軸爲累積財富，係指收入減去消費，橫座標爲年齡。由此圖中可看出，由於退休後原工作收入來源消失，因退休後生活所需的消費，消耗了原有之財富，因此，應於年輕時即開始作財務規劃，且應愈早愈好。

世界銀行於一九九四年的報告中指出，完整的老年經濟保障應爲三角支柱（three pillars），目前世界上實施各種老年經濟保障年金制度的國家，大都參考此三角支柱體系的模式來建構（例如柯木興、林建成，2005）。其所指之三角支柱，第一柱爲政府所應負擔之責任，對於維持老人之基本生存需求所提供之保障，以社會保險、社會救助或津貼方式辦理，即爲國內現行之老人年金及老農津貼；第二柱則屬企業責任，即爲雇主所提供的員工退休金，目前的勞工退休金條例，即屬此項（將詳述於後）；第三柱則是個人責任，其來自於平時的儲蓄、投資或是購買商業年金保險，以此三角支柱來解決老年人的經濟風險，保障老年經濟

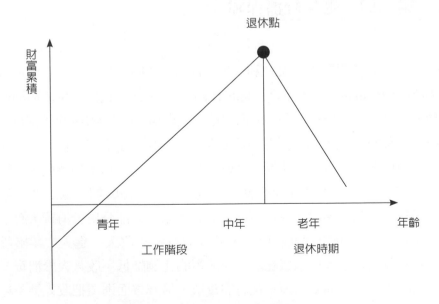

圖10-1　人生週期與財富累積圖

安全。

　　爾後，世界銀行在過去參與八十多個國家建立年金制度，並襄助超過六十個國家為改革的經濟上支援之經驗中發現，三角柱的保障模式，已無法因應未來高齡社會與各個國家不同條件的需要（Holzmann & IIinz, 2005）。因此，世界銀行乃於二○○五年初重新修訂其老年經濟保障的建構模式，提出多柱體的老年經濟保障制度（multipillar pension system），以符合世界趨勢及各國新的社會型態之需要。此新模式將保障的適用對象擴展，乃至全體老年人身上包含弱勢族群，其將原有之正式部門勞工（formal sector workers），擴大至非正式部門勞工（informal sector workers），以及終身貧窮者（lifetime poor）皆納入保障範圍，而新制度亦強調具市場基礎的消費平穩工具（consumption-smoothing instruments）在個人退休金中扮演之角色。此外，其將現有的三角支柱設計，擴大至一層四柱五基本元素的年金架構，多柱體的老年經濟保障制度如圖10-2所示。

　　最底層為非納費性或稱零基保障（noncontributory or zero pillar），係為有效保障終身貧窮以及資源不足或不適用任何法定年金制度的老年人，目的在提供貧窮老人一個最低的生活保障，其為「殘補」的全民式補助（dcmogrant）或社會年金（social pension）。在支柱方面，第一支柱（first pillar）是傳統性的公共年金制度，為「醸攤制」（contributory）的社會保險年金，係透過社會連帶責任的再分配功能，藉世代間所得移轉作用，來提供老年退休人員最低生活水準的終身保障（minimum level of longevity insurance），因此，保險財源來自社會保險的保險費。第二柱保障（second pillar）是一種「強制性」（mandatory）的員工退休金制度，其包括職業年金或個人年金皆採確定提撥制（defined contribution）為主的完全提存方式運作。第三柱保障（third pillar）為「自願性」（voluntary）的個人商業保險儲蓄制度，與第二柱不同的年金制度，係透過私部門的保險機構來承保，以提供長期的保

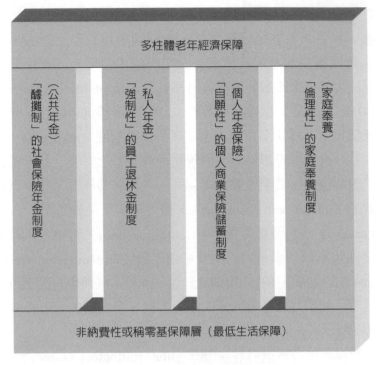

多柱體老年經濟保障

（公共年金）
「醵攤制」的社會保險年金制度

（私人年金）
「強制性」的員工退休金制度

（個人年金保險）
「自願性」的個人商業保險儲蓄制度

（家庭奉養）
「倫理性」的家庭奉養制度

非納費性或稱零基保障層（最低生活保障）

圖10-2　多柱老年經濟保障模式

障，其目的在於確保一個明確的退休目標，以自願性的方式，事前提存退休金準備之制度。第四柱保障（forth pillar）是指以非正式的方式，利用家庭中的「倫理性」產生財務及非財務上對老年人的家庭奉養制度（intrafamily and intergenerational support for elderly），即是我們過去「養兒防老」的概念，此類保障延續傳統開發中國家的固有觀念，發揮家庭中重視孝道的倫理道德思想，以及疾病相扶持的共濟精神。

　　若將世界銀行所規劃的一層四柱五基本元素的年金架構，對照台灣現行退休制度來看，最底層零基保障的部分是屬社會福利，類似現有的中低收入老人生活津貼、老農津貼、敬老津貼等，第一柱則是國民年金；第二柱保障為軍公教人員退休制度及勞工退休金制度，第三柱保障

即是大家所熟知的個人投資型保單或儲蓄險。最底層與第一柱強調的是
政府責任,第二、三柱則強調企業雇主與個人責任,因此就此模式來
看,政府的社會福利與退休金給付,應是無法滿足退休生活所需,因
此,若要維持個人理想的退休生活水準,則須強化於第三層中的個人理
財規劃,方能彌補退休給付金額的不足。

第三節　退休金的需求

　　根據內政部九十四年台閩地區老人狀況調查結果發現,台灣平均
計畫退休年齡為七十四歲,六十五歲以上老人之經濟來源以「子女(含
媳婦、女婿)奉養」為最高,「政府救助或津貼」居次,靠「自己退休
金、撫卹金或保險給付」再次之。此外,調查中亦發現六十五歲以上老
人平均每月可使用的生活費為11,715元,且有超過五分之一強的老年人認
為生活費不夠用,且此結果與九十　年的調查相去不遠。由上述調查可
知,這個世代的老年人退休收入來源依然多倚靠子女,然因為高齡化以
及少子化的影響之下,未來的老人將須藉由自己的力量,及早進行財務
規劃,以滿足自己未來退休生活需求。

　　「退休金」(pension)狹義上來說,即是退休前為以支付退休後
(假設退休後不再從事支領薪資的工作)的生活所需,而準備的一筆款
項,而就廣義而言,除個人投入的之外,尚包括退休後的老年給付(old-
age payment)以及職域退休金(occupational pension),甚至包括雇主
為員工另行提供的員工分紅入股制度(profit-sharing plan)、員工持股信
託制度(employee stock ownership plan, ESOP),然於台灣目前合乎退
休金條件的退休金計畫(qualified plan),只有勞基法中所訂的勞退舊
制確定給付(defined benefit)退休金計畫、九十四年七月實施的勞工退
休金條例所訂的確定提撥(defined contribution)退休金計畫,以及軍公

教人員的確定給付退休金計畫。前所提到的員工分紅入股及ESOP，目前皆類屬員工福利，而非退休金的適格計畫（台北金融研究發展基金會，2007），前所述之台灣退休金制度，將詳述於後。

在前面已談到世界銀行提出的多柱體老年經濟保障（Holzmann & Hinz, 2005），先暫時不考慮零基保障層及第四柱的家庭供養收入，其他三柱則點出公部門、雇主及個人三方皆須投入，那麼到底須準備多少退休金才足夠？其實這並沒有一定答案，然一般的評估標準係採用「所得替代率」（replacement ratio）（林正文，2007；台北金融研究發展基金會，2007），所謂所得替代率是指退休後期望的每月所得收入，除以退休前每月所得之比例，係為衡量退休以後能否過著與退休前相同生活水準的指標，所得替代率愈高，表示退休後可享受的生活水準愈高。在國際間的共識為維持70%的所得替代水準，那應足夠支付退休後之每月支出，然而，此比例並不適用極窮及極富兩端的人（台北金融研究發展基金會，2007）。而亦有另一派提出，由於預期餘命可能延長，退休後生活花費（例如：旅遊、健康支出）等不確定因素較多，其主張退休後所得替代率要一倍以上（林正文，2007）。

除了所得替代率外，亦可根據目前的生活水準調整，計算退休後的月支出（齊克用，2008），計算公式如下：

退休生活費用之月支出＝目前的月生活費用－退休後預計可減少的支出（例如：子女生活與教育費、房貸、保險費等）＋退休後預計增加的支出。

另外，亦可將退休生活費分段計算，將退休生活分為三期，即前期、中期、晚期。退休後開始算至七十歲左右為退休前期，此時期體力尚可，多會花費於休閒活動上，且若仍有工作意願，尚可做些兼職之工作，增加收入；退休中期則為七十至八十歲左右，體力較退休前期差，然多數老年人仍能自我照顧，休閒與健康醫療方面之支出費用相

當；退休後期則是指八十歲以上，多數老年人身體衰弱，日常生活活動（activities of daily living）需他人協助，此期間的健康醫療支出會較多，以此三時期分別估算退休所需退休生活支出之金額。

算出退休後每月的生活支出，再來則要計算退休後的預期餘命（life expectancy），根據內政部公布之民國九十五年台閩地區簡易生命表（2008）顯示，若以六十五歲為退休年齡，男性之平均預期餘命為17.27歲，女性則為20.19歲。若採簡易的退休金估算方法，假設以非常保守之投資方式，投資報酬率等於通貨膨脹率，則退休金總需求如下：

退休金總需求＝居時退休後生活費用之月支出×退休後之預期餘命×12（月）。

網路上目前已有數家保險或理財公司，設計出退休金需求計算網頁，有興趣者可自行上網試算。

第四節　台灣退休金制度

政府責任在世界銀行所提出的老人經濟保障中占重要之地位，近年來，政府致力於老年經濟保障法案改革，民國九十七年八月十三日攸關八百萬勞工權益的「勞工保險條例」修正通過，民國九十八年元月起實施勞工保險年金制。此法案的通過，加上九十七年十月開始實施的國民年金保險，為台灣退休金制度開啟了新的紀元。

一、社會保險制度──國民年金

「國民年金法」於民國九十六年七月二十日經立法院三讀通過，於九十七年十月一日開始施行。國民年金採社會保險方式，由中央主管機

關內政部委託勞工保險局辦理，並設有監理委員會，負責業務監督及審議保險等爭議事項。國民年金保險主要的納保對象，舉凡未參加勞保、農保、公教保、軍保之二十五歲以上未滿六十五歲之國民，全部強制加保國民年金，給付項目包括「老年年金」、「身心障礙年金」、「遺屬年金」及「喪葬給付」，並整合敬老津貼及原住民敬老津貼，提供未能於相關社會保險獲得適足保障之國民於老年及發生身心障礙時之基本經濟安全，及其遺屬生活之安定，維持所有國民年老時的基本經濟安全。簡單來說，年輕時即開始繳保險費給政府（勞保局），待年滿六十五歲之後，政府將每月固定給付一筆退休金給保險人，領到往生為止。

在國民年金開辦之前，六十五歲以上在台灣設有戶籍，且於最近三年每年居住超過一百八十三日之國民，得請領敬老福利生活津貼，然具下列各款身分者不得請領：經政府補助收容安置；領取軍人退休俸（終身生活補助費）、政務人員、公教人員、公營事業人員月退休（職）金或一次退休金；已領取中低收入老人生活津貼、身心障礙者生活補助費、老年農民福利津貼或榮民就養給與者；稅捐稽徵機關核定之最近一年度個人綜合所得總額合計新台幣五十萬元以上；個人所有之土地及房屋價值合計新台幣五百萬元以上；入獄服刑、因案羈押或拘禁者等。然而敬老福利生活津貼，同老農津貼與原住民生活津貼一樣，係屬社會福利非社會保險，故於國民年金開辦後，擬將敬老福利生活津貼與原住民生活津貼一併納入國民年金中。國民年金原規劃將農民一併納入，爰於九十七年七月修法，刪除農保被保險人納入國民年金之規定，因此，農民仍可繼續加保農保，相關的喪葬、殘廢、生育等給付也依照原有的制度，農、漁民如符合老農津貼請領資格，仍可繼續申領老農津貼（行政院勞工委員會勞工保險局，2008）。

國民年金保險係屬社會保險，被保險人要自行負擔六成，政府補助四成，而屬於低收入戶及身心障礙者，政府則會視情況而補助保費。其保險費率開始為6.5%，一般人月繳674元，而第三年起則會逐年調高0.5%

直到7%；以後每兩年調高0.5%，直到12%的費率上限，換句話說，民國一一九年時，國民年金的保費費率將達12%。與目前的敬老福利生活津貼不同，六十五歲以下不繳保費者，則領不到基本保證年金。採用「年金」，除了可以避免一次領取退休給付後，因資金運用不當造成損失，或是被子女親友覬覦遭到挪用之外，國民年金的老年年金給付，還會依照物價上漲情況作調整，避免通貨膨脹及退休金減少，對老年基本生活需求有一定程度的保障，常聽到的「活得越久，領得愈多」即是年金制度的最佳寫照。

二、勞工退休金制度

台灣目前最主要的退休體系為軍公教人員（不含私立學校）的退撫基金及八百萬名勞工參與的勞保與勞工退休基金，合稱為三大基金，其中以勞保基金與勞退基金與廣大勞工直接相關，金額較大，涵蓋的範圍也最廣，影響之層面更不在話下，因此較常被提及。勞工的退休金來源有勞工退休金，包含依勞基法設立的勞退舊制及以勞工退休金條例設立的勞退新制，以及勞工保險老年給付或勞工保險年金，分別說明如下：

二○○五年七月一日，台灣的退休金制度有了重大變革——勞工退休金條例（俗稱勞退新制）正式實施，勞退新、舊制所依據的法源不同，勞退舊制係依勞動基準法設立，採用確定給付制（Defined Benefit），與新制依據勞工退休金條例的確定提撥制（Defined Contribution）不同。過去世界各國及企業退休金大多採用確定給付制，近二、三十年來，退休金的發展趨勢已逐漸轉為確定提撥制，例如香港於二○○○年底正式實行的強制性公積金計畫，以及美國在一九七五年時，確定給付制與確定提撥制的退休計畫分別為十萬三千個及二十萬八千個，然到一九九六年已分別為六萬四千個及六十三萬三千個（台北金融研究發展基金會，2007）。

　　何謂「確定給付制」及「確定提撥制」呢？所謂確定給付制係指員工在工作期間，就能得知其未來退休時，依照設定的計算公式，算出屆臨退休時所能領取或每月固定提領的退休金額，退休者即可推估這個金額是否足以應付退休生活支出。然而，等到員工屆臨退休，若是雇主對退休準備的提撥不足，或提撥後投資成效未如預期，或是員工退休年資未屆企業即經營不善因而倒閉，或是員工未達符合退休條件時就離職，喪失領取退休金資格，許多因素皆將造成理論上確定給付的退休金，卻未能真正領到手（邱顯比，2005）。確定提撥制係為改善確定給付制的缺點，讓退休金「看得到，也領得到」，然而退休時能領到多少則無法預知，得視該基金的投資收益而定。這種制度即是所謂確定提撥制，員工在職期間，基金提繳人（通常為雇主，但員工亦可配合提繳）每月固定提繳到員工個人退休帳戶，在此制度下，政府與雇主只管基金提繳，而不論退休給付多少。兩種制度的比較，簡單而言，確定給付制只重結果，不問過程，而確定提撥制只問過程，不問結果，兩種制度比較表，詳見**表10-1**。

　　勞退舊制即是採用確定給付制，企業所提撥之退休金不是存在員工個人帳戶內，而是以公司名義開設專戶於中央信託局，按月提撥退休準

表10-1　確定給付制與確定提撥制的比較

項目	確定給付制	確定提撥制
投資風險	由雇主承擔，投資方式通常由雇主主導	由員工承擔
給付風險	雇主（或政府）負擔全部的給付風險	雇主不負擔給付風險，沒有給付不足的問題
違約風險	有屆時雇主不能或不願給付之風險	無
提撥責任	給付不足或有賸餘時應調整提撥率	屬完全或足額提撥
給付金額	有明確的計算公式	有明確的提撥共識，但無法預知退休後所得水準，退休金多寡視該基金投資績效而定

資料來源：邱顯比（2005）。

備金，提撥比例為2%至15%之間，按勞基法規定，勞工工作十五年且年滿五十五歲，或工作二十五年以上，得自請退休，工作年資之前十五年，每年可領兩個基數，此後每多增一年，每年可領一個基數，最多可領四十五基數，而基數則是以退休前六個月的平均月工資計算，然工作年資以服務同一事業者為限，因為退休金係以公司名義儲存於中央信託局，退休金之所有權歸雇主所有，員工請領退休金須經由雇主辦理，因此，只要員工不符合退休條件，則無法領到退休金。

在勞退新制下，勞工每個月的付出，皆會有相對應退休金的提繳，在勞退舊制中，退休金係提繳至事業單位帳戶，而勞退新制則轉為提繳至受雇者之私人帳戶，雇主每月需提繳至少員工薪資的6%到其個人退休帳戶，而員工也可以自行提繳最多6%至個人退休帳戶中，而且自行提繳的部分還能享有稅賦優惠，自當年度個人綜合所得淨額中全數扣除。勞退新制的個人帳戶則由勞工保險局負責作帳戶管理，一般人若要計算新制退休金，可以直接進入行政院勞工委員會的「全民勞教e網」的網站（http://cla.hilearning.hinet.net/jsp/trial.jsp）中，直接試算。在勞退新制中，員工不會因為他在單一事業單位服務的時間長短，而影響未來領取的退休金，確保勞工退休後的基本生活水準。新舊制勞工退休制度比較表，可參見**表10-2**。

勞保老年給付是目前勞工保險基金最主要的支出項目（邱顯比，2005），在二〇〇九年元月勞保年金正式上路前，其仍是一次給付，屬於確定給付制，勞保的老年給付是以加保的年資作為給付的計算基準，勞保的老年給付領取標準有以下五項：

1. 被保險人參加保險之年資合計滿一年，男性年滿六十歲或女性年滿五十五歲退職者。
2. 被保險人參加保險之年資合計滿十五年，年滿五十五歲退職者。
3. 被保險人在同一投保單位參加保險之年資合計滿二十五年退職者。
4. 被保險人參加保險之年資合計滿二十五年，年滿五十歲退職者。

表10-2 新舊制勞工退休制度比較

	舊制——勞基法規定	新制——個人退休金專戶制
適用對象	適用「勞基法」的勞工。	適用「勞基法」的本國籍勞工。
制度	確定給付制。	確定提撥制。
退休金提繳方式	事業單位（雇主）以員工每月薪資2%~15%比率提繳，提繳額度視企業主而定。	1.事業單位提繳比率不得低於員工每月薪資6%，屬強制提繳。 2.員工可在每月薪資最高6%範圍內自行提繳（具免稅優惠）。
收支保管單位	中央信託局。	勞工保險局。
年資計算方式	工作年資需在同一事業單位，才可累計工作年資。	不須在同一事業單位，便可累計年資。
請領資格	1.工作年資滿十五年，且年滿五十五歲或工作年資滿二十五年，可自請退休。 2.若工作年資滿十五年且達六十歲者，雇主可強迫退休。	1.年滿六十歲者，無論退休與否皆可申領。 2.未滿六十歲死亡者，可由遺屬或指定請領人領取。
退休金計算方式	由工作年資換算的基數 × 退休前6個月的平均工資（基數不得超過45個）	年資×12個月×每月工資×6％＋投資累積收益（由國庫負投資累積收益不得低於銀行兩年定期存款利率的責任）
退休金給與方式	一次給付。	1.工作年資需滿十五年者，只能領月退休金，每季發放一次。 2.工作年資未滿十五年，僅能選擇一次給付退休金。
資遣規定	每滿一年年資者，給付資遣費一個月，且無上限。	每滿一年年資者，給付資遣費半個月，最高不得超過六個月。
退休金所有權	雇主。	勞工。
雇主未提撥的罰則	未按時提繳，處新台幣兩仟至兩萬元。	每逾一日加徵其應提繳金額3％滯納金至一倍，仍不繳納者自次日起按月加徵應提繳金額兩倍的滯納金，直到繳清為止。

資料來源：行政院勞工委員會勞工保險局（2005）。

5.被保險人擔任經中央主管機關核定具有危險、堅強體力等特殊性質之工作合計滿五年，年滿五十五歲退職者。

保險年資前十五年每年一個基數，之後每增加一年則增加兩個基數，最多為四十五個基數，但年逾六十歲仍繼續工作者，每工作一年則多增加一個基數，最多可多給五個基數，合計為五十個基數。而基數的計算乃根據勞保投保薪資來決定，係為退休前三年之平均月投保薪資計算，而目前勞保最高薪資等級為43,900元，因此，六十五歲退休的老年人，最多可領老年給付到219.5萬元。

有鑑於高齡化及少子化社會的形成且日趨嚴重，在加上現行社會保險保障不足，因此，立法院在二〇〇八年七月十七日三讀通過勞保年金制度，勞保年金給付係按月領取，可提供退休勞工老年退職後安定之生活所需，亦可視個人退休需求，而選擇延後或提前請領，而且年金給付金額會隨著消費者物價指數累計成長率來作調整。此外，與現行的勞保給付最高僅有五十個基數相較，勞保年金以實際保險年資為計算基礎，沒有年資上限，所以保險年資愈久，未來領取年金給付金額也愈高，且年金得相互轉銜，例如若於領取老年年金給付或失能年金給付期間死亡者，則可轉銜為遺屬年金，使其遺屬獲得長期之生活保障。由於國民年金與勞保年金開辦在即，許多人在選擇國民年金或勞保年金間舉棋不定，其中牽涉的變數多，因篇幅受限，僅列出「國民年金」與「勞保年金」比較表，提供讀者參考，比較表詳見**表10-3**。

三、軍公教人員退休制度

當吾人聽見某人服務於公家機關時，周遭的人常露出現羨慕的眼光，除了工作本身即是鐵飯碗外，台灣軍公教人員（不含私校人員）的退休撫卹制度，更是令人稱羨。在一九九五年七月前，公務人員的退休制度是屬於「恩給制」，參與者完全不需負擔任何提撥之義務，而所領

表10-3　「國民年金」與「勞保年金」之比較表

項目	國民年金	勞工保險年金
保險費率	6.5%至12%；第三年起每兩年調高0.5%。	6.5%至11%；第三年起每兩年調高0.5%。
投保薪資（金額）	固定投保金額：17,280元。	依其工作所得投保： 1.受僱勞工：第一級17,280元，第22級43,900元。 2.職業工人：最低18,300元（現行第三級），投保工資上限43,900元。
保險費負擔比例	被保險人60%；政府40%。	1.受僱勞工：雇主：70%；勞工：20%；政府：10%。 2.職業工人：勞工：60%；政府：40%。
給付項目	1.身心障礙年金。 2.老年年金。 3.遺屬年金。 4.喪葬給付。	1.普通事故：生育、傷病、失能（年金及一次金）、老年（年金及一次金）及死亡（年金及一次金）給付。 2.職業災害：傷病、失能（年金及一次金）、死亡（年金及一次金）及職業災害醫療給付。
給付條件	1.身心障礙年金：重度以上身心障礙，經評估為無工作能力者。 2.老年年金：年滿六十五歲。 3.遺屬年金： 　(1)加保期間死亡。 　(2)領取身心障礙或老年年金期間死亡。 4.被保險人死亡。	1.失能年金：經評估為終身無工作能力者。 2.老年年金：年滿六十歲，年資滿十五年。 3.遺屬年金： 　(1)加保期間死亡。 　(2)領取失能或老年年金期間死亡。 　(3)年資滿十五年，並符合現行老年給付條件，在未領取老年給付前死亡。
給付標準	每投保一年為1.3%，身心障礙年金基本保障四千元；其餘年金基本保障三千元。喪葬給付五個月。	1.每投保一年為1.3%，失能年金基本保障四千元；其餘年金基本保障三千元。 2.失能年金另外加發配偶或子女眷屬補助25%，最多加發50%。
展延年金	無，一律六十五歲開始領年金。	展延年金：符合請領勞保年金之年齡時，每延後一年，增給4%，最多增給20%。

表10-3 「國民年金」與「勞保年金」之比較表

項目	國民年金	勞工保險年金
選擇權	無	1.年金施行前有保險年資者,被保險人或其遺屬得於請領失能給付、老年給付或遺屬給付時,選擇請領現制一次金給付或年金給付。 2.年金施行前有保險年資,於領取失能或老年年金期間死亡者,遺屬得選擇失能或老年一次金扣除已領年金總額之差額。

資料來源:行政院勞工委員會勞工保險局(2008)。

取之退休金可存於台灣銀行,領取高額利息,最低不得低於18%,利息差額由政府負擔。

一九九五年七月後轉為確定給付制,在銓敘部下設有公務人員退休撫卹基金管理委員會,負責軍公教人員退休金之管理與收付,所有提撥額中,政府負擔65%,自行負擔35%,提撥期間最長為三十五年。軍職人員服役滿三年即可支領一次退休金;公教人員法定退休年齡為六十五歲,然服務年滿二十五年可申請提前退休,而退休金的領取,若年資滿十五年,則可選擇一次領、月領或混合制。

 ## 第五節　個人退休金準備

世界銀行所稱之第三柱為「自願性」的個人商業保險儲蓄制度,於老年財務規劃中扮演極重要的角色,那自己究竟要準備多少退休金才夠用呢?簡單來講,以前面已談過退休生活需求的計算方式算出退休後的月生活支出費用,減去未來可領到之政府與企業退休金(含國民年金、勞保年金、軍公教退休金),此即為個人應準備之退休金額。

一、時間價值與複利效果

　　退休的年紀愈輕，要準備的退休金愈多，這是亙古不變的道理，而時間則是退休金準備的最重要因素之一，「時間就是金錢」用這句話來描述時間對退休金準備的影響，應是最貼切的了。舉例來說，一個二十五歲開始存五千元進行退休金儲蓄投資，跟一個四十五歲開始每月存一萬元作為退休金儲蓄投資的人相較，兩人投入的本金皆為一百二十萬元，若假設年投資報酬率為6%，兩人皆於六十五歲退休，然兩人退休時所累積之退休金分別為984.29萬元及467.91萬元，其中相差之金額超過一倍，因此，可看出時間所產生之複利效果十分驚人（台北金融研究發展基金會，2007）。

　　簡單的說明一下，何謂單利與何謂複利，所謂單利即是在利息計算時，只將本金作為計算基準；而複利即是將本金與已到期之利息相加，作為下次本金，中心計算利息，就貨幣的時間價值而言，在投資初期所顯現的效果不大，但隨著時間增長所產生的複利效果，則會呈倍數成長。倘若加上投資報酬率愈高，則複利效果愈顯著，若要瞭解時間所造成之複利效果，最簡單的方式得運用「72法則」來計算，只要將72除以投資報酬率再乘以100，即可得知大概需投資多少年原投資金額即可加倍。舉例來說，假設投資一萬元，而投資報酬率為1%，則七十二年後一萬元之本金將增為兩萬元（72 ÷ 1% × 100＝72）；若投資報酬率為9%，則在八年後一萬元之本金將增為兩萬元（72 ÷ 9% ×100＝8），以此類推，十六年後原來的一萬元，則將增為四萬元，而二十四年後則為八萬元，為原來本金的八倍，因此，退休財務規劃計畫要及早，運用複利效果，準備退休金。假設每月投資三千元，報酬率分別為8％與10％，由圖10-3中可清楚看到，不同的投資報酬率隨著投資年限增長，其未來值的差異愈大。

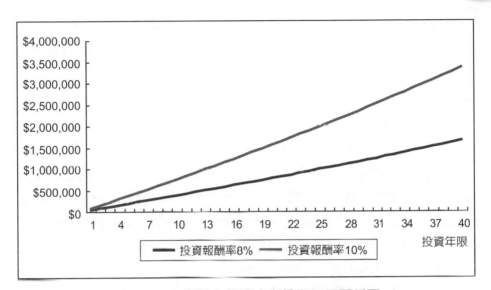

圖10-3　不同投資報酬率與投資年限關係圖

　　進行退休金規劃時，亦應注意通貨膨脹之風險，因為退休金投資規劃通常會選擇較穩健的投資策略，避免虧損之風險，換句話說，即是風險的控管勝於追求高投資報酬，然而，過度的保守投資，可能會導致投資報酬率低於通貨膨脹率，則其實質的投資報酬率變成負值，因此產生退休後之實質買力降低。

二、個人理財方法

　　在投資理財方面，不只老年人與年輕人各有不同重點，方法亦有不同，許多人不禁要問一個問題，什麼樣的投資組合適合高齡或年輕的投資人，過去的投資年代較為單純，總是習慣以年齡作為資產配置的考量因素，在投資上有所謂的「100法則」，即是用100減去目前投資者的年齡，所得的數值即是建議個人投資組合在積極型商品（例如：股票）的投資比重。舉例來說，如果投資人的年齡四十歲，則建議其在積極型投

資商品的比重應在六成左右；然而，若是對投資較保守的投資人而言，邱顯比（2005）則建議不妨運用「80法則」，以80減去年齡，作爲在積極型商品的投資比重。

　　此外，投資人亦可運用「核心資產與衛星資產的配置」（core-satellite asset allocation）概念，所謂核心資產，係指擬長期投資的核心部分，最好是具全球性、跨越資產類別的投資組合，看中的是投資的長期績效，不會短線進出；而衛星資產的運作概念則完全不同，強調在個人對市場的中短線判斷，可頻繁交易或短線進出。在投資組合中，邱顯比建議七至八成應當成核心資產，做長期的資產配置，其餘的二至三成作爲衛星資產，投資得好則對整體投資有加分效果，倘若績效不佳，對長期績效而言影響亦不大（邱顯比，2005）。

　　市面上各樣投資工具多得讓人眼花撩亂，且各有所長，在面對如此多樣的投資工具，投資者常無所適從，讀者須切記，所有高報酬的投資皆具高風險，然高風險不見得一定高報酬，這世界上沒有高報酬卻零風險的投資，但也不能因爲有風險，就放棄了冒險精神。其實，投資工具沒有十全十美，只有運用上適不適合的問題，以下針對幾種常見的投資工具做介紹：

(一)股票

　　投資股票的獲利來源包含三種：一爲長期投資過程中，所投資之公司每年獲利的分紅配息、配股得來之收益；二則爲公司將獲利繼續投資，因資產持續增加，股票淨值亦隨之上漲；三則是做短期投資，在股價波動中，低買高賣獲利之資本利得。該不該投資股票實難有定論，若針對個股投資，如能掌握進出時點，獲利相當可觀，但想要持有單一個股，並能長期從中獲利，實則不甚容易，因此，一般來說，散戶若對個股進行投資，風險較高，往往超過一般散戶所能承受，尤其是想從股票中做短線進出，低買高賣賺取價差者。若要將錢投資於股市者，一般建

議，投資人不要只買一種股票，適當分散風險，最好是買十幾檔股票左右，且選擇負相關較大的投資標的；此外，還要分散投資時機，長期持有（黃培源，1996）。綜合以上概念，專家多會建議購買共同基金或股票指數型基金（黃培源，1996；邱顯比，2005）。

(二)共同基金

國內正式名稱為「證券投資信託基金」，由投信公司依信託契約的形式發行受益憑證，其為匯集小額投資人的資金，由投資專家代為管理，進行多元化投資，投資報酬率歸原投資人所有。因其具有簡便型，且無論資金多寡皆可投資的特性，故共同基金是種極為普及的金融投資工具。共同基金的獲利來源有五：利息收入、股利（息）收入、資本利得、資產增值、匯差收益，其中利息與股利屬收益獲利，而資本利得與資產增值則屬價差獲利。不同基金的主要獲利來源不盡相同，獲利與所選擇的基金類型有關，愈是成長型的基金類型，其風險愈大，報酬率愈高，獲利來源以資本利得為主；若選擇的基金類型偏向固定收益型，則獲利來源以利息所得為主。每個人都適合運用共同基金做理財規劃，採用定期定額的投資策略，可減低風險，滿足個人財務規劃需求。

(三)債券與債券型基金

債券屬於固定收益的投資商品，債券的收入來源可分為利息收入與資本利得，利息像定存般固定領取，然資本利得則受利率影響，債券離到期日愈久，對利率波動較敏感，因此長期債券的波動性較短期債券來得大，且其平均報酬率亦較高。債券交易屬大筆交易，且交易買賣上較繁瑣，並不適合一般投資人，然一般投資人可藉由債券型基金介入投資。

三、晚年財務規劃應注意事項

現行的利率非常低，令許多退休人士或即將退休人士十分焦慮，然而上述的這群人千萬別想積極理財賺錢，退休時的生活保障應在退休前做好，周行一（2004）特別指出，退休後才積極理財實則太遲，退休後想靠投資增加收入，只會讓情況更加糟糕，有時反而會得不償失。退休理財的原則很簡單，注意風險控管為最主要，報酬率其次。定存是最傳統的投資工具，在投資比重上，年輕人宜降低定存之比重，但對退休人或準備退休的人，與年輕人應有所不同，應先保本為主，因此，找一家利率較高的銀行，銀行定存應是較穩當的。

完整的老年財務規劃，保險是最基本的商品，應是不可或缺的，雖然在財務規劃上，保險費用會減少儲蓄，然對突如其來的事件有保護作用，且依「遺產及贈與稅法」第16條第9款規定人壽保險理賠金額得全數免稅，故有多數人皆會運用保險於財務規劃中。傳統之保險商品分為生存險、死亡險及生死合險。生存險顧名思義要保障的是生存期間，被保險人在活著時方能享受之利益，一般所熟知的醫療險即是；死亡險即是大家所熟知的人壽保險，被保險人身故後，保險受益人方能領取的保險金；生死合險當然就是保生存又保死亡的保險，市面上保險公司所售保障終身的年金商品即是，在繳費期滿後，可以領取一定金額的年金，而被保險人死亡時，其遺族受益人得再領取一次固定金額的保險金。

邇來，傳統的保險商品已不能滿足大眾之需求，創新性的商品（例如投資型保單，Unit-Link）即應運而生，其結合保險與投資雙重功能，與傳統保單最大值差異在於風險承擔部分，投資型保單的風險須由保險購買人自行負擔，一般所繳的保費，一部分用在購買保險，另一部分則用來投資，而保險購買人可自行選擇投資工具。至於在規劃財務時，是否要購買投資型保單是見仁見智的問題，惟不論購買任何保險商品，皆應與自己的財務規劃目標相結合。

　　對老年人而言，還有一件事需特別注意，即是稅務與遺贈規劃，尤其愈有錢的人愈有避稅需求，一般來說，最常用的節稅管道是海外投資，台灣的稅制為屬地主義，只有在中華民國境內所得才需賦稅，境外所得皆免稅。若要將財產移轉給子輩，或由其繼承，則需有智慧地安排遺產規劃，避免自身的財富，因為賦稅問題，成為下一代的負擔。遺產及贈與稅法近年內已有多次修正，在免稅額及各項扣除額金額皆已大幅提高，倘若能合法運用，提高不計入遺產總額或扣除額等遺產稅之減項，自可節省可觀之稅賦。囿於本章篇幅限制，無法將遺產與贈與稅法詳細說明，僅就財政部高雄市國稅局（2008）提出幾種節稅案例之方法列出，有興趣者可自行參考財政部高雄市國稅局網站：

1. 不拋棄繼承，而運用協議分割遺產之方式分配被繼承人遺產以節省稅賦。
2. 運用公共設施保留地、政府開闢或其他無償供公眾通行道路之優惠。
3. 運用農業用地、三七五租約土地之優惠。
4. 利用人壽保險節稅。
5. 利用死亡前九年內繼承財產之優惠。
6. 利用夫妻贈與節稅。
7. 利用每年贈與稅免稅額及婚嫁贈與節稅。
8. 土地增值稅、契稅由受贈人繳納。

　　財政部台北市及高雄市國稅局皆設有試算網站，讓一般民眾做簡易估算遺產稅額，網站分別為http://www.ntat.gov.tw/county/ntat_ch/taxcount9.jsp及http://www.ntak.gov.tw/Trial_Balance4.aspx，此為簡易試算，實際應納稅額應依申報書填寫計算。

　　近來亦有不少人利用信託（trust）方式節稅，在此作簡單介紹：台灣自二〇〇〇年通過信託業法，信託業務即迅速發展（劉憶娥，

2008），簡單來說，信託是種財產移轉及管理的設計，在法律上信託是擁有財產所有權的人（委託人），將財產權移轉或爲其他處分，給信任的受託人（fiduciary）依信託本旨，爲受益人之利益或爲特定之目的，管理或處分信託財產之法律關係（信託法第一條）。隨著年齡及身體的老化，老年委託人可藉由信託延長自己的能力，透過建立退休安養的信託機制，使信託受託人可以依據信託契約規劃，按月支付生活費，避免年老時因爲意識不清楚，擁有的資產可能會被挪用，或者在將財產贈與子輩後，無人奉養之狀況發生，且待信託契約終了時，在依契約約定，將財產做適當處置。老年人亦可運用遺囑信託的方式，妥善安排死後財產的管理，達到照顧子孫的目的。

在透過生前信託規劃，因老年委託人得以變更或終止信託，因此在生前仍可對財產保留掌控權。倘若委託人（父母）以生前信託方式規劃財產繼承，如日後委託人發生財產惡化，亦不會影響子女的受益權。其實，以遺產信託方式規劃遺產的節稅空間較大，讓子輩享有最大收益，且更可規劃信託本金由孫輩繼承，最少可省去一次的遺產稅。

第六節　相關工作與展望

規劃退休後生活所需之費用，宜早不宜遲，「時間」是成就目標的不二法門，任何再好的計畫，沒有時間醞釀，終難呈現其效果，因此，此對有心進入老年財務規劃的人而言，應是莫大的機會，任何人自有收入開始，皆能成爲您的顧客或潛在顧客，須依客戶的不同年齡、不同需求，爲其量身訂作其專屬之財務規劃，達到「客製化」之目標。

若有志要從事老年財務規劃的人，同國內銀行的理財專員一樣，應先取得國內理財規劃人員證照，然若想服務對資產配置需求更高的有錢顧客，爲其量身規劃理財方案，則須考慮取得一張有力的國際證照，來

證明自己的專業實力，目前在台灣較為人所熟知，且能在台灣取得專業證照的是理財規劃顧問CFP®（certified financial planner）。此外，若對信託業務有興趣，則可考信託人員證照。

一位稱職的理財規劃師，應以態度（attitude）為軸，技能（skill）為用、知識（knowledge）為本，加上行動力（action）與高度的專業倫理（ethics）方能成事；所謂態度，即是要保持正面積極的態度，對外展現責信（accountability），相信自己具有幫助他人的能力，積極拓展人脈，引發現有及潛在顧客之需求與興趣，主動為顧客設想與服務；而技能則是要熟練每一個工作環節，以熟練的行政處理技巧，提供客戶最佳的服務；在知識方面，則要嫻熟所有理財的相關觀念與知識，強調具備全方位的專業能力，必須以同理心充分瞭解客戶的需要，才能真正地達到幫助客戶規劃財務，並規避風險的目標；此外，應具有積極開拓的行動力，謹守高度的道德標準，守法、誠信與保密，客戶優先，成為顧客信賴的對象，舉凡更進階的理財觀念、溝通技巧、壓力管理等，都必須靠自己去進修，投資自己在相關知識領域的成長。

訊息提供站

理財規劃顧問（CFP®）專業證照

CFP®此一證照在國際間具有極高的公信力，具國際性及本土性特色，為取得CFP證照需符合4E1R條件：教育課程（education）證書、考試（examination）、具備經驗（experience）、專業道德（ethic）、認證後每兩年重新審視（recertification）。

一、教育訓練

1.學歷限制──自二○○七年一月一日起，必須大學畢業始能符

合授證資格。

2.教育訓練——需在協會認可之專業金融教育訓練機構修習二百四十小時之六大科目課程,方可參加考試。考試科目包括:基礎理財規劃、四項專業課程(投資規劃、風險管理與保險規劃、員工福利與退休金規劃、租稅與財產移轉規劃)、全方位理財規劃考試等六項考試。

3.在台灣,由台灣理財顧問認證協會授證。

二、資格考試

六個科目皆需考試及格。考試時間為每年三月及九月的第三個星期六與星期日。

三、工作經驗

1.必須於考試通過日的前十年,或是後五年內,取得相關工作經驗三年。

2.工作經驗包括:提供個人理財服務,或是直接、督導教學理財規劃相關課程等(需由協會認可)。

四、職業道德

1.取得CFP®認證者需簽署一份聲明文件,同意遵守CFP Board之道德準則。

2.由專業人士簽證。

五、重新審視

認證後每兩年須換證,須有三十小時的在職訓練證明。

有興趣者,請參閱台灣理財顧問認證協會(FPAT)網站 http://www.fpat.org.tw/

案例
退休保險理財專案

　　為強化國人退休準備，建構更為完整的保障需求，在考量低風險、安全性高為前提下，讓保戶可以穩健累積資產、鞏固基本的退休經濟來源，輕鬆為退休打底，讓老年生活不但有活力還更有「活利」，XX人壽引領業界潮流已先後推出七張分紅保單，成為推出分紅保單數量最齊全的保險公司之一，深受業界注目及保戶愛戴。為滿足廣大消費者對退休理財的需求，推出大紅大利終身保險退休理財專案，專案內容說明如下：

一、專案特色

　　1.繳費六年，還本終身繳費期間短，繳費期滿後終身還本，簡單擁有穩定的退休生活津貼。

　　2.繳費期滿，保障變兩倍，年年享保單分紅，退休生活加碼利保單第三年度起，享受經營團隊的經營成果，以每年分享的保單紅利，累積退休資產，為退休生活品質再加分。

二、投保範例

　　我們以五十歲的金先生，元月一日購買六年期的大紅大利終身保險（甲型＋乙型），保險金額各五十萬，且採以金融機構轉帳方式付款為例：

　　1.扣除高保額費率調整後，首期年繳保費為337,308元。

　　2.續期保費可再享轉帳費率調整1%，調整後續期年繳保費為333,934元，因此，六年累計總保費約2,006,978元。

　　金先生的保險利益：自保單滿第二年後開始享有保單紅利，繳費期滿後每年可領五萬元的生存保險金外，終身還享有兩百萬的壽險保障（如**圖**10-4）。假設以穩健紅利且紅利選擇儲存生息的情況下，金

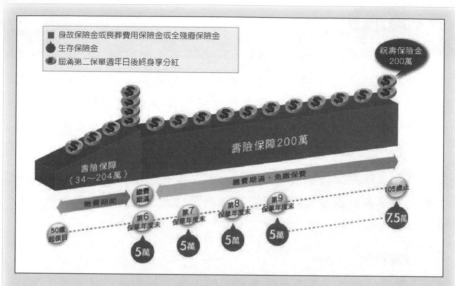

圖10-4 金先生之保障利益圖示

先生於繳費滿期時，保單所產生之累積價值約208.8萬元，高於總繳保費約201萬元，由此可知本專案商品具備保本性又可穩健分紅。此外，保單價值會隨時間經過逐年增加，於金先生六十歲時，約243萬元；七十歲時，約329萬；八十歲時，已高達446萬元（超過總保費的兩倍），真的是「活越久，越夠利」，開心享受一輩子富貴命（如**表10-5**）。

生存保險金（共領50年）	252.5萬元
保單紅利終身累積儲存生息	428萬元
祝壽保險金	200萬元
六年總繳保費	(201)萬元
投保利益	679.5萬元

註：儲存生息係假設四行局二年期小額定期儲蓄存款之平均值為2.32%，並維持不變計算。

表10-5 金先生之投保利益分析表

　　健康的身體再加上完整的理財規劃就能建構快樂的銀髮生活，平實穩健的理財工具一方面為辛苦存下的資產建構一道安全的防護網，同時也為自己安排好退休後的悠閒生活。

資料來源：中國人壽。

問題與討論

1. 試比較世界銀行在一九九四年與二〇〇五年所提出的老年經濟保障模式之異同。
2. 試說明台灣勞工退休金制度為何？
3. 試比較勞工退休金的新制與舊制的不同點。
4. 年輕人與老年人在財務規劃的需求上有何不同？

參考書目

內政部，〈95年台閩地區簡易生命表〉，http://sowf.moi.gov.tw/stat/Life/tc95205.
　　htm，2007年9月檢索。

台北金融研究發展基金會（2007），〈CFP認證系列課程III：員工福利與退休金規
　　劃〉，台北：台北金融研究發展基金會。

行政院勞工委員會勞工保險局，〈勞保年金給付介紹〉，http://www.bli.gov.tw/，
　　2008年7月檢索。

行政院勞工委員會勞工保險局，〈國民年金簡介〉，http://www.bli.gov.tw/，2008
　　年7月檢索。

行政院勞工委員會勞工保險局（2005），〈該選新制或舊制：勞退新、舊制度超
　　級比一比〉，《勞動保障雙月刊》，創刊號（2005/03），台北：勞委會勞保
　　局。

沈雲驄等編（2003），《退休規劃學習地圖》，台北：早安財經文化有限公司。

周行一（2004），《我的幸福理財書：不理財也發財！？》，台北：天下遠見出
　　版股份有限公司。

林正文（2007），〈退休後所得替代率要1倍以上〉，《Smart智富月刊》，107期
　　（2007/07），台北。

邱顯比（2005），《退休理財的六堂課》，台北：天下遠見出版股份有限公司。

柯木興、林建成，〈淺談世界銀行多層次「老年經濟保障模式」〉，http://www.
　　npf.org.tw/particle-3488-3.html，2007年7月檢索。

財政部台北市國稅局，「租稅試算」，http://www.ntat.gov.tw/county/ntat_ch/
　　taxcount9.jsp，2008年7月檢索。

財政部高雄市國稅局，「遺產稅計算」，http://www.ntak.gov.tw/Trial_Balance4.
　　aspx，2008年7月檢索。

黃培源（1996），《理財聖經》，台北：商業周刊出版有限公司。

齊克用（2008），《退休規劃一典通：預約美好的未來生活》，台北：上旗文化
　　與台灣金融研訓院。

劉憶娥（2008），《信託規劃一典通：高枕無憂的理財托付指南》，台北：上旗

文化與台灣金融研訓院。

Holzmann, R. & Hinz, R. (2005), *Old Age Income Support in the 21st Century: An International Perspective on Pension Systems and Reform.* Washington, DC: The World Bank.

Lim, P. (2003), *Money Mistakes You Can't Afford to Make.* NY: The McGraw-Hill Companies, Inc.

MBA智庫百科，「弗蘭科・莫迪利安尼」，http://wiki.mbalib.com/wiki/弗蘭科・莫迪利安尼 2008年7月檢索。

Ruffenach, G. & Greene, K. (2007), *Complete retirement guidebook: how to plan it, live it and enjoy it.* The Wall Street Journal. NY: Three Rivers Press.

The World Bank (1994), *Averting the Old Age Crisis: Policies to Protect the Old and Promote Growth.* Washington, DC: The World Bank.

Chapter 11

後事規劃與殯葬服務

黃鎮墙
台北醫學院公共衛生碩士
明新科技大學老人服務事業管理系專任講師

學習目標

在學習完本章節後，希望讀者能夠：

1. 瞭解如何做好生前規劃。
2. 瞭解後事規劃必須做的事情有哪些。
3. 瞭解為何要預立「生前預囑」。
4. 瞭解遺囑的種類為何、如何訂立。
5. 瞭解財產信託之作用為何、與遺囑有何不同。
6. 瞭解如何做好生前告別式。
7. 瞭解現代喪葬禮俗之種類。

摘要

　　死亡，乃上天最公平的一個配給，每人都總有一個配額。可是這人生必經的階段一旦來臨，都使人手足無措，喪親家屬懷著沉重悲傷心情面對摯親逝去之餘，還要四處奔走辦理殯葬手續及妥善處理逝去者的後事安排，而且更可能有來自四方八面不同的意見，例如宗教儀式的安排、殯葬的消費問題等，更使家屬頭昏腦脹、迷網與徬徨，此確是人生最傷痛的一刻，因此，如果能在活著的時候「預立生前遺囑」，預先交待身後之事，一方面對存者而言可減少糾紛，另一方面對死者亦無所牽掛！最好能在「生前遺囑」中加入「生前醫囑」，當您生重病或受重傷時，透過預留的「醫療指示」，針對未來的醫療做出法律效力的決定，避免二次傷害，減輕痛苦。

　　此外，大部分人均視殯葬事宜為不吉利，多抱忌諱及抗拒的態度，不願與家人商討或預早做出後事的準備；可是死亡乃是必經階段，摯親離世總要面對，我們又如何消除這些疑惑、驚恐，重建喪親後生活的新階段？或預先規劃人生的「最後一程」，安享後顧無憂的歲月呢？希望增加大眾對殯葬的認識，減低面對死亡的擔憂、恐懼及忌諱，以鼓勵大家以開放及正面的態度面對死亡，早與親人商議身後事或於備受喪親傷痛之餘，可較從容辦理先人的身後事，務求免去因無知辦事，而「事後懊悔」或「自責感」。

第一節　生前作好後事規劃，為死亡預作準備

一、為死亡預作準備之意義

　　已過世多年的歌手薛岳，在得知自己罹患肝癌，即將不久人世之後，在三十六歲生命即將邁入終點那年，用自己僅餘的所有生命熱力，舉辦了一場盛大的演唱會，以他最喜愛的音樂向這個世界道別。他當時所演唱的最後一首歌曲《如果還有明天》，至今仍令人印象深刻。歌詞裏有兩句是這麼寫的：「如果還有明天，你要如何裝扮你的臉？如果沒有明天，要怎麼說再見？」，道盡了對生命的依戀與不捨。的確，每個人都無法預知自己生命終點的鐘聲會在哪一刻響起，如果能先做好離別的準備，那麼，即使這天突然降臨，也會讓我們走得更從容，也不會留下太多遺憾！

　　中國人一向忌諱談論死亡，總覺得這是非常不吉利的，但隨著高齡化社會的來臨，身後事之安排已經是切身問題，越來越多的銀髮族都能以樂觀正面的態度來看待死亡這件事，希望在有生之年就預先為自己做好百年大計，從容的迎接生命最終旅程，用「二人三囑」的理念，為死亡預作準備，是再恰當不過了。

　　「三囑」分別是「遺囑」、「預囑」及「叮囑」。留下「遺囑」安排遺產分配當然是很重要的一部分，但原來長者或將離世者的「預囑」及「叮囑」也一樣重要。「預囑」即是預設臨終照顧計畫，如醫療指示；「叮囑」則是與親友情感上的交流表達。「遺囑」及「預囑」是離世者留給親人的「禮物」，讓家人能按照離世者的意願作安排，也免卻在世親人之間出現意見不合之情況。

　　隨著觀念之日漸開放，越來越多人對生死的看法漸趨坦然，甚至希望有生之年即安排好身後事，讓自己走得從容自在，無牽無掛，這種生

前規劃的觀念在歐、美、日已經非常普遍，但對一向忌談死亡問題的我們，則仍有待學習和接受。何妨以正向思考看待身後事規劃，為自己的人生畫下圓滿的句點。

二、做好生前規劃，免卻煩憂

一般人都害怕死亡，能夠不去害怕死亡是件很不容易的事情。在筆者認識的長者當中，不少都會為自己的最後一程做好準備，例如預先照一張「大頭照」作日後辦後事時用；另外亦有長者預購「靈骨塔」位，雖然價錢比較昂貴，但他們亦不欲後人要為短缺的骨灰位而煩惱；更有長者疼愛家人儲好一份「棺材本」，留予後人作為辦理自己身後事的開支；可見談論生死亦可由愛的層面出發。另外，他們亦會與家人傾談對自己後事的意願，例如出殯地點、骨灰安放、宗教儀式，甚至喪禮歌曲等，與家人一起打破傳統忌諱，做好生前規劃。

財產分配亦是近年鬧得熱哄哄的議題，如前幾年有一位香蕉大王陳查某，在世時一年能創造四百萬美元的營業額，但在民國八十二年過世時，雖留下近百億元財產，但因未事先立下遺囑，造成子女爭產，停棺四年，難以入土為安。因此不管財產多少，生前最好委託律師為自己訂立一份遺囑，交託財產的分配細節；另外，我們亦可自行訂立具法律效力的遺囑，但要留意，為使先人的遺願能按章實現，訂立遺囑的細節規範務必依例遵從。建議有需要人士可委託律師訂立遺囑或先尋求法律諮詢。

前車可鑑，預先為自己及家人做好身後事的準備，不但能使自己按照一己的意願，有尊嚴地安然走完人生最後一程，亦可讓後人在辦理身後事減輕疑慮，消除不必要的爭拗。就如駕車一樣，我們總會在後車箱放著預備輪胎，以備不時之需（康以合，2007）。

三、後事規劃必做的十二件事

時代變了，中國人懼鬼怕死的禁忌和神秘色彩漸漸式微。其實生死就像生活事件般地自然，能覺知人生中的生與死將是有益的，其實死亡也是生命的開始。若不能覺知死亡，將無法全心地善用這得來不易的僅有人生，只會無意義地浪費生命；所以吾人應覺知死亡，解脫對死亡的恐懼，所謂生命維護的另一積極意義，就是爲死亡做好規劃與準備（黃有志，2002）。

無論未來將走向安寧療護或是壽終正寢，能夠從容安排身後事，爲自己的生命畫下美麗句點，就是一種圓滿。那麼，在最後鐘聲響起以前，有十二項事情是該去做的（康以合，2007）：

(一)心靈檢視

可以筆記、錄音或拍照下來。包含下列各項：

1.哪些事情應該放掉，卻放不掉？

2.哪些心結解不開？

3.是否有心願未了？

4.最擔心的事情？

5.最想見的人？爲什麼？

6.曾經後悔過的事情？有哪些方法可以補救？

7.若有機會，想和誰重修舊好？

8.最想做的有意義的事？

9.想對親友說些什麼話？

10.想對自己說些什麼話？

11.臨終前希望有誰在身邊？

(二)改掉不好習慣，保持居家清潔。

　　給自己時間改掉不好習慣，如抽菸、喝酒、吸毒、亂丟東西、做事拖拖拉拉、愛生氣、不愛乾淨、暴飲暴食等行為，練習換個方法，去處理生活大小事。整理好居家環境，保持個人物品的整潔，把不再需要的物品處理掉，只留下平常需要的即可。降低物質需求之程度，讓自己活在乾淨的環境中，思緒較能保持靈活。骯髒的環境容易讓人失去理智，心情易躁動。

(三)找回失去的朋友，拜訪老朋友

　　年輕時代的衝突、仇恨，會因為時間而沖淡一切，不妨打開塵封已久的心靈，主動去找回曾經因觀念不合、小誤會而失去聯絡的朋友，因為當去了彼岸世界，就不再有機會了。打開和善包容的心，不要排斥交際，人到了老年更需要朋友，每年固定和好朋友們聚會，也是一大樂事呢！

　　另外，建議製作一份親友聯絡簿，詳述親友的電話、地址與和自己的重要關係，以及是否為將來告別式的邀請對象。

(四)改善親人關係

　　人生之秋，首先要改善夫妻關係，當病倒了，兒孫各自有工作及生活，會照顧自己的還是只有老伴。邁入晚年的夫妻更需要培養成重要的朋友關係，夫妻雙方均有責任且應用心去經營彼此的關係。雙方除應奉獻各自的愛去關懷與協助對方，同時雙方更應共同努力去化解彼此間產生之歧見或衝突，也可以坐下來談談未來看護或身後事的問題，人在臨終之前，最需要溫暖。

(五)整理私人物品

　　人留下來的物品，哪些該保存？哪些該丟棄？這些事情後人很難取捨，例如信件、筆記本、日記、小收藏品、禮物、球具等，這些可留又

不好留的物品。你可以先區分出「想留下」和「不想留下」的類別，有些可以先處理掉，或寫下希望如何被處理。

(六)整理重要物件

條列式記錄有哪些重要且貴重的東西，及存放在哪幾處安全地點，可將紀錄交給律師或公信第三人，如銀行帳戶、印鑑、保險箱、貴重收藏品、房契、地契、股票債券、戶口名簿、保險單、生前契約、生前預囑、遺囑、墓地或靈骨塔證明文件、葬禮安排文件等。

(七)記得挑張漂亮的照片

很多家庭都有這樣的經驗，長輩過世後，苦尋不到一張可裝飾在祭壇上的照片。照片既然要掛起來，何妨趁先挑張自己滿意的照片呢？準備好照片，也是體貼後代的一種表現，若能做到這個階段，代表真正領悟了死亡的議題，朝向積極開放的態度。不用刻意去拍照，日常出遊或聚餐時，皆可順其自然地拍照，面對鏡頭時，請記得展現最開朗的笑容。當在世親友眷望著照片中的燦爛微笑時，可別輕忽笑容的力量，它可以撫慰親友失去摯愛的傷痛，轉換成繼續生活的力量。

(八)條列資產現況

曾有剛出生的小娃娃因為往生阿公負債累累，娃娃來不及辦理拋棄繼承，人生還沒開始就負債百萬元，這樣的新聞經常可以聽聞，這突顯計算自己的資產現況很重要，不要將麻煩丟給不知情的後代。需要記錄的資產，包括是否負債、債務金額、清償情形、債權人。存款須含銀行名、戶名、帳號、印鑑等紀錄。土地須含所有權人、座落位置、地號、地目、面積等紀錄。房屋須含所有權人、建號、建物門牌、基地座落等紀錄。保險須含保險公司、保單號碼、保險種類、金額、受益人等紀錄。其他如汽車、股票、現金、基金、退休金等都須一一列明清楚。

(九)預立「生前醫囑」

　　這是在健康時，或還沒病到沒有能力表達意願之時，先以書面來說明「我想要怎麼做」，交代自己臨終前的醫療照顧。例如是否願意或拒絕被實施心肺復甦術（CPR，如插管、電擊、氣切、按壓等），以及其他並不想要的積極治療。這份文件，在世時即已生效，可避免自己在臨終昏迷或無生命跡象時，強行被進行痛苦而不受尊重的急救模式。文件經立囑人填寫，以及見證人簽名後，便具法定效力。

　　須簽名的文件，根據個別情況，包括「預立不施行心肺復甦術意願書」、「預立選擇安寧緩和醫療意願書」（第一聯寄「台灣安寧照顧協會」即可登錄於健保IC卡）、「預立醫療委任代理人委任書」、「器

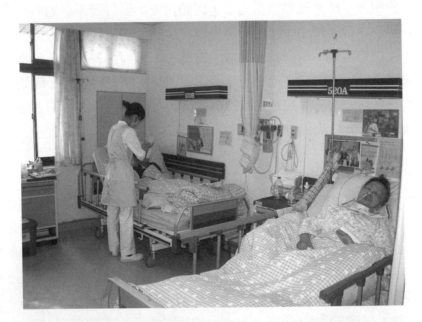

圖11-1　預立「生前醫囑」，交代自己臨終前的醫療照顧，可避免因「臨終」急救所產生之二度傷害

照片提供：黃鎮墻。

官、遺體捐贈意願書」，或「臨終處理喪葬事宜委託書」等（胡文郁等，2005）。

(十)預立「遺囑」

預立遺囑在表達對生命的回顧（遺言），重點在說明遺物處埋、遺贈、喪葬處理、遺產分配、指定監護人、財產信託、保險受益人指定或更改等訊息，必須在去世之後才生效。遺囑是往生者與家屬最後且唯一的溝通。趁早規劃好身後事宜，可以避免因突然死亡而造成來不及交待重要事情的遺憾，也可以避免後代為了爭執財產而對簿公堂。

(十一)事先詳述告別式的想法

現代人看待喪禮漸漸少了悲傷氣氛，也講究個性化。台灣有部分高所得、高教育的專業人士，講究這場人生最後盛宴的精緻度，選擇更能突顯自己行業、個性的空間規劃，拒絕三牲、素果、輓聯，改置放聽診器、作品、建築模型等，對自己有意義或個人使用過的物品，或在生前預先蒐集親友的祝福，最後一起火化。

(十二)遺體、葬禮和墓地安排

建議預留一筆喪葬費用，或是購買生前契約，或是自行委託認識的葬儀社安排皆可。往生之後的安置點，愈早決定愈好。要選擇火葬、土葬、樹葬或海葬，最好先讓家人知道。注重風水的人，不妨生前就先找好風水師堪輿，自己挑個好山好水，不僅讓自己感到滿意也省卻後人的麻煩。但須注意挑選的墓地是否合法，以免日後成為濫葬墳墓，遭主管機關取締、拆遷（康以合，2007）。

圖11-2　「土葬」在台灣鄉下地區仍是很受歡迎之喪葬方式，
　　　　大都會以「火葬」方式較普遍

照片提供：黃鎮墻。

四、預立遺囑，做好生前規劃

(一)生前預立遺囑

　　傳統觀念裏，一向忌諱提到身後事，然而隨著時代改變，觀念也應跟著有所轉變。所謂有備無患，及早做好打算才是最明智的選擇。

　　談論起對「生前預立遺囑」的事。中國人只要一談到死亡，就好比提醒自己快要死掉似的，而對於預立遺囑更是被一般人視為不吉利，甚至對活人不敬的想法。人人都知道生死無常，但是卻不願意面對自己會死的可能性；事實上，生前預立遺囑不是禁忌，而是對自己的生命「負責任」的作法，也是體貼別人、珍惜生命恩賜的表現，建立起生前預立遺囑的習慣，其目的在於使人不懼怕死亡。將自己最真實的愛，透過完整的安排與準備，具體表現在預立遺囑的內容中（李玉蘭，2003）。

　　許多人就以為訂定遺囑是大戶人家的事，跟我們平民老百姓無關。但事實不然！其實預立遺囑並非有錢人的專利。基本上，遺囑是人人都可以定的，如果符合「民法」要求，甚至還具有法定效力，讓法律保證遺願能夠獲得保障。所以說，想要妥善安排身後事，遺囑可以說是最強而有力的工具。

　　而對於遺囑內容部分須包含「法律規範」與「意願表達」兩大項：

1. 法律規範指財產分配、文物處理、未成年子女的監護、遺願執行、簽署不急救意願書等。
2. 意願表達包括：器官遺體的捐贈、喪葬處理、家訓心願，表達愛和感謝、甚至留下自傳，寵物如何安排等。

(二)遺囑的主要結構

　　在國人普遍缺乏預立遺囑的概念及法律基本知識，導致權益受損的情形一再發生，以下列出遺囑的五大主要結構，供讀者參考：

■財產分配

1. 將所有的財產依性質分類：例如不動產，包括土地、房屋等。
2. 動產：例如銀行存款、股票、基金、債券、銀行保管箱、保險金、車子、古董及字畫等。
3. 列出財產所要分配之人的名單：例如祖父母、外祖父母、父母、配偶、子女、孫、外孫、摯愛的朋友、恩人及慈善機構等。
4. 可將名單中的人填在所要繼承或遺贈的財產後面，並證明此部分財產由該人單獨繼承或受遺贈。
5. 無需標明繼承或受遺贈之財產價額，只標明哪一項財產由誰繼承或受遺贈即可，以便於日後作適當調整時，不需要更改遺囑造成的麻煩。

■送別儀式

1.確定送別儀式之費用上限，並由遺囑執行人或由其指定人負責執行。

2.規劃送別儀式大致之過程、規模以及所要的感覺。

3.預先寫好一封感謝信，請某人在送別儀式中讀出。

4.安排乙份精緻的小禮物，送給當日參加送別儀式之來賓，以示感謝。

■給親朋好友的信

1.將想對某人的話寫在信裏，由執行人交給此人。

2.信中除表達謝意外，若有什麼遺願，都可寫在信中。

■未來的計畫

1.規劃未來數年內的人生目標，在這數年內要完成的計畫，均一一寫下。

2.此部分最為重要，因遺囑不應只是單純的處理身後事，遺囑更可以隨時檢視、警惕自己。

3.提前預立遺囑不但完整地安排自己的身後事，而且能避免很多不必要的紛爭，也可以反省現時之財產狀況是否能給家人一份安定的保障，提醒自己朝遺囑內之目標邁進，不斷進步，避免談論死亡並不會讓死神卻步；唯有以達觀理性的態度來看待及預備死亡，才是真正尊重自己的生命，珍愛我們的親人。對每個人來說：「如果死亡來臨時卻來不及預備，來不及與親人告別，才是人生中最大的憾事。」

■指定遺囑執行人

此一部分極為重要，因為如果沒有一位可靠的遺囑執行人，即使遺囑寫得再周詳、再完善，也是徒勞無功。因此，撥一筆財產作為遺囑執

行人的酬勞是必要的，而該遺囑執行人絕不能是繼承人或受遺贈人，始能中立地執行遺囑內容。**表11-1**為「願任契約執行人同意書」格式。

表11-1　願任契約執行人同意書格式

　　本人 ＿＿＿＿＿ 同意依 ＿＿＿＿＿（甲方）與 ＿＿＿＿＿（乙方）簽定之生前殯葬服務契約（契約編號：第＿＿＿號）第七條擔任契約執行人，業已詳細審閱本契約全部條款及瞭解本契約第五、七、八、九、十一、十四、十八、十九條涉契約執行人之權利義務，並同意於甲方身故後執行本契約。

契約執行人：　　　　　　　　　（簽章）

國民身分證統一編號：

通訊地址：

聯絡電話：

中華民國　　　年　　　月　　　日

(三)遺囑的內容

　　除了法律規定一定要有的訂立日期、簽名之外，一般來說，主要的內容多是關於遺產的分配與處理方式。事實上遺囑內容可以寫什麼，法律並無特別限制，舉凡身後喪禮儀式如何舉辦、安葬方式，或是表達器官捐贈的意願、希望通知的親友對象與方式，甚至對於子孫的叮嚀與訓示等，都是遺囑可能的內容。

　　依據「民法」，訂立遺囑的方式有自書遺囑、公證遺囑、密封遺囑、代筆遺囑、口授遺囑等五種。除了因遺囑人生命危急或其他特殊情形，無法以其他方式訂立遺囑而採取口授遺囑外，其餘四種都需要事先以書面文字為之。此外，公證遺囑及密封遺囑依法均以「公證」為成立要件，需經公證人公證之後方為有效。

　　通常，最為簡便的自書遺囑是最常見的。只要立遺囑人「親筆」寫下自書遺囑，記明年、月、日，有增減、塗改的處所及字數，另行簽名，就是有效的遺囑，不像其他四種遺囑依法還需見證人，也不必再經公證程序，訂立程序最為簡便。

(四)遺囑訂立注意事項及法律效力

1. 年滿十六歲才能立遺囑，但十六歲以上二十歲以下的未成年人立遺囑，無須經法定代理人允許。無行為能力人（未滿七歲或禁治產人）不得立遺囑（民法第一千一百八十六條）。

2. 遺囑是嚴格的要式行為，如果遺囑不具備法律所規定的方式，前後遺囑有相牴觸，或遺囑人於為遺囑後所為之行為與遺囑相牴觸，或遺囑人故意破毀或塗銷遺囑或在遺囑上記明廢棄的意思，其遺囑或有牴觸的部分，視為撤回。換言之，之前的遺囑或有牴觸的部分均告失效。除另有特別的規定，遺囑即不生法律效力。

3. 遺囑方式所規定「筆記」，應以筆書寫記錄，切忌用打字或影印，

否則遺囑無效。

4.有封緘的遺囑（如密封遺囑）非在親屬會議當場或法院公證處，不得開視（民法第一千二百一十三條）。

5.法律對於遺產分配，「特留份」有所謂的規定。也就是說，針對特定對象，有最低的遺產分配比例規定，若遺囑之分配與法律牴觸，仍可以依法請求繼承該部分的遺產，不受遺囑限制。最容易出現的狀況，就是未分給已出嫁女兒遺產而引發糾紛。雖然依傳統習俗，嫁出去的女兒不能分遺產，但是法律上男女平等，所以依法女兒仍然享有繼承權，因此訂立遺囑時應特別注意。

6.遺囑原則上自遺囑人死亡時發生效力，但如遺囑內有將遺產遺贈予第三人，如受遺贈人於遺囑人死亡前死亡者，其遺贈不生效力。而受遺贈人在遺囑人死亡後，得拋棄遺贈（民法第一千一百九十九、一千二百零一、一千二百零六條）（鄭雲鵬，2003）。

(五)遺囑的種類

遺囑是嚴格的要式行為，換言之，如果遺囑不具備法律所規定的方式，除另有特別的規定，遺囑即不生法律效力，不得不慎重。依「民法」規定遺囑的方式有下列五種：

■自書遺囑

由立遺囑人自書遺囑全文，記明年、月、日，並親自簽名。如有增減、塗改，應註明增減、塗改的處所及字數，另行簽名（民法第一千一百九十條）。此方式是最簡便的方式（**表11-2**）。

■公證遺囑

由立遺囑人指定二人以上的見證人，在法院公證人前口述遺囑意旨，由公證人筆記、宣讀、講解，經遺囑人認可後，記明年、月、日，由公證人、見證人及遺囑人同行簽名。遺囑人不能簽名者，由公證人將

表11-2　自書遺囑範例

> 　　立遺囑人○○○，民國○○年○○月○○日生，身分證字號○○○○○○○○
> ○，茲依民法之規定，自書遺囑內容如後：
>
> 1.不動產部分
>
> (1)座落於台北市○○區○段○○地號土地及地上建物（門牌號碼○○○）○樓住
> 　　宅，所有持分由配偶○○○（民國○○年○○月○○日生，身分證字號○○○○
> 　　○○○○○）單獨全部繼承。
>
> (2)座落於台北市○○區○○段○○地號土地，面積○○平方公尺，所有持分由長子
> 　　○○○（民國○○年○○月○○日生，身分證字號○○○○○○○○○）單獨
> 　　全部繼承。
>
> 2.動產部分
>
> (1)本人所有股票及名下汽車由長女○○○（民國○○年○○月○○日生，身分證字
> 　　號○○○○○○○○○）單獨全部繼承。
>
> (2)銀行存款及其他一切財產，由全體繼承人平均繼承。
>
> 3.本人指定配偶○○○為遺囑執行人。
>
>
> 　　　　　　　　　　　　　　　　　　立遺囑人：○○○（親自簽名）
>
>
> 中華民國○○年○○月○○日

事由記明，使按指印代之（民法第一千一百九十一條）。即由公證人製作，較具公信力。

■密封遺囑

　　由立遺囑人在遺囑上簽名後，將其密封，於封縫處簽名，指定二

人以上之見證人，向公證人提出，陳述其爲自己之遺囑，如非本人自寫，並陳述繕寫人之姓名、住所，由公證人於封面記明該遺囑提出的年、月、日及遺囑人所爲之陳述，與遺囑人及見證人同行簽名（民法第一千一百九十二條）。如遺囑人不想讓他人知悉遺囑內容，可採用此種方式。

■代筆遺囑

由遺囑人指定三人以上的見證人，由遺囑人口述遺囑意旨，使見證人中之一人，筆記、宣讀、講解，經遺囑人認可後，記明年、月、日及代筆人的姓名，由見證人全體及遺囑人同行簽名，遺囑人不能簽名者，應按指印代之（民法第一千一百九十四條）。

■口授遺囑

因遺囑人生命危急或其他特殊情形，不能依其他方式爲遺囑，可採此方式：即由遺囑人指定二人以上見證人，並口授遺囑意旨，由見證人中之一人，將該遺囑意旨，據實作成筆記，並記明年、月、日，與其他見證人同行簽名；或者，由遺囑人指定二人以上見證人，並口授遺囑意旨、遺囑人姓名及年、月、日，由見證人全體口述遺囑之爲眞正及見證人姓名、全部予以錄音，將錄音帶當場密封，並記明年、月、日，由見證人全體在封縫處同行簽名（民法第一千一百九十五條）。

以上五種方式，除口授遺囑限於特定情況外，其他四種方式可由立遺囑人自由擇定。一般而言，如本人識字，可用自書遺囑方式，如不識字可用代筆遺囑或公證遺囑，除公證遺囑及密封遺囑一定要經過公證外，遺囑不一定要公證才有效，但目前自書遺囑及代筆遺囑可至法院公證處辦理認證（劉作揖，2007）。

五、善用保險

安排身後事，除了立下遺囑，妥善安排財產分配之外，對於生者的保障也相當重要。我們常在新聞中看到，一家之主突然過世、家人頓失依靠，甚至連喪葬費用也付不出來的不幸消息。其實有一個方式，可以相當程度地避免此種危機的發生，那就是「保險」。

(一)聰明選擇保單，身後事不求人

透過人身壽險的給付，可以一定程度的保障生者短期內的生活所需，至少可以讓在世的人不用為了喪葬費用而四處借貸。除此之外，保險也是一個相當重要的節稅手段。首先，生前繳納保費的期間，保險費本來就有一定程度的扣除額，可以減少稅金的支出；同時最重要的是，在身故之後，保險公司所給付的保險金，並不計算在遺產的總額當中，因此可以免納遺產稅。由此看來，在身後事的規劃中，保險是不可或缺的一環。

當進入銀髮族才來做投資或理財規劃，充其量只能做一些補救之道；因為這時候已屆退休年齡，想儲蓄也沒有太多錢可以存了。因而建議正處五十歲上下的熟齡族，應該嚴肅地去正視退休這件事，有計畫的提撥較多的錢做退休規劃，已屬熟齡或銀髮族的朋友，此時不適合做風險性高的投資，像是股票、股票型基金等，這些投資如果押得不對，很容易就把老本賠光了。保險的規劃或許才是銀髮族在預備身後事時，最不能忽視的重點！

(二)銀髮族一定要有的保單種類

■壽險保單

此時購買終身壽險會非常貴，因此建議買「年金險」，它有一定的收益，利息也會比定存來得高。假使五十歲開始存到六十歲，到期後就

會有一筆錢加上利息慢慢領回；往生後也可當喪葬費使用。

■老年醫療險

　　住院醫療險對銀髮族來說非常重要，畢竟此時各種疾病上身的機率頻繁，就像機器舊了需要維修一樣，一份「實支實付」的醫療險，可以彌補你在健保中的不足之處。

六、財產信託

(一)信託財產能有效避免遺產遭侵吞

　　信託是一種受嚴格法律保障的財產管理制度，透過「委託人」（提供財產的人）、「受託人」（銀行）及「受益人」（你想照顧的人）三個角色的連結，以更有效率而且安全的方式達到財產規劃的目標。也就是說，委託人將財產權移轉給受託人後，受託人依信託契約約定之信託目的，為受益人的利益或特定目的，管理或處分該筆財產。舉例來說，想把財產交給子女，又怕子女不善理財，即可用財產信託方式，讓受託的銀行定期提供生活費給小孩，避免財產一下就被敗光。如果孩子還太小，也可以訂立將財產交付信託，直到小孩成年或達成預定條件（如大學畢業之類）後，再交給子女的信託條件，來進行財產轉移。

(二)信託基金的運用與銀行的資產是獨立處理的

　　即使銀行倒閉，也不會有財產上的損失，相對要安全許多。再加上財產信託可以包括金錢、不動產、有價證券等，透過專業的銀行來加以管理運用，還可以賺取合理的收益以對抗通貨膨脹，比單純的遺留財產更有意義。

(三)財產信託的模式繁多，可與保險相結合

除了可以在生前就以財產信託方式處理財產之外，也可以與前述的遺囑或保險相結合。例如可以在訂立遺囑前，預先與銀行聯繫，訂立遺產信託的契約，一旦過世，將財產轉移至信託基金，直到預定條件達成才轉移給子女，免得遺產遭到親戚侵吞。至於保險，也可以與銀行訂定保險金信託，讓保險公司的理賠金直接轉入信託帳戶，子女可以擁有生活保障又不至於揮霍無度。

(四)信託與遺囑之不同

信託和遺囑最大的不同在於生效的時間。遺囑的效用是在立書人死後才發生作用，也就是立書人利用遺囑來聲名其死後各項財產歸何人所有；而信託則在委託人生前即生效，也就是信託的委託人在生前即將所屬資產過戶到信託中，由信託保管，待其死後再依生前意願將資產自信託移交繼承人。其次，信託優於遺囑的主要特色在於資產的轉手不需要經由法院查訖等認證手續。在本文上半部「遺囑」部分，我們曾經談到遺囑的立書人一旦死後，資產必須經過法院費時費錢的認證手續，才能依立書人意願轉至受益人手中。然而，就信託而言，信託一旦成立，委託人的資產在其生前立即轉至信託的名下，而在其死後，信託的效用仍然成立，並依委託人生前意願轉至受益人手中。

七、預購生前契約

電視廣告不斷以溫馨畫面做訴求，預先為自己或家人購買生前契約，讓自己的身後事可以做好完善規劃，似乎是一種成全自己心願，也體貼後人的一種新選擇，但是生前契約產品良莠不齊，有些業者混合壽險、意外險、直銷、俱樂部或終身免費贈品等名目，變相吸金，讓民眾花了大把鈔票卻得不到應有的產品服務，甚至掛著愛心和關心的招牌，

實則將民眾騙得團團轉，吸完金後逃之夭夭。

　　生前契約到底該怎麼買而不吃虧，業者呼籲民眾要多打聽、貨比三家，台灣生前契約市場混亂，品質良莠不齊，儘管政府制定出規範，然上有政策、下有對策，有業者坦白說：「在台灣買得到標準契約；但想買到合理又好的契約，實在很困難。」

(一)什麼是生前契約

　　生前契約在歐、美、日等國行之多年，日本的生前契約起源自「互助」會團體，基本精神在互助；傳到了台灣後，業者僅複製日本的條約格式，抹煞互助合作的精神核心，買賣方式變了質，傳出吸金捲逃的負面新聞，引起政府的注意介入，近年才規範出合格業者名單。

　　生前契約屬於預購型的服務性商品，民眾在生前就與生命禮儀公司簽署一份定型化契約，約定自己身後事（亦可為家人代購）的辦理模式。提早購買的好處在於自由選擇自己想要的「送別方式」，勉強可以抗通貨膨脹，卻無實質的理財投資功能。服務內容的流程，大體而言，從臨終諮詢、遺體接待、設立靈堂、入殮、治喪協調、奠禮準備、家祭、公祭、發引、火化封罐、返主除靈；晉塔、後續關懷；需要的壽衣、棺木、豎靈用品、骨灰罐、花山、禮車、扶棺人員、司儀；會場布置等，基本上均已涵蓋，細項數量則另有計算，需視每份合約而定、每家契約的內容不盡相同。

　　一般來說，常見的非服務項目有：毛巾、政府規費（冰櫃、禮廳租借、火化費用）及做七、功德等法會。另外，在晉塔安奉的時候，禮儀公司在殯儀館將骨灰罐交給家屬後，禮車會載骨灰罐、家屬等到達墓園或寶塔為止，不負責放入（陳秀麗，2007）。

(二)生前契約會如何賣

　　依規定要有七至十天審閱期，之後就不能退費，除非是增加合約的內

容和價格，否則不能改約；可以轉讓給他人或退保，退保無法退還先前繳交的所有費用。負責販售生前契約的禮儀師，其實就是業務員，收入來自每張契約的抽佣獎金。一張基本契約大約為十五至十八萬元。業務要賺的是「更添費用」，也就是說，由於契約內使用的物品都是基本款，業務員會找理由說服案主「使用品質更好一點的」，物品不斷更添的結果，可能讓原本一張十多萬元的契約，最後結算多出二至四倍的價格。

　　生前契約等於是在買一組套餐，舉例來說，若不喜歡契約中的棉質壽衣，規定是不能退掉後要求扣除費用，只能被迫更添，加價改選絲質壽衣；若不願意使用業者提供的骨灰罐，必須額外自行購買，因為是套裝組合，當然不能退貨扣款，只能放棄，好比排骨飯便當裏頭的滷蛋，不吃只能放棄。

(三)建議購買的方式

　　生前契約可轉讓給他人使用，繳費方式按月、季、年繳皆可，月繳者無需繳交分期利息，直到繳清為止。規劃自己人生的最後一場盛宴，還需要考量規模、排場、經濟能力、家庭背景等因素。參加人數在百人以下的告別式，基本款約需十六至二十二萬元，業者勢必會想盡辦法增添，故建議可先購買一張基本款的契約，日後再依自己實際需求審慎考量更添項目，而更添後的契約，建議另打一份契約書，明言記載所有細項的數量、材質等。

　　成本是掌控在業者手中，消費者要貨比三家不吃虧，只要尚未簽字，均有議價空間。於契約履行後，若發現業者偷工減料或未按照合約行事，請務必提出物證及人證，申訴的管道有各縣市殯葬處、社會局、行政院消保會或是民間的消基會。自用型的生前契約，需要指定契約執行人。在簽約之前，購買者要先找好願意替你執行契約的親友，繳交對方簽名的同意書，以表示「該執行者在購買者往生後以其名義執行契約」。一般建議找三等親以內的人選。

(四)生前契約慣用手法與暗藏陷阱

1. 在更添費用上，價格灌水是不肖業者常見的手法。因為契約內只會註明物品的種類，不會記載物品的等級，故很容易在價格上灌水。

2. 由於競爭激烈，有業者會以低價來搶客戶，標榜以八萬元做出十五萬元的內容品質。羊毛出在羊身上，業務員要抽成，公司要賺三至四成的利潤，每樣東西被說服更添後，最後喪禮開銷飆漲到四、五十萬元。

3. 曾經有民眾買了A家生前契約，家人在醫院病危前夕，B家業者阿莎力說要幫民眾買下A家契約，並拍胸脯保證完全按著原A合約行事，結果一張二十萬元的契約，最後被更添費用暴增到五十萬元，熟悉內情者透露，這當中不少束西還買貴了，因而碰到類似情形時，多問多打聽是上上策。

4. 公祭地點若選在殯儀館，主題花山（追思台）是最容易被重複使用的。舉例來說，若剛好當天該公司有多場公祭，一物多用的機率相當高，業者只需更換往生者名字、照片，上一場用完換下一場。若被案主當場抓包，可當場要求更換，不過業上通常會想辦法「盧」掉。

5. 契約內的用品大多是基本款的普通品，為了慫恿消費者更添或買套裝產品，業者在標示價格時往往另藏玄機，舉棺木來說，通常會標出「市售原價」和「契約加價金額」，而後者卻比前者少了近萬元或幾千元，此時業務員會貼心的「不賣市價，用契約價給你」，表面上消費者好像吃到甜頭，其實買貴了，因為民眾根本看不出棺木厚薄度的微小差異，遑論看得出木頭品質的好壞。

6. 花材也可能被動手腳。如：契約中明定要一百朵的白玫瑰，業者可能只插了八十朵，其間穿插便宜的花草，試問：會有喪家在告別式當天，去一朵朵地精算嗎？而骨灰罐的石材多達上千種，同樣材質中又各有差別，儘管業者標示「可以同等質商品替換」，然消費者

真能夠判別出所謂的「等質」嗎？

7.有些生前契約被當成投資商品，結合直銷、俱樂部等名目。一張十五萬元的契約，內含遊樂園區的住宿、娛樂設施的折扣卡或抵扣商品。問題是：契約簽出來後交到消費者手上，看不到屬於生前契約的部分敘述，消費者根本不清楚到底買了哪些內容。請小心這類業者，通常是非專業的生命禮儀公司。

8.生前契約採取預付制，業者拿著圖片向消費者兜售，如此看圖說故事的方式，反給業者創造出游移的模糊空間。業者偷工減料或不做好，消費者無法扣款。因為錢已經付了，除非自行蒐證去檢舉。

9.為了避免糾紛，若消費者堅持不用契約內的物品，現在有的業者多少願意給予約八至九折的折扣，不過業者當然不會放棄更添的機會，先藉折扣優惠再來說服客戶花更高的價格買更好的東西；至於能否真正買到更好品質，那就很難說了（陳秀麗，2007）。

(五)選擇合法之業者

合法的生前契約業者必須符合內政部民政司訂定的要件：

1.要為資本額二十萬元的殯葬禮儀服務業。
2.最近三年內平均無虧損。
3.服務範圍內有專任服務人員等。
4.預收款75%完全交付信託。

民政司每年固定進行清查，結果公布於其網站上，今年最新清查合格業者共有九家（http://www.mnoi.gov.tw/dca/）。內政部曾特別提醒，多數販售生前契約的業者是生前契約業者的代銷公司或子公司，外界容易誤認其即為生前契約業者。

公司品牌和信用度，是挑選的基本原則，口碑好的公司很容易打聽出來。若你沒有管道認識口碑好的小型業者，建議找大型公司，只是有

些大型業者是採取加盟的經營模式，均須謹慎探查。

(六)購買生前契約應注意事項

消基會建議，消費者購買生前契約時，應注意下列事項：

1.看清殯葬用品及服務報告書，必須載明所預購的殯葬用品明細與服務的項目與內容。

2.契約中的預付款項計畫書，應明列付款方式、付款條件、金額交付對象，以及是否以立約人為存戶的名稱。

3.應慎選殯葬服務團隊，注意其聲譽，並考量業者財務狀況是否公開化、透明化，每筆成交是否誠實開立統一發票？登記資本額資產淨值有無經會計師簽證？

4.所購買的契約是否可自由轉讓及使用？解約條件是否允適？服務單位與行銷單位為不同公司時，其相互關係如何？由誰負責處理消費爭議？

5.契約內容是否清楚列出何時可將契約金交付信託？且其接受信託單位為誰？如何證明與保障？

6.購買生前契約後，無論使用與否，是否有順暢諮詢與申訴管道？有無涉及多層次傳銷的疑慮？（消基會網站，網址http://www.consumers.org.tw/）

第二節　如何做好生前告別式

一、生前告別式之意義

「人一旦看破了生死，還有什麼想不開的」，因瞭解死亡的無常與迅速，為自己舉辦了生前告別式，希望來得及用愛告別親朋好友。一個

人如果能在最後的那段時間裏，無牽無掛地去做自己想做的事，以及一切可能面臨的準備，這個生前告別式就別具意義，它具有多重意義，包括：

1. 生命教育：人對於死亡之懼怕，是由於對死亡之無知，也藉此告訴活著的人，要好好珍惜生命。
2. 愛的匯集：人生無常在來得及說再見的時候，把親愛的人匯集在一起，可親耳聽這些人跟自己說些祝福的話。
3. 彌補遺憾：可把一生之遺憾再作一次之抒發，或許有機會去彌補或完成未完成之夢。

二、生前告別式之規劃與準備

1. 充分的心理準備：除了要先說服自己外，還得面對身邊親友之觀感，這些都需要事先克服。
2. 決定自己之喜好：可以不必要選擇在氣氛嚴肅之靈堂或教堂，或許訂一間飯店作為場地，典禮中選擇自己喜歡之樂曲作為背景音樂。
3. 對被邀請之朋友提出要求：每位朋友都要帶一樣小禮物來，並當著大家的面說出想對當事人說的話。
4. 剪輯生活片段：播放當事人生命中最精采之片段，歡樂、開心的，甚至出糗之回憶，利用此機會讓大家再作一次歡樂之相聚。

 ### 第三節　喪禮的意義與功能

台灣現代葬禮之功能與意義，其主要從三個層面來討論：喪禮所滿足的基本需要、喪禮儀式的組成基礎、現代喪禮的功能（陳繼成等，2006），分別敘述如下：

一、喪禮所滿足的基本需要

在人去世之後舉行喪葬儀式，是一種人類社會中的普遍現象，雖然各個民族由於文化與宗教的不同，其喪葬儀式有所不同，然而在儀式中都有共通之處，以滿足喪親家屬、後代子孫與社區基本的需求：

1.向家族與社區宣告死者去世的訊息。
2.藉由這些社區網絡的支持，提供喪親家屬物質與心靈的協助。
3.照顧死者，降低喪親家屬心靈的悲傷。
4.藉由喪禮儀式的舉行，給予喪親家屬支持，並且緬懷死者。
5.以合乎社會與公眾利益的方式來處理遺體。

二、喪禮儀式的組成基礎

喪禮中各個儀式的意義與目的都是建立在宗教、哲學、社會改變與喪葬處理技術之上。宗教對於「死亡」的意義詮釋，確定了今世生命的內涵，並且提供了今世以外的生命可能，使得承受親友離去痛苦的人們更能接受這樣的現實。也因此，喪禮常常會讓人們堅定信仰，如果此時面臨悲愴之人，身邊有宗教團體的支持，更能支持其接受親友死亡的現實；在台灣社會中，基督教、佛教等團體常常扮演此類的角色。

哲學對於「死亡」的意義詮釋其效果與宗教類似，都是在確定生命的意涵，然而哲學與宗教不同之處，在於有時哲學對於死亡的意義詮釋是會連結到家族、社會與國家之上，例如，中國儒家傳統上是把喪禮放在倫理秩序脈絡之下來看待，使得個人死亡與社會秩序作相當程度的連結。

社會改變對於喪禮儀式的影響是顯而易見，傳統儀式會隨著社會工業化、都市化等因素而走向所謂的「現代化」，最明顯的例子就是這短短二十年來火葬已經取代土葬成為大眾的優先選擇。

喪葬處理技術的進步也對喪禮儀節產生影響。以美國為例，影響其喪葬儀節最明顯的例子，就是南北戰爭之後遺體防腐的廣泛使用，自從防腐成為主流的處理必然程序，美國的殯葬產業才隨之發展起來，成為一項專門的行業。以台灣為例，自從冷藏技術使用在遺體保存之後，不需即時封棺來避免異味，瞻仰遺容已成為現在喪禮儀節的一環。

三、現代喪禮的功能

1. 追念故人的美德：追憶故人在世時之點點滴滴，俾作為後人之典範。
2. 思想人生的結局：死是眾人的結局，活人不要太計較利益得失，甚至彼此傷害，藉喪禮讓活人能用智慧的心，去面對死亡的課題。
3. 安慰故人的遺族：藉喪禮的講道，可以得到安慰，知道人生在世如客旅，將來可以相會在天家。
4. 激勵在世的親友：藉由喪禮讓親友彼此的關懷慰問，能夠化悲慟為力量，重新得到動力，再奔向人生的道路。
5. 提供一個「合禮」的場合讓死者家屬與朋友宣洩哀傷的情緒：由於現代社會對於情緒「自我控制」的要求，為維持工作或人際上往來，壓抑自己哀痛成為喪親者的心靈負擔，而喪禮則提供一個合乎「禮」的情緒表達的場合。例如，就算再如何哀傷，在工作場所中哭泣都是讓周遭的人覺得「不恰當」的，但是喪禮卻可以提供這樣的場合。
6. 幫助家屬與朋友接受死者已經離開他們的現實：從喪禮儀式的籌劃開始到儀式的全部結束，幫助喪親家屬逐漸接受親人死亡的現實，並且藉由喪禮儀式的完成，象徵一個生命歷程的句點，有其符號傳達的功能。
7. 減輕喪親家屬的罪惡感：喪親家屬，尤其是死者去世前親近的照顧

者，常常會把死者的去世歸因到自己身上。認為死亡的發生是自己照顧不周所導致，陷入自我否定的情緒當中。一個圓滿的喪禮可以減輕喪親家屬心中的罪惡感。

8.增加團體凝聚力：喪禮儀式對於社會來說，最明顯的功能就是增加團體的凝聚力，無論這個團體是家族、社區甚至整個社會，都有可能藉此產生了凝聚的力量。

9.傳承社會文化：由於大部分喪禮儀節的意涵，都是來源自社會的文化脈絡，因此在舉行喪禮儀式的同時，也是對於傳統文化進行複製與再生產（呂應鐘，2001）。

四、臨終前之準備與遺體護理

1.家屬陪伴臨終，發揮尚有之潛能。

2.預立遺囑，處理病人之遺產：可事先簽署贈與免稅一百萬元；安排家務，付囑後事（祭奠的儀式及屍體之處理的方式：土葬或火葬），交代心願（如預立不施行心肺復甦術意願書或捐出遺體意願書），讓自己死後無後顧之憂。

3.家屬之喪葬準備：相片（十二吋）、生平紀錄、遺囑、壽衣等衣物準備、梳理儀容、聯絡葬儀社、入殮助念二十四小時、蓋「蓮花」「往生」被入殮（胡文郁等，2005）。

4.遺體護理：仰面平臥、移多管、助念眼闔、戴假牙、繃帶固定下巴、擦拭換乾淨衣褲、記錄遺物、移往生室、協助家屬取得死亡證明書（十份），在家死亡可聯絡衛生所便於取得死亡證明書。

5.喪葬儀式與後續照顧：佛教往生助念八小時後準備印訃文。

五、現代的喪葬禮俗

現代的喪葬禮俗，因受宗教信仰的影響，以及殯儀館、火化場、納骨塔（堂）等殯葬設施普遍設立的衝擊，致有多元化發展之趨勢，茲依喪亡的處所、治喪的主體、祭奠的儀式、出殯的方式、遺體的處理等，分別略述之（劉作揖，2007）：

(一)喪亡的處所

從前，往生者的喪亡處所，大多在自家住宅的床舖上；而現在，往生者的喪亡處所，除了一部分仍在自家的住宅內外；有一部分的往生者，在醫院內的病房病歿，且有直接搬運屍體至殯儀館者，也有搬運回自家住宅治喪者。另外，也有一部分的往生者，是死於非命，橫躺於道路、田野間，譬如因車禍死亡，因遭人殺害等，足見喪亡者的喪亡處所，已有多元化發展之趨勢。

(二)治喪的主體

從前，喪事的處理，大多由喪家的最近親屬規劃執行；而現在因為殯儀館的普遍設立，許多喪家均將治喪委由殯儀館全權規劃執行；也有一些達官富商或社會名流之輩的逝世，則由其部屬或僚友成立治喪委員會治理喪事。因此，現在的治喪主體，有喪家、殯儀館、治喪委員會三者併存的趨勢。

(三)祭奠的儀式

祭奠的儀式，在過去是由喪家在住宅附近的空地或道路旁，先搭設祭奠會場的棚架，而後如期舉行的一種喪葬禮俗；而今，雖然有不少喪家沿用過去的習俗，在路邊搭棚舉辦祭奠的儀式，但因為殯儀館的普遍設立，許多喪家在趨簡避繁的心理訴求下，紛委由殯儀館代辦治喪事

宜。因此，殯儀館的祭奠儀式，有基督教模式的，有佛教模式的，有道教模式的，紛歧不一，唯儀式的進行，均由所謂禮儀師主持與引導。另外，基督教教會，也為信徒的安息舉辦追思告別禮拜活動，由牧師主持之，其內容不外有：安息者生平事蹟的陳述、默念追思、致懷念詞、唱聖詩歌、佈道勵行、禱告感恩、瞻仰遺容等，不過，各教會所舉辦的追思告別禮拜的儀式內容，仍有所不同。至於佛教模式的祭奠儀式，則僅在儀式中安排助念團的助念而已，其他與民間的祭奠儀式大同小異。

(四)出殯的方式

在過去，祭奠的告別儀式舉辦完畢後，即由樂隊帶頭步行，後面緊跟著手持童幡的童子，以及喪家的親屬、遠親、朋友，其目的地是公墓，如果到達公墓的路途較遠，則以車代步。而現在，選擇土葬的喪家，不但在出殯時，以車代步，而且僱用電子琴車，車內的妙齡女郎穿著暴露，又唱又跳（甚至代表喪家哀嚎），製造刺耳噪音，並且妨害善

圖11-3　道教模式之喪葬儀式，仍然普受大部分國人所歡迎

照片提供：黃鎮墻。

良風俗。

(五)遺體的處理

在過去，喪家的出殯，是選擇土葬，無所謂遺體的處理問題，而現在，因火化場及納骨塔（堂）的設立很普遍，且經過政府機關之大力鼓吹，因此，許多喪家，紛紛選擇遺體火化，而將骨灰裝罐，掩埋公墓內，存放於公私營之納骨塔（堂）。最近政府機關或熱心人士又在鼓吹骨灰樹葬或海葬之措施。因此，遺體之處理的方式可分為火葬、土葬、樹葬、灑葬、海葬，茲分述如下：

■火葬

在火葬場，遺族親友集合，舉行簡單之儀式後，再行火化，將骨灰安置骨灰罐中，再放置於納骨塔中。

■土葬

安葬時，須看特定時辰，由禮儀師舉行一般儀式後，再將棺木放進墓穴中，蓋上塵土。安葬後，一段時間之後，應為先人揀骨裝甕，再安置納骨塔，沒有特定儀式，對先人表示敬意就可以。

■樹葬

將遺體火化後，裝入會自動分解的容器中，埋在樹底下，讓骨灰成為樹木的養分，容器會在一年內分解，屆時便可再埋下另一位亡者的骨灰容器，讓墓地循環利用。

■灑葬

直接把骨灰灑在花圃，化作春泥更護花。

■海葬

目前台北縣市、高雄市一年舉辦一次海葬，每次先為亡者舉行聯合

奠祭，然後讓家屬登船出海拋灑骨灰。

六、喪葬儀式之基本概念

「生、老、病、死」原是人生四大歷程，但在傳統觀念束縛下，死亡課題成為禁忌。因此，一個人生病或意外死亡時，常常令家屬不知所措；後事處理因良莠不齊的殯葬業者漫天要價，造成家屬沉重負擔；甚至怪誕不經的禮俗，更令家屬啼笑皆非。而一般正統的殯葬禮儀，火葬大約二十萬元可安排妥當；土葬再加上墓地、棺木等費用，約為五十萬元。殯葬業向來被視為「不登大雅之堂的行業」，但其市場規模，據內政部統計台灣每個家庭平均每筆喪葬費支出為三十萬六千元。

台灣目前一般之喪葬儀式可分為道教、佛教及基督教等模式。就人類學「功能學派」之角度而言，喪葬儀式是人類藉由喪禮聚集，確認親屬之網絡關係，無論進行形式如何，皆具有重新整合人群關係之功能（周慶芳等，2005）。

筆者雙親皆已去世，我們家族所採用的也是道教儀式，筆者在葬禮儀式當中，對於諸如孝女、電子花車等曾建議不加進去，因為那大都是殯葬業之噱頭，畢竟在儀式進行中，喪家已經很難過了，不需再攪和，一切應以簡單、隆重，並尊重往生者為主，要讓人心中追思懷念，把省下的喪葬費作有意義之規劃；另一方面，在整個過程中充分發現，親戚彼此之間相互扶持之精神。逝者已矣，能夠再次凝聚家族之向心力才是最重要的。

問題與討論

1.後事規劃必做的十二件事是什麼？

2.遺囑之種類有哪些？訂立注意事項及法律效力？

3.試說明如何做好「生前規劃」？

4.試說明如何做好「生前告別式」？

5.什麼是生前契約？購買應注意什麼？

6.試說明現代的喪葬禮俗為何？

7.你對喪葬儀式之看法為何？你喜歡之喪葬儀式什麼？

參考書目

一、書籍部分

王士峰（2001），《生命教育與管理》，台北：水星文化。

王夫子（2003），《殯葬服務學》，北京：中國社會。

王珍妮（2002）：《生與死的教育》，台北：心理。

生命教育課程編研小組（2006），《生死尊嚴》，台北：得榮社會福利基金會。

朱金龍（2001），《殯葬文化研究》，上海：上海書店。

李玉蘭（2003），《生預囑與殯葬文化革新徵文作品集》，高雄市：高雄師大成教中心。

李慧萍（2005），〈建構華人生命教育取向的殯葬教育〉，銘傳大學教育研究所碩士論文。

何福田（2001），《生死教育論叢》，台北：心理。

呂應鐘（2001），《現代生死學》，台北：新文京。

林思伶（2000），《生命教育的理論與實務》，台北：寰宇。

林綺雲、張盈坤（2002），《生死教育與輔導》，台北：洪葉。

胡文郁等（2005），《臨終關懷與實務》，台北：空中大學。

周慶芳等（2005），《台灣民間殯葬禮俗彙編》，高雄：復文。

康以合（2007），《人生最後一場盛會——身後事規劃》，台北縣：八方。

陳秀麗（2007），《如何做好生前規劃》，台北縣：八方。

陳繼成、陳宇翔（2006），《殯葬禮儀——理論與實務》，台北：五南。

尉遲淦（2000），《生死學概論》，台北：五南。

尉遲淦（2003），《禮儀師與生死尊嚴》，台北：五南。

黃有志（2002），《往生契約概論》，台北：貴族企業行。

黃有志（2002），《殯葬改革概論》，台北：貴族企業行。

黃金川（2000），《生死學概論》，台北：五南。

鈕則誠、王士峰主編（2003），《生死教育與管理》，台北：中華殯葬教育學會。

鈕則誠（2005），《生命禮儀──喪葬教育研討會》，台北：國立台北護理學院。

鈕則誠（2006），《殯葬學概論》，台北：威仕曼。

鈕則誠（2007），《殯葬生命教育》，台北：揚智。

張淑美、吳慧敏（2003），《生死一線牽──超越失落的關係重建》，台北：心理。

張淑美（2004），《中學（生命教育手冊）──以生死教育為取向》，台北：心理。

張湘君、葛綺霞（2000），《生命教育一起來》，台北：三之三文化。

曾煥棠等（2007），《喪葬教育與考照》，台北：五南。

曾煥棠等（2007），《臺灣喪葬教育與考照》，台北：五南。

楊荊生、晉世偉（2005），《生命禮儀──喪葬教育研討會》，台北：國立台北護理學院。

鄭志明（2005），《生命禮儀──喪葬教育研討會》，台北：國立台北護理學院。

鄭雲鵬（2003），〈如何預立遺囑〉，《社教資料雜誌》，234期，頁7-8。

劉作揖（2007），《生死學概論》，台北：新文京。

二、網路部分

中華生死學會（deathology.tripod.com /index.htm）

中華民國生命教育推展協會（www.taconet.tw）

中華民國關懷生命協會（www.lca.org.tw）

台北市生命線協會（www.sos.org.tw）

台北市政府生命教育網站（life.slhs.tp.edu.tw）

台北護理學院──生與死研究通訊（www.ntcn.edu.tw/DEP/death/new_page_1.htm）

生死學書籍（www.psychpark.org/bookstore/classification/death/index-death.htm）

生死戀：死亡的超越（lace.cc.nthu.edu.tw/~dl/bioethics/8901/5die.htm）

生命教育全球資訊網（210.60.194.100/life2000/eduteam/eduteam.htm）

生命教育網路大學（210.60.194.100/life2000/net_university /paper/net_uni_paper_L1.htm）

生命教育學習網（www.life.edu.tw）

消基會網站（www.consumers.org.tw）

財團法人中華民國安寧照顧基金會（www.hospice.org.tw）

財團法人天主教康泰醫療教育基金會（www.kungtai.org.tw）

財團法人張老師基金會（www.1980.org.tw）

財團法人蓮花臨終關懷基金會（www.lotushcf.org.tw）

財團法人勵馨社會福利事業基金會（www.goh.org.tw）

Chapter 12

老人福利服務

徐慶發
中國文化大學法學博士
明新科技大學老人服務事業管理系助理教授

學 習 目 標

在學習完本章節後，希望讀者能夠：

1.瞭解高齡化社會變遷趨勢及問題。

2.分析先進國家老人福利政策之內涵。

3.瞭解我國老人福利政策之內涵。

4.認識老人保護服務之內容。

5.建立老人福利服務專業人員應備之條件與專業素養。

 摘要

　　隨著醫療之進步，國人的平均壽命以及生育率逐年降低，我國已邁入高齡化社會，由於家庭結構之變遷，傳統的家庭在功能上已經無法妥善的照顧家中的老人，也因為機構的服務彌補了家庭功能之不足，所以老人服務事業非但受到公部門的重視，也是每一位國民都有機會接觸的一個組織。

　　「保護老人就是保護自己的未來」、「關懷老人就是關懷自己的未來」。有關老人議題之研究與發展，尤以老人福利服務更是備受重視關注的焦點，是以老人議題不僅是決策當局所應重視的，在大專校院方面，近年來也如雨後春筍般相繼增設老人福祉服務事業的相關學系以培育老人福利服務之專業人才，期待透過學校正規的教育訓練，灌輸正確的老人保護觀念，提升老人角色認同及自我保護意識。有關老人福利服務之目標，公、私務部門亦應積極維護老人尊嚴與自主，形塑友善老人的生活環境。

第一節　前言

　　隨著高齡化社會的來臨，愈來愈多的老年人壽命增長，慢性疾病相對也增多，且能照顧他們的子女變少，更因為雙薪家庭之因素，愈來愈多的婦女必須進入就業市場，因此，無法扮演傳統提供照顧者的角色，這些變化結果促使照顧老年人的服務需求大增，遠超過現有老人機構所能提供服務的範圍，是以必須透過專業的老人服務事業管理者來滿足上述之需求。

　　老年問題在所有社會中始終都存在著，每當一個社會的資源不足

時，首先所考量到被遺棄的人就是老人，而老人本身也不認為有何不妥。愛斯基摩的老人死亡後並非被留置於浮冰之上，而是老人自願的遠離生活環境永不回頭。在探討老人的問題上，社會工作教育是非常重要的，而且也已發展老人服務的專業課程。過去，社會工作人員雖然不是老人機構的主要工作者，但現在已有很大的改變，甫於二○○七修正之「老人福利法」授權主管機關內政部，為因應我國高齡化社會之人口結構變遷所可能產生之老人福利相關需求，提升居家式、社區式及機構式服務品質，訂定「老人福利服務專業人員資格及訓練辦法」。對於老人機構專業人員類別，社會工作人員應具備之資格都有嚴格之規定，以提升老人服務品質。

　　社會工作雖像其他專業學科一樣，專以研究有關幫助人群調整社會關係，解決社會問題之學問，而目前之實際狀況是老人輔導服務工作欲建立專業化，適時並有效的解決老人所面臨的困境與問題，仍有待社會的共同努力。

 ## 第二節　各國老人福利政策之內涵

　　聯合國於一九九一年通過「聯合國老人綱領」（United Nations Principles for Older Persons）提出五項訴求，包括：獨立（independence）、參與（participation）、照顧（care）、自我實現（self-fulfillment）與尊嚴（dignity），以宣示老人基本權益保障之共同目標，這些主張可說是當代發展老人福利的重要指標，亦為國際老人福利所應追求的共同目標（OHCHR, 2006）。茲就先進國家（組織）之政策具體措施說明如下（內政部，2008）：

一、經濟合作與發展組織（Organization for Economic Co-operation and Development, OECD）

1.改革年金方案，延後領取年金年齡，以減低年金方案的系統依賴比（領年金者對繳保費者之比），紓緩年金方案之財務壓力，以及延長老人留在勞動市場的時間。
2.透過修改年金給付公式的方式，提高延後退休之誘因。
3.相關社會安全方案之改革，以防止提前退出勞動市場。
4.訂定反年齡歧視之相關立法，禁止雇主的僱用歧視，以保障中高齡者工作權利。

二、國際勞工組織（International Labour Organization, ILO）

國際勞工組織規劃建立多層次的年金體系，一個四層的年金體系：

1.第一層是針對自身無足夠資源者提供資產調查給付，以避免貧窮。
2.第二層是強制性的、公營的、隨收隨付的確定給付體系，提供適當程度的所得替代（40%至50%之間）。
3.第三層以確定提撥為基礎，將一定的薪資等級強制納入，可交由民營，提供定期性給付。
4.第四層是志願性、私營的年金體系。

以第二層的社會保險隨收隨付制的年金制度為核心，其他的三層體系作為補充。

三、世界銀行（World Bank）

世界銀行二〇〇五年提出一個五層的年金體系：

1.第一層是以稅收提供普及式或殘補式之社會年金或社會救助。

2.第二層是強制性、公營的保費提供公共年金。

3.第三層是將一定的金融資產強制性納入，提供職業年金。

4.第四層是志願性將一定的金融資產納入，提供職業年金或個人年金。

5.第五層是志願性將一定的金融或非金融資產納入，提供家庭支持與醫療、住宅等服務。

四、英國

英國於一九九〇年制定「全民健康服務與社區照顧法案」（National Health Service and Community Care Act 1990），旨在明訂使用者和照顧者的選擇權和和參與權，以促進照顧者的權益。並於一九九五年制定「照顧者法案」，主張將照顧者評量的權利法制化，明定照顧者應有被評量的權利。而照顧者評量的焦點，係著重於照顧者提供照顧和持續照顧之能力，亦即全人照顧、在地老化、多元連續服務等原則。

五、美國

一九六五年的「美國老人法案」（Older Americans Act of 1965）在當時的衛生教育福利部下設立了老人局。此一法案及其修正案是聯邦政府補助州地方政府服務老人的法令依據。該法條的重點是要讓老人有：

1.適當的收入。

2.盡可能擁有最佳的身體與心理狀況。

3.舒適的住宅。

4.需機構式照顧的復健服務。

5.就學機會。

6.健康與尊嚴的退休生活。

7.追求有意義的活動。

8.有效的社區服務。

9.運用研究的知識去維繫、改善老人福利，使老人立即獲益。

10.使老人能自由、自主的規劃與管理自己的生活。

11.支持家庭照顧老人：於二○○○年修正老人法案（Older Americans Act of 2000）增加「支持家庭照顧者」專章，規定各州政府應對照顧者提供下列五項服務：(1)提供資訊服務；(2)協助照顧者獲得服務；(3)個人諮商、支持團體、照顧者教育研習；(4)喘息服務；(5)其他補充性服務。

12.完善老人健康各社會照顧體系：近年發表的「二○一○年健康人：全國健康促進和疾病預防目標」成為美國健康政策遵循的指標，與老人群體有關的目標有身體活動、安全、慢性殘障狀況以及健康促進與篩檢四部分。

13.高齡者住宅：對於老人居住環境的發展趨勢採取了雙軌並行之高齡者住宅發展政策，一者傾向應用連續性照顧退休住宅社區（Continuing Care Retirement Community, CCRC），以生活園區的概念來發展終身住宅；再者以通用設計概念促進原居住宅以單一住宅來發展為終身住宅，以落實「在地老化」之理念及「居家照顧」政策。此外，對於高齡者住宅的供給及管理體系，政府部門與民間非營利團體則扮演重要的角色。

14.規劃交通運輸環境：

(1)在道路環境與運作方面，美國聯邦公路局（Federal Highway Administration, FHWA）自一九八○年代末期即針對提升高齡者移動能力與安全的相關工程作為，系列出版特別報告及設計手冊，同時主辦相關研究計畫與研討會（Older Driver Workshops），研提改善對策，並落實至道路設計等方面。

(2)在公路幾何設計方面，除了提供適用於高齡駕駛者之道路相關
設計要素（例如視距考量、道路平面線形與縱斷線形、橫斷面
設計因素等）。

(3)特別針對行人以及身心障礙者進行相關設計，以提供這些特殊
使用者安全而便捷的運輸環境。如高齡者適用之步行輔助設
施、先進公共運輸系統及駕駛支援系統等。

15.促進老人休閒參與：

(1)推展多樣化的休閒活動型式與擴大老人休閒參與。

(2)積極推展以休閒活動為平台，推動不同族群之溝通與融合。

(3)推動居家的休閒活動型式。

六、德國

社會保險制度提供照顧者假期的照顧津貼（holiday care
allowance），此津貼旨在減除長期的照顧負擔，藉由提供現金給付
（payment）去支付一年四星期為上限的短期替代照顧的費用，最高額度
是1,432歐元，促使照顧者能在家購買喘息服務或付費到喘息照顧中心接
受服務。

七、日本

(一)支持家庭照顧老人

實施介護保險，居家受照顧對象依失能程度不同而給予不同天數
之短期照顧天數：(1)需支援者（七天）；(2)照護等級I（十四天）；(3)
照護等級II（十四天）；(4)照護等級III（二十一天）；(5)照護等級IV
（二十一天）；(6)照護等級V（四十二天）。

(二)完善老人健康各社照顧體系

「綜合推動建立健康的身體」方針下研擬三項對策：(1)推動終身建立健康的身體；(2)整備建立健康身體的機構，培育人才；(3)推動照護預防。

(三)高齡者住宅

1.一九八七年實施「銀髮住宅計畫」（silver housing），著眼於高齡者的生活特性，設置生活談話室及集會室，考慮無障礙的細部設計。並常駐「生活援助員」（Life Support Adviser, LSA），以提供生活諮詢、安康確定及緊急對應等服務。一九九〇年更由鄰近的「日間照顧中心」派遣照顧服務員，以加強在宅服務。

2.一九九四年建設省（國土交通省）提出「生活福祉空間建設大綱」，確立高齡社會的福祉建設綱要，重整生活福祉之基礎。同時，實施「高齡者、身體障礙者等圓滿使用特定建築物之建築促進法律」，被稱為「愛心法」（Heart Building, ハートビル法），以規範特定建築物之無障礙規劃設計標準。

3.一九九四年制定「新黃金計畫」（new gold plan，新ゴールドプラン），包括在宅服務、機構照顧、綜合性高齡者自立支援對策、綜合性失智性高齡者對策、推動高齡者的社會參與，以培養高齡者的生存意義。其推動的支援措施，包括住宅對策及社區總體營造。

(四)規劃交通運輸環境

1.二〇〇〇年通過一項「促進高齡者及殘障者順利使用公共交通工具之相關法律」，通稱為「交通無障礙法」（交通バリアフリー法），具體的推行方針包括：(1)交通事業者方面，由「交通無障礙法」規定其義務，亦即業者必須利用新購車輛及場站改建的時機，採用符合「移動圓滑化（無障礙化）基準」之運具及設施設

計；對於既存的旅客場站及車輛，也規定交通業者必須負起改善的責任。(2)由市町村（相當於國內鄉鎮市之行政層級）的地方行政機關方面推動，實施道路、場站及其周邊的整備。

2.日本國土交通省依據該法推廣行人無障礙空間網絡的計畫，希望藉由各地區自行網絡的方式，使高齡者或身障者在移動時能享有更高的便利性和安全性，以達到全國無障礙的最高境界。

3.通用交通管理系統分別將高齡者與障礙者同時考量於「步行者等支援情報通信系統」中。包括高齡者適用之步行輔助設施、先進公共運輸系統等。

(五)促進老人休閒參與

1.提供老人免費的活動設施，並對於媒體添加字幕，使老人在接受訊息時，可以完整接收。

2.推動之專業證照有：(1)休閒活動技術指導員（recreation instructor）；(2)休閒活動規劃統籌指導員（recreation coordinator）；(3)福利機構休閒活動工作員（recreation worker）；(4)團康休閒活動社會工作員（group recreation worker）；(5)餘暇生活開發員及諮商員；(6)野外活動指導員等。

八、丹麥

一九九六年起規定各地方自治體有義務對七十五歲以上之高齡者，每週兩次進行訪問，而且由地方政府負責管理高齡者特別住宅，包含養護所、庇護住宅（sheltered housing）、公寓式共同住宅（sheltered housing and specially adapted dwelling in council housing），並於高齡者住宅法案中明定住宅相關條文。

九、小結

綜合上述先進國家之福利措施，可供我國借鏡之處甚多，茲以美國為例，在社會救助方面，補充性的安全收入（supply security income, SSI），經資產調查提供低收入戶的老人及身心障礙者（值得幫助的窮人）補充性安全收入所得，一般窮人（不值得幫助的窮人）則認為政府不需要介入。SSI係聯邦政府保證低收入的老人及身心障礙者最低所得政策，以補差額方式，使相同家庭結構的低收入老人及身心障礙者的最後生活水準相同，讓結果平等；而我國對於符合資格的老人及身心障礙者給予固定給付，並無保證所得之概念，此一制度值得我國政策上之參考，再者，美國聯邦最高法院於一九六九年判決「領取給付設有居住期限」之規定違憲，以示對弱勢之照顧，惟我國至今對老人領取給付仍有居住期間之限制，亦值得檢討（黃煌雄等，2002）。二○○○年四月七日美國總統公布一項「二○○○年老人公民工作自由法案」（The Senior Citizens' Freedom to Work Act of 2000）將不允許老人有工作收入的上限取消，而且亦允許享受社會安全福利者在領取社會安全福利金時繼續擁有工作所得和收入（蔡文輝，2003）。

第三節　我國老人福利政策之內涵

有關老人福利服務之目標，政府與民間亦應積極維護老人尊嚴與自主，形塑友善老人的生活環境，基於此一理念，「老人福利法」二○○七年之修訂係以達到促進老年尊嚴、獨立自主生活為主要目的，為因應老人照顧服務之需求多元且複雜，具不可分性，並納入先進國家新穎觀念及預防措施，例如雇主不得歧視老年員工，政府得代替老人聲請禁治產宣告，以確保財產安全及增設居家式、社區式及機構式服務設施等，

讓老人照顧符合「全人照顧、在地老化、多元連續服務」等原則，以符合英、美、日等先進國家就高齡化社會提供老人福利服務之共同特徵之一（徐慶發等，2007）

一、當前老人福利政策內涵

(一)保障老年經濟安全

一九八九年台灣老人之生活費用之主要來源，取自子女奉養的比率從58.37%減少至二○○五年的46.48%，子女願意與父母同住之比率已逐年遞減，而政府救助或津貼自一九八九年的1.23%上升至二○○五年的15.97%。此一趨勢所反映出台灣老人在經濟上依賴子女之提供的情況愈來愈少，反而是依賴政府的比率上升，此一現象明顯反映與政府之政策有相當之關係（如**表12-1**），隨著二○○八年十月一日起實施之國民年金及二○○九年一月一日實施之勞保年金，由原來一次給付改為按月給付方式，對老年之經濟安全保障將更為周延。

表12-1　我國老人之主要生活費用來源

來源 年度	工作收入 （含配偶）	本人的退休金、撫恤金或保險給付	儲蓄、利息租金或投資所得	子女奉養 （含媳婦、女婿）	社會或親友救助	政府救助或津貼
1989	10.95	11.87	16.11	58.37	0.86	1.23
1991	10.78	16.07	17.41	52.37	1.09	1.57
1993	10.85	14.76	19.18	52.3	0.86	1.61
1996	11.64	17.55	15.21	48.28	0.4	6.37
2000	13.72	15.93	9.26	47.13	0.53	12.33
2002	13.4	16.48	10.28	44.11	0.31	14.81
2005	14.49	13.04	9.22	46.48	0.46	15.97

資料來源：內政部（2005），「老人狀況調查」。

(二)維護老年尊嚴與自主

1. 老人應能過著有尊嚴與安全的生活，並能夠免於被剝削和身體或精神虐待。
2. 不分年齡、性別、種族、失能與否或其它狀況，老人都要能夠受到公平之對待，且其對經濟的貢獻應受到重視。

(三)提供多元連續服務

1. 老人應能獲得符合其社會體系和文化價值之家庭及社區的照顧與保護。
2. 老人在任何居住、照顧與治療之處所，應能享有人權和基本自由，包含對老人尊嚴、信仰、需求、隱私及決定其照顧與生活品質之權利的重視。
3. 老人應能夠在人性及尊嚴之環境中，適當利用機構所提供的各種服務，包括保護、復健，以及社會和心理的激勵。

(四)促進老人身心之健全與發展

1. 老人應具有追求充分發展其潛能的機會。
2. 老人應獲得社會之教育、文化、宗教、娛樂等資源。

(五)老人教育之推動

教育部發表老年教育白皮書，說明老化是過程，必須從兒童開始教育老化之觀念，重視以教育之方式，由下而上讓國人從小接受老化的知識及具備正確的老化觀念，以消除年齡歧視，進而迎接高齡社會應有的各項挑戰。

二、老人相關服務措施（「老人福利法」第16條至第33條）

1. 生活照顧：(1)居家式服務；(2)社區式服務；(3)機構式服務。
2. 衛生保健：(1)健康檢查；(2)保健服務；(3)補助健保相關費用；(4)維持獨立生活能力；(5)協助辦理喪葬事宜。
3. 社會參與：(1)交通及文康之優待；(2)老人教育；(3)休閒運動；(4)鼓勵老人志願服務；(5)老人就業之保障。
4. 住宅服務：(1)住宅修繕；(2)租賃房屋補助；(3)推動適合老人住宅。
5. 照顧者服務：(1)協助並提供老人扶養之相關訊息；(2)協助失能老人之家庭照顧者。

案例

台灣屏東地方法院刑事判決（八十四年度訴緝字第一一一號）

公訴人：台灣屏東地方法院檢察署檢察官

被告人：王〇〇

右列被告遺棄案件，經檢察官提起公訴（八十三年度偵字第〇三三三號），本院判決如左：

主文

王〇〇對於無自救力之直系血親尊親屬，應養育而遺棄之，處有期徒刑捌月。緩刑伍年。

事實

一、王〇〇係王老先生、王謝女士之子，原本居住在一起，竟於民國（下同）八十年間起因故外出，遺棄無法自行維持其生存所必要能力高齡八十歲之王父（五年九月四日生）及七十歲之王母（十五年一月十六日生）二人於不顧，而不為依民法應負養育之義務，致王父

及王母二人生活發生困難。

二、案經王○○之妻王吳女士告發請求台灣屏東地方法院檢察署檢察官偵查起訴。

理由

一、訊據被告王○○矢口否認右開犯行犯罪，辯稱：伊都有拿錢回家給伊父母云云。惟查，右揭事實業據證人王吳女士於偵訊時指述甚詳（參見檢察官八十三年一月四日訊問筆錄），核與被害人即被告王○○之母王謝女士證稱：王○○出外工作三年多來，都不拿錢回來給伊夫妻；都是伊媳婦王吳女士做點小生意，不夠的再向伊娘家兄弟或伊媳婦向其娘家支用，伊先生（即王父）八十歲了，無法工作（參見檢察官八十三年一月十五日訊問筆錄）等語；及被害人即被告王○○之父證稱：伊現在沒有工作，王○○伊一直都沒有回家（參見本院八十三年八月等語相符），被告王○○亦供稱：伊因夫妻吵架，所以未和父母妻小同住；沒有每個月固定拿錢回家；有時不方便就沒有給他們；不一定拿多少錢（參見本院八十三年八月十日、八月十七日訊問筆錄）等語。按刑法上所謂無自救力之人，係指其人無自行維持生存所必要之能力者而言，如因疾病、殘廢或老弱、幼稚等之人等是（參見最高法院三十二年上字第二四九七號判例），被害人王父高齡八十歲，王母為七十歲，應屬無具備自行維持生存所必要之能力無誤，綜上各情，被告前開所辯，無非事後諉卸之詞，不足採信，本件事證明確，被告犯行，洵堪認定。

二、核被告王○○所為，係犯「刑法」第二九四條第一項之罪。其係對於直系血親尊親屬所犯，應依法加重其刑。爰審酌被告為人子女不知孝順父母，率而離家，令父母傷心欲絕，姑念其事後為父母新建房屋，此有其所提出之照片及王母到庭證述，堪信為真實及其犯罪之動機、目的、手段、所生危害等一切情狀，量處如主文所示之刑，

以資懲儆。末查被告前此未曾受有期徒刑以上刑之宣告,有台灣屏東地方法院檢察署刑案資料查註紀錄表附卷可稽,其在犯罪後已為被害人興建房屋居住已如前述,且有拿錢回家,足見被告經本次罪行之宣告後,已知所警惕而無再犯之虞,本院因認對其宣告刑,以暫不執行為適當,爰併諭知緩刑伍年,以勵自新。

三、老人保護措施

台灣地區老年人口比例已突破10%,雖說「家有一老,如有一寶」,但對雙薪家庭或無法承歡父母膝下的子女,卻是「家有一老,全家煩惱」。

人類日趨長壽之事實,更讓我們的人生邁入雙重責任時代,高齡者健康情形的最大特色之一,就是體能逐漸以緩慢與穩定的速度衰退中,醫學雖然發達,但現代高齡者,面對的是醫藥科技也束手無策的老人痴呆症和風濕等慢性病,這些疾病可以拖上數十年,令病人及家庭照顧者都痛苦萬分,也由於八十歲以上高齡者有日漸增多的趨勢,因而,全人類邁向新長壽時代的事實,也指出未來必須隨時準備肩負起保護、關照年邁雙親的責任,這份責任包括了長年的實際照護工作。

(一)老人保護工作信念(朱鳳英,1995)

1.所有老人都享有五項基本權利:即選擇隱私、獨立自主、合適品質、生活及保護與安全等項權利。

2.在無健康及生命之威脅下,「在地老化」(aging in place)是老人終老的最佳安排。

3.我們堅信擁有非正式支持的居家安全,遠勝於任何正式介入的服務,安全且有正式的協助遠比非自願性的照顧好,而限制較少的非

自願性照顧又比安全受監護的機構安置好。因此，在沒有健康及生命危及之前提下，自由比安全更為重要。

4. 政府有權介入家庭，改善照顧者不當或不適的照顧，家庭原本適合保護、照顧老人的地方，所以，當老人的權利在家庭當中受到侵犯時，政府基於保護人民的責任，應主動介入此項干預，以維護老人的權益。

5. 老人是完整的個體享有基本的人權：老人無論年齡、健康狀況或有無行為能力都是一個獨立而完整的個體，有其感受與應有的人格尊嚴，因此，不管老人狀況如何，皆應受到重視與尊重「人類有免於疾病的自由」，且人人應享有的基本人權。

(二)老人保護服務的法律原則

對於初級的非正式照顧體系（親屬）若能滿足老人需求，而第二級的非正式照顧體系（鄰居、朋友）則無需要，若第二級的非正式照顧體系足以提供情感支持、金錢與物質的協助等服務，則第三級的正式照顧體系（政府服務組織或政治、經濟機構之介入）亦無必要了。例如管理人員可以做好的工作，監護人員的任用則無必要了，如果有限的監護人制度可以達成目標，整體監護人制度，更無存在之必要，如果代理、聯合銀行帳戶或信託此類的志願過程可達成預定目標，則非志願的過程也就喪失使用價值了，因此，面對一個老人要被送至機構安置時，法院認為應該考量最少限制的使用是否可能彌補一個人所有的功能不足的問題——此即最少的限制選擇理論（the doctrine of the least restriction alternative）（李瑞金，1994）

(三)老人保護之法源依據

為維護老人尊嚴與健康，安定老人生活，保障老人權益，增進老人福利，老人福利法制定從原來之「宏揚敬老美德」修正為「維護老人尊

嚴」，以釐清老人保護乃係老人身爲公民應有權利之定位，依據先進國家之主張，社會福利已不再被視爲是慈善行爲，而是社會風險之共同分擔與身爲公民之基本權利，此爲老人福利法之立法精神，亦係老人福利的特別法，舉凡對於老人之定義，經濟安全服務措施、福利機構、保護措施都有詳盡之規定，俾爲老人福利之依據。茲就相關老人保護措施分述如下：

■老人福利法（二○○七年最新修訂與老人保護相關條文）

● 服務措施方面

「老人福利法」第二十九條規定：「雇主對於老人員工不得予以就業歧視。」隨著高齡化社會來臨及平均壽命延長，老人持續於職場工作之情形將亦趨普遍，爲避免其因年齡因素受到雇主歧視，並藉以宣示政府重視老人人權，符合先進國家禁止各項就業歧視之規定。

就前項立法意旨宣示大於實質意義，法律之制定首重於執行力，「老人福利法」雖考量老人之權益──工作權，但未予處罰之條例，造成執行上之困境，建議應與各國之規定及二○○七年修訂之「就業服務法」第五條就業年齡之歧視，訂定處罰（罰鍰）之規定，始能彰顯法律效力。

美國國會在一九六七年藉由制訂「職場年齡歧視防制法」（Age Discrimination in Employment Act of 1967），使雇主更難開除那些年老的職員。該法案後來亦經修正，禁止雇主對四十歲以上的受雇者，因爲年齡之緣故給予差別待遇。原來之立法意旨係以保障四十歲至六十五歲年齡層者，所以六十五歲強制退休是被允許的。但是在一九七八年又將年齡提高至七十歲。而在一九八六年則刪除了年齡限制。因此，任何年齡的強制退休，以及因爲受雇者年齡之緣故，雇主部分或完全降低受雇者的勞動條件，除了少數例外特殊性情況之外，目前一律不合法（高忠義譯，2001）

- **福利機構方面**

「老人福利法」第三十八條規定：「老人福利機構應與入住者或其家屬訂定書面契約，明定其權利義務關係。」

實務上，內政部業已訂定安養定型化契約範本及其應記載、不得記載事項，養護（長期照護）定型化契約範本，但因現行條文欠缺強制性規定，造成部分機構因未訂定契約而產生糾紛，為保障老人入住權益，特別增訂本條規定。

因應台灣社會高齡化趨勢，行政院消費者保護委員會指出，未來「養護（長期照護）定型化契約範本」除規範強制約束須徵得住民或其家屬事先同意外，須納入專業判斷，並落實養護機構立案、投保公共意外責任險等制度。重點為：(1)加強養護機構相關重要資訊的揭露：契約範本強制規範養護機構必須將立案證書、投保公共意外責任險證書文件、地方主管機關最近二次評鑑等次，以及評鑑指標項目內容公開揭示。(2)重行檢討住民強制的約束之規定，為保護當事人及院內住民之人身安全所做的必要措施，例如強制約束執行時，除有時間上之急迫性，又涉及人身自由，為兼顧執行面及法律面，規定院方強制約束須徵得住民或其家屬事前同意外，並須經醫師診斷或護理人員參考醫師以往診斷紀錄，得於必要時經評估有約束必要性後，才可使用適當約束物品，且該同意書僅於「僅訂後三月內有效」，並須定期檢討是否有持續約束之必要性。

第三十九條規定：「老人福利機構應投保公共意外責任保險及具有履行營運之擔保能力，以保障老人權益。」

對於老人之居住安全屬設立後營運時應具備之條件且涉及人民權利義務事項，應以法律位階明定，以保險老人生活、居住之安全性。

- **保護措施方面**

「老人福利法」第四十一條規定：「老人因直系血親卑親屬或依契

約對其有扶養義務之人有疏忽、虐待、遺棄等情事，致有生命、身體、健康或自由之危難，直轄市、縣（市）主管機關得依老人申請或職權予以適當短期保護及安置。老人如欲對之提出告訴或請求損害賠償時，主管機關應協助之。」

除依法律負有扶養義務（「民法親屬篇」第一一一四條規定為直系血親相互間、夫妻一方，與他方之父母同居者，其相互間，兄弟姊妹相互間、家長家屬相互間）者外，實際上亦有依契約負有扶養義務者，相關置於危難之行為，除刑事（遺棄罪）告訴外，亦有民事侵權行為損害賠償問題。

直轄市、縣（市）主管機關對於無意識、無表達能力或無行為能力之老人能由主管機關依職權予以保護，不再由徵得老人同意或依老人之申請，改由主動積極之保護。

第四十二條規定：「老人因無人扶養，致有生命、身體之危難或生活陷於困境者，直轄市、縣（市）主管機關應依老人之申請或依職權，予以適當安置。」

有鑑於老人因無人扶養，致有生命、身體危難者或生活陷於困境者，常有無法為清楚之意思表示情形，如欲徵得其同意乃屬不可能，現實上又有予以適當安置之保護必要，故依職權予以事實上認定，予以適當安置。

第四十三條規定：「醫事人員、社會工作人員、村（里）長與村（里）幹事、警察人員、司法人員及其他執行老人福利業務之相關人員，於執行職務時知悉老人有疑似第四十一條第一項或第四十二條之情況者，應通報當地直轄市、縣（市）主管機關。直轄市、縣（市）主管機關接獲通報後，必要時得進行訪視調查。進行訪視調查時，得請求警察、醫療或其他相關機關（構）協助，被請求之機關（構）應予配合。」

參考「兒童及少年福利法」第三十四條第一項規定，明定相關人員於

執行職務時知悉老人有疑似受虐、遺棄等情事，或有生命、身體、健康或自由危難之通報責任與協助調查單位，使亟需受保護之老人得以儘速由主管機關予以適當保護安置。並增訂主管機關必要時得進行訪視，爲保護工作人員之人身安全，並得請求相關機關協助，相關機關應予配合。

「老人福利法」第四十四條規定：「爲發揮老人保護功能，應以直轄市、縣（市）爲單位，並結合警政、衛生、社政、民政及民間力量，建立老人保護體系，並定期召開老人保護聯繫會報。」

爲加強發揮老人保護功能，明定相關力量之結合及其聯繫機制，以強化老人保護力量。

● **經濟安全方面**

1. 歷次老人生活狀況調查顯示老人極爲重視經濟安全議題，「老人福利法」此次修正特增列經濟安全專章，其中包含基礎性年金制度，選擇性生活津貼與支持性之特別照顧津貼之經濟安全制度，以逐步建構老人經濟安全（「老人福利法」第十一條、第十二條）。

2. 再者，爲因應精神耗弱或心神喪失老人之財產保護，經濟安全章特別增列得由主管機關爲上述之老人聲請法院禁治產宣告事宜（「老人福利法」第十三條）。

3. 茲爲鼓勵老人財產交付信託條文，以保護老人財產促進老人經濟安全，而交付信託係財產管理方法之一，對於老人經濟安全尤具正面功能，規定主管機關應加以鼓勵，以避免實務上老人之財產被其家屬、照顧者侵占或詐騙情事，而造成另一社會問題，若能鼓勵老人財產之信託，限於使用方法，將可保護老人之財產安全（「老人福利法」第十四條）。

■ **「刑法」**

1. 遺棄：

   (1)遺棄無自救力之人者（第二九三條）。

(2)對於無自救力之人，依法令或契約應扶助、養育或保護，而遺棄之或不爲其生活所必要之扶助、養育或保護者（第二九四條）。

(3)對於直系血親尊親屬遺棄者（第二九五條）。

2.傷害：「刑法」第二七七條至第二八一條參照，包括普通傷害、加重傷害、義憤傷害、傷害直系血親尊親屬，加暴行於直系血親尊親屬等罪。

3.妨害自由：「刑法」第三〇二條至第三〇三條參照，包括剝奪他人行動自由、剝奪直系血親尊親屬行動自由等罪。

除上述列舉之具體事項之外，尚包括「民法」、「家庭暴力防治法」（第二、三條）、「性侵害犯罪防治法」（第一至十七條）等保護之規定，對於老人身體、心理、生理、性侵害、財物性剝奪等具有立法規定，如何終止老人所受的不當對待及降低老人因被不當對待所造成之衝擊，乃係老人保護工作刻不容緩、當務之急。

(四)老人保護工作之改進措施

現行老人保護工作之缺失，包括對於需要特殊安置之老人，其安置期間過短，對於老人安養、養護中心的規範與約束不夠具體明確，老人福利法欠缺明確的處罰規定，以及社工人員欠缺對於相關法令的認知等問題，改進措施方面，法令應授予實務人員更大之權限，將可提供老人更完善之保護，另一方面，法令亦應賦予安護、養護中心具體明確之責任，以避免其鑽法令漏洞。最後，爲提升社工人員之專業能力，應對於承辦人員施以相關之在職進階教育訓練（鄧學仁、黃翠紋，2005）。

保護老人是社會全體國民的共同責任，國人應摒棄「家醜不可外揚」之觀念，主動積極配合，建立全國各級通報系統，以鼓勵疑似虐待、遺棄事件之舉報及告發，因此，教育社會大眾對老人之尊重，建立

正面之形象及自信心，加強老人自我保護意識之覺醒，提升老人保護自己與處理受虐時之能力、加強、掌握、瞭解受虐之緣由，規劃、提供更適合老人之保護服務，老人福利所追求者爲「老人與社會」間之良好互動關係，多省思老人福利服務之「質」與提升老人福祉之「層次」，對防止老人受虐將帶來更多、更好之功效及影響（蔡啓源，2005）。

 案例

兄弟討家產，狠心餓老母

■只好靠救濟來過活

　　台中市東區有兩兄弟爲了讓八十多歲的母親將不動產過戶給他們，竟然不給母親吃飯，也不給生活費。在沒錢又肚子餓之情況下，老母親只好找上里長幫忙，領取救濟米糧維持生活，最後在地方人士居中協調下，才將市價逾兩千萬的房子過戶給兒子，而老母也才有一口飯可吃。由於經濟不景氣難以維生，兩兄弟曾經多次請求母親將該不動產過戶給他們，可以變賣做小生意，以改善生活狀況。但老母親卻相當固執，認爲土地才是財富之根本，不同意兒子們的想法。兩兄弟爲此事與母親爭吵多年，甚至乾脆搬到台中縣居住，不與母親同住一個屋簷下生活。爲了爭取不動產所有權，兩兄弟最後下了狠招，不但不給母親錢，更在母親前來住家時，不煮飯給她吃，其老母親雖然坐擁市價兩千多萬元的精華土地，卻不能轉換成食物，只好向當地里長求助。

■老婦被迫過戶財產

　　里長爲這位老太太向區公所申請老人年金，沒想到承辦人員調查之後發現，老太太的不動產公告地價超過八百萬元，因而不能申請，里長及鄰長曾經苦勸這位老太太，乾脆把這筆不動產變賣，至少可獲得兩千多萬元現金，儲存在銀行中生利息，一輩子也用不完，但老太

太捨不得賣掉丈夫留下的遺產，在此情況下，里長只好請附近廟宇及善心人士捐助救濟白米，讓老太太不致餓肚子。

　　然而，只吃救濟的白米終究不是解決方法，里長及地方人士最近也協調老太太的兩個兒子出面協調，最後在眾人苦勸下，老太太終於同意將此筆不動產過戶給兩個兒子，而其中一個兒子也回到家中，與老太太一起生活，才解決此一家庭糾紛。

資料來源：林良哲（2007），〈兄弟討家產，狠心餓老母〉，《自由時報》，11月12日，B2版。

第四節　老人福利服務事業人員之職責

一、專業人員對老人的態度

　　職場首重之議題是態度，人際間的交往很少是中立或不帶有情緒色彩的，提供人性服務者更不例外。若未經訓練就進入老人服務事業，工作者常不自覺地反應出文化投射在老人身上之負面看法。亦有顯出恐老、懼老的心態，認為「托兒所是希望的工程，養老院是夕陽西下的事業」，繼之而來的嫌惡、拒絕反應，最後更以「老的失能與病態是必然的結果」而合理化一切，甚至放棄的態度。這些對老化的負面反應可依序分為四類：貶值化（disvaluation）、邊緣化（marginalization）、內化（internalization）、標準化（normativity）（李開敏等譯，1996）：

(一)貶值化

　　佛格壽（E. Ferguson, 1975）曾描述了一些對老人的刻板印象與迷思，對老人的刻板印象在所有的社會中皆存在，雖然大都是迷思，但卻是根深柢固，而且缺乏足夠的證據加以反駁。老人常被認為是較沒有智

慧、不願學習、食古不化、職場上的危險分子、因缺乏進取心所以容易滿足及缺乏適應力等。這些迷思已喪失敬老尊賢之意味,而是充滿「對老人的歧視」(agism)。老人歧視是從成本利潤觀點考量,將目前只取不予的老者視為較無價值,例如老人在醫療照顧是否能繼續維持,以年齡基準來考量福利分配已不足為奇了。

(二)邊緣化

老人或許可免於被刻意排斥或歧視,但他們常被社會忽視或遺忘,在台灣,只有在每年農曆九月初九,俗稱「重陽」之日,政府首長或代表等象徵性的探視百歲人瑞,以表示重視老人,在政府的眼中,不管能力與意願,甚至事實真相,老人依舊是失能的依賴人口,只會成為社會沉重的負擔,對於老人,最終的政策,就是全部送進養老院(邱天助,2007)。老人的形象即便是正向描述,卻非主角,他們像是邊緣陰影,和主要事件無關,他們既不被愛與不被恨,而只是被忽視。

(三)內化

偏見最可怕之效果是當受害者接受自己被醜化之形象而依從作為行為依歸,例如老人將僵化與無生產力之迷思內射,而失去學習與做事之信心,一旦失去自信,就陷入刻板印象中註定失敗之命運輪迴。特殊塑型的結果可能造成受害人變成自卑和自賤,承認其特殊塑型的真實性而更進一步表現出自我實行預言(self-fulfilling prophecy)的特徵(蔡文輝,2006),失能老人因低目標取向及低估自我實現潛力,而使其自主性受到限制。老人為了集中精力避免最終的潰敗——機構安置,放棄了所有成長及社會參與之希望。臨床工作中經常發現依賴感的內化,一些功能尚佳的老人表現過度無助是有所矛盾,加工性的佯裝依賴藉以獲得他人之注意及持續照顧。

(四)標準化

文化對老年所設定之規範亦為態度之形成，對年齡適當行為的界定也是獨斷且經常變動的，但對老年的界定與限制較一般年齡層更多，之所以如此，或許還因為老人對年齡規範較為重視之緣故。美國護理之家之老人多少總會承受一些微妙卻屬降格排斥的程序所帶來之困擾，例如員工在決策過程中不問老人本意而代為決定。

一般在長期照顧機構中不僅老人是唯一受害者，當中所反應的主要是行政體系中人員短缺、訓練不足的管理便宜措施，雖非全然是懷有惡意，但機構中老人易成為目標，主要因素是他們過度衰弱無法自顧本身應有之權益，另方面是喪失親友欠缺依靠。Blenker（1965）建議提供支持卻不以順從作為代價。在專業助人關係中亦應排除優越意識，故示恩惠之姿態，或者假藉熟識而侵犯老人個人隱私。

老人常被複雜的補助條件申請表格望之卻步，等待結果遙遙無期，而體力之耗費、交通之支出，大排長龍及工作人員不耐的態度卻令老者自動放棄權益，空有政策之名，卻為德不卒。社會工作者介入提供服務，確保老人權益時，亦被多如牛毛之法令困惑不已，無從著手，事實上，老人實務工作者，必須充分瞭解的法律是老人福利法，該法直接提及有關社會工作者之任務，主要是注重於老人保護方面，包括：(1)責任之通報；(2)調查之訪視；(3)提供老人保護具體措施；(4)協助老人妥適之安置等項（「老人福利法」第41、42、43條）。

二、社會工作者面對一般倫理議題之處理

(一)專業倫理兩難抉擇

專業倫理兩難（professional ethical dilemmas）係指社會工作者必須由兩個相近的選擇，或是相等價值之間任選一個所造成的抉擇困境；而

社會工作的倫理兩難即指一種問題的情境或問題無法獲得滿意解決之困境，因此，社會工作者必須面臨在兩個相近選擇或相等價值之間擇一的困境（潘淑滿，2000）。例如對當事人的保密原則是重要的，而保護第三者也是重要的，在保密與保護人身安全之間，若是判斷錯誤，都有可能造成對當事人之隱私的侵犯或對第三者生命的威脅。

因此，當面臨專業上的倫理兩難時，社會工作者也就面臨了要作倫理判斷。通常倫理判斷包含四個層次：(1)瞭解身為專業助人者的法定義務；(2)理解並熟悉社會工作倫理守則的價值與內涵；(3)熟悉對於某些案主持有的倫理考量；(4)將上述的理解運用於服務的過程中。一般而言，社會工作者對當事人之法定義務，包括照顧、尊重隱私、保密、告知、報告、提出警告的義務等，亦即在進行倫理兩難的判斷時，須以此為基本要件（陳慧女，2004）。

(二)專業倫理判斷次序

社會工作者在處理案例時，都適用一般的倫理守則，在執行職務時，對當事人之利益、保密等有基本之規定，其中對於所服務的案主之協助部分，分述如下：

1.基本態度：秉持愛心、耐心及專業知能為案主服務。
2.平等待遇：不分性別、年齡、宗教、種族等，本著平等精神，服務案主。
3.保密原則：應尊重案主之隱私權，對在專業關係中獲得之資料，克盡保密責任。
4.案主自決：應尊重並培養案主自我決定能力，以維護案主權利。
5.最佳利益：應以案主之最佳利益為優先考量。
6.利益迴避：絕不與案主產生非專業的關係，不圖謀私人利益或以私事請託。

7.同儕支持：應在必要時協助同仁服務其案主。

對於這些原則相互間若產生衝突時，Lowenberg與Dolgoff（1992）所提出之倫理判斷原則順序可供社會工作人員實務工作之參考。依序為保護生命、差別平等、自由自主、最小傷害、生活品質、隱私保密、真誠原則（潘淑滿，2000）

但實務上所遭遇之案例極為複雜棘手，仍須視具體個案之問題考量有些訊息是絕對要保密的，也就是專業人員不可用任何形式將資料洩露出去，包括不可與機構同事討論、不可輸入電腦、不可記在個案紀錄中。學生或新進的專業人員傾向凡事都是絕對的保密（absolute confidentiality），並輕易向案主承諾絕對的保密，但事實上，很少能做到絕對保密。因多數的員工都屬於機構的一部分，許多機構都靠個案紀錄和與相關人員口頭上的分享做溝通。社工員須向督導詳實報告，並和團體中的成員一起分享。換言之，社會工作實務中的保密是一種相對的保密（relative confidentiality）（Charles Zastrow原著，張英陣等譯，1998），多與同仁在此原則下討論，並傾聽學者專家之意見，避免判斷偏誤。

三、專業人員應具條件

「老人福利法」修訂後，法律授權主管機關訂定居家式、社區式與機構式服務提供者之資格要件及服務準則，以提升居家式、社區式及機構式服務之品質（附錄12-1）。對於服務之提供，於一定項目，應由專業人員為之（「老人福利法」第20條）。

為因應高齡化社會人口結構變遷所可能產生之福利相關需求及提升服務品質，特訂定「老人福利服務專業人員資格及訓練辦法」，該辦法特別列舉所定專業人員，包括：(1)社會工作人員；(2)照顧服務員；(3)居家服務督導員；(4)護理人員；(5)老人福利機構院長（主任），並將各項

專業人員應具備之資格予以規定。

(一)社會工作人員

社會工作人員應具下列資格之一：

1. 領有社會工作師證照。
2. 高等考試或相當高等考試之特種考試以上社會行政職系考試及格。
3. 普通考試或相當普通考試之特種考試社會行政職系考試及格，並領有照顧服務員訓練結業證明書。
4. 具專門職業及技術人員高等考試社會工作師考試應考資格。

(二)照顧服務員

照顧服務員應具備下列資格之一：

1. 領有照顧服務員訓練結業證書。
2. 領有照顧服務員職類技術士證。
3. 高中（職）以上學校、護理、照顧相關科（組）畢業。

老人長期照顧失智照顧型機構照顧服務員應另行取得失智症相關訓練證明文件。

(三)居家服務督導員

居家服務督導員應具高中（職）以上學校社會工作、醫護等相關科系（組）畢業或服務滿五年以上之專職照顧服務員，並須有居家服務督導員職前訓練結業證明書。

(四)護理人員

護理人員應具有護理師或護士證書。

(五)老人福利機構院長（主任）

■長期照護型

除具有護理師或證書資格外，並應從事臨床護理工作一定年資者：

1.護理師：四年以上。
2.護士：七年以上。

■養護型、失智照顧型及安養機構（已辦理財團法人登記）

1.國內外大學以上社會工作相關學系、所（組）畢業，並有二年以上公、私立社會福利機構工作經驗。
2.國內外專科以上學校畢業，領有居家服務員成長訓練結業證明書、照顧服務員訓練結業證明書或曾擔任經由中央主管機關評鑑為甲等以上之社會福利機構主管職務三年以上，並具有四年以上公、私立社會福利機構工作經驗。
3.高（特）考試以上社會行政職系或社會工作師考試及格，並有二年以上薦任職務或公、私立社會福利機構工作經驗。
4.普（特）考試社會行政職系考試及格，領有居家服務員成長訓練結業證明書或照顧服務員訓練結業證明書，並有四年以上薦任職務或公、私立社會福利機關工作經驗。
5.具有護理師證書或護士證書，並應從事臨床護理工作一定年資者。
   (1)護理師：二年以上。
   (2)護士：四年以上。

■小型老人長期照顧養護型、失智照顧型及安養機構

1.具有辦理財團法人登記之老人長期照顧養護型、失智照顧型及安養機構院長（主任）資格者。

老人服務事業概論

410

2.國內外專科以上學校畢業，領有居家服務員成長訓練結業證明書或
照顧服務員訓練結業證明書，並有二年以上公、私立社會福利機關
工作經驗。

3.高中（職）學校畢業，領有居家服務員成長訓練結業證明書，並有
四年以上公、私立社會福利機關工作經驗。

以上所列舉之老人福利服務專業人員除具備各項資格外，每年並應
接受至少十二小時在職訓練，訓練課程包括：(1)老人福利概述；(2)老人
照顧服務相關法令；(3)老人照顧服務工作倫理；(4)老人照顧服務內容及
工作方法；(5)其他與老人照顧服務相關課程。

第五節　老人福利服務未來的課題

　　台灣在社會高齡化及家庭少子化的衝擊之下，老人保護已然成為一
個社會問題，政府應即規劃完善的安養制度因應未來面臨的問題，以適
應時代的潮流。

一、政策之制定應與老人有實質效益

　　日本政府在老人安養的政策上提出五大目標，即：「無拘束、無
跌倒、無褥瘡、無尿布、無輪椅」，一開始即從人性尊嚴出發、訓練、
協助老人自理、面對並建構生活與社會網絡，在政策上有五年計畫、十
年計畫，明確知道現在與未來應該做什麼。政府政策要實質有助於老人
及其家庭的養老優惠方案，不能停留於傳統「養兒防老」的觀念，而是
需要完善的老人福利政策，並且落實推行。例如最近媒體報導非北、高
兩市老人搭乘捷運不得享有半價優待，立法委員怒批捷運公司刁難外縣
市老人，並表示此舉已違反「老人福利法」第二十五條規定，老人搭乘

國內公、民營水、陸、空大眾工具,應半價優待。是以,老人福利法是老人的特別法,老人憑身分證或足以證明老人身分的證件就可以享有優惠,相關法律並未涉及縣市有無補助是否為在地縣市人民等問題。只要年滿六十五歲的老人,出示身分證件,就應當場獲得半價優惠。避免一國多制,為德不卒,政府政策執行上若能多費心,老人就能過得更好。

二、高齡化社會衝擊台灣應制定長期照護法

德國與日本係以保險方式作為長期照護體系之財源,並立法加以規定,其財源籌措為多元,並兼具醫療服務的使用者付費與年金制度的給付受領權利等優點,並能確保長期照護之財源,更符合社會福利公平原則。

台灣面臨高齡化社會,除對整體經濟成長有影響外,更對社會福利政策產生衝擊,政府應借鏡國外發展經驗,研訂較適合於台灣國情的「長期照護法」,或為避免政府財政支出過大,未來實施國民年金法時,採取社會保險模式,研訂「長期照護保險法」。有了法源依據即係政府的職責而非政府的施捨,更是老人應享有之權利,政府即應貫徹執行,以維護老人權益。

三、專業人才養成教育之提升

以產業結構而言,台灣已邁入高齡化社會,著名的管理大師彼得‧杜拉克(Peter F. Drucker)在其名著《下一個社會》大膽預測:人口老化將是二十一世紀人類社會最大的挑戰。如何因應高齡社會的到來,已成為世界各國共同的課題,反觀政府對社會福利照護措施卻無增加相關社福工作,讓居家看護由十七萬名外籍看護之承擔,在長年無休假、低薪與壓力下,發生外勞殺雇主、逃逸與相關社會案件迭有所聞,這種現象

是先進國家少有之情況。若政府能提供更多喘息服務的就業機會，不但讓外勞可喘息，更可增加國內就業機會，勞委會一味發放失業津貼，甚至延長時間為九個月，不如創造新的工作機會與就業市場。

曩昔社會提供給高齡者的支持照護，大多以親友及家屬為主，由政府提供的社會福利服務，僅占其中的一小部分，例如養老院等大型正式機構，目前社福趨勢是讓高齡者在原生社區中安養天年，而非全部送往安養院等機構，這種「在地老化」理念，深受高齡者的支持。另一個會影響照護工作的因素是社會一般人對高齡者的態度。家庭照護者個人環境的經驗與態度，其實就是社會整體態度的縮影，當選擇照護工作時，難免也受這些態度的影響。

整體而言，目前的高齡處境並不特別令人羨慕，長者都希望得到社會起碼的尊重，希望社會有人關心照顧，只可惜此一些微的心願幾乎落空。高齡者年輕時也曾為維持這個國家的社福體系貢獻一些心力，但曾幾何時，當長者最需要的時候卻被社福體系忽略了，數位家住北部的長者，也是身心障礙者，更是中低收入戶，初始係以老人身分申請各項津貼補助，經社福體系核准，但領了十年後，最近，該社福體系卻一再發函催討該長者等溢領補助費，所提理由是老人福利法已修訂，身分不符合必須追繳。事實上，該長者等自始至終從未變更申請，據事後瞭解是承辦人員在未告知之下主動將老人身分變更為身心障礙者身分，雖經長者再三陳情，但錯誤之造成卻由弱勢無助之長者承擔，且限定一個月內要返還（金額將近八萬元，從老福法修正後起算），並先予停發補助津貼，而社福人員事不關己，不聞不問之心態，顯示專業人才養成教育有待提升。

社福專業人員對相關政策，法令應有正確之資訊，才能服務長者，不致陷於錯誤造成損失。有鑒於此，對於高齡者之各項福祉服務，可借鏡於日本重視專業之服務，從制度面著手，規定社福工作人員應經過一定時間的學校養成教育與實習，並接受職前或在職教育與訓練。專業是

可以訓練出來的,但服務工作之態度及熱情仍需靠個人的心志。

四、老人教育終身學習體系之建立

　　終身學習是教育領域的擴張,一九九五年歐盟發表白皮書《教與學:邁向學習社會》(*Teaching and Learning: Towards the Learning Society*),明白指出歐洲未來的社會是屬於學習社會,針對學習社會的行動,具體的建議有五項:(1)鼓勵獲得新知;(2)加強學校與工商企業的關係;(3)照顧弱勢族群;(4)培養三種語言能力;(5)在平等基礎上運用訓練投資(林清江,1987)。

　　在我國人口結構逐漸高齡化之下,老人教育議題更顯重要,但國內關於老人的議題,大多以社會福利及健康醫療保健為主,面對老人人口急劇上升邁入老年後,仍需繼續學習,調適因應,是以提高老人再學習、受教育的自我覺醒,實為當前重要課題,首先老人教育資源應在平等基礎上重新規劃與調整,其次為提供可運用之空間,規劃老人學習專屬場所(例如社區性老人專屬場所),另外對於老人教育教材及教學方式應予改進,提供老人發展性的教育形態與課程,以協助老人完成其自我實現的人生價值。

五、完善老人交通運輸環境

　　很多老人外出交通極不便利,獨自上下公車時很危險,若有無障礙專車為老人定時定點服務也是一種尊重。因此,隨著高齡化社會來臨,勢必對現有交通運輸環境的規劃、設計與營運等各層面予以重視,以維持老人之機動力,提供可及的運輸服務,確保老人自主活動之獨立性,增進其與社會互動之機會。

六、建立老人財產之信託制度

老人經濟之保障，除了年金制度（含退休金）採取各項方法給付之外，最主要的是如何保護老人既有之財產免於被親屬、照顧者之侵占及挪用，甚或被詐騙集團洗劫一空，更造成社會問題。目前「老人福利法」只是形式上的規定為保護老人之財產安全，是以，政府主管機關應鼓勵老人將其財產交付信託，以保障老人晚年經濟生活的安全。

問題與討論

1.試說明「高齡化國家」、「高齡社會」、「超高齡社會」之區別。

2.美國的老人福利政策（法案）有哪些值得我國立法之參考？

3.老人遭受虐待、遺棄、妨害自由，應如何處理？

4.專業倫理判斷之優先次序如何？

5.如果你是畢業於老人服務事業管理學系相關科系，如欲應徵老人福利機構之社會工作人員，應注意哪些要求？

參考書目

丁威、吳靜君（2007），〈43年後台灣將減少400萬人，人口增加率居四小龍之末〉，《蘋果日報》，9月7日，A22版。

內政部（2008），「人口政策白皮書」，台北：內政部。

內政部（2005），「老人狀況調查」，台北：內政部。

朱鳳英（1995），〈老人保護工作〉，《家庭暴力防治及保護服務網路研討會手冊》，台北。

李開敏等譯（1996），Abraham Monk編著，《老人福利服務》，台北：心理。

李瑞金（1994），〈台北市老人保護服務需求及其因應策略之研究〉，台北：台北市政府社會局委託專題研究報告。

邱天助（2007），《社會老年學——年齡、世代與生命風格之探究》，台北：桂冠。

徐慶發等（2007），《老人服務事業經營與管理》，台北：心理。

林清江（1987），〈評1996年歐洲終身學習年白皮書〉，《成教雙月刊》，23期，頁2-8。

高忠義譯（2001），Richard A. Posner著，《老年、社會、法律經濟學》，台北：商周。

黃煌雄、趙昌平、呂溪木（2002），「我國社會福利制度總體檢討報告」，台北：監察院。

陳慧女（2004），《法律社會工作》，台北：心理。

陳燕禎（2007），《老人福利理論與實務》，台北：雙葉書廊。

張英陣、彭淑華、鄭麗珍合譯（1998），Charles Zastrow原著，《社會福利與社會工作》，台北：洪葉文化。

鄧學仁、黃翠紋（2005），〈老人保護現況及其改進措施之實證研究〉，《警大法學論集》，第10期，頁277-320。

潘淑滿（2000），《社會個案工作》，台北：心理。

蔡文輝（2006），《社會學》，台北：五南。

蔡文輝（2003），《老年社會學》，台北：五南。

蔡啓源（2005），〈老人虐待與老人保護工作〉，《社區發展季刊》，第108期，頁185-194。

Blenker, M. (1965). *Social Work and Family Relationships in Old Age*. In E. Shanas & G. F. Streib (eds.), *Social Structure and the Family: Generational Relations*. Englewood Cliffs, N.J.: Prentice-Hall.

Ferguson, Elizabeth (1975), *Social Work: An Introduction (3rd ed.)*, Philadelphia: Lippincott, p.238.

OHCHR (Office of the United Nations High Commissioner for Human Rights) (2006), United Nations Principles for Older Persons, Retrieved from http://www.ohchr.org/engish/haw/olderpersons.htm

Chapter 13

結　論

胡舒雯、蔡靜枝、陳美琴
明新科技大學老人服務事業管理系、服務事業學院、
　企業管理系助理

學習目標

在學習完本章節後，希望讀者能夠：
對於行政人員專業素養的養成能有正確的認識。

在前面的章節中，已深入淺出地為讀者介紹老人服務事業的領域，以及從事該行業所需具備的專業知識與技能，然而光是具備專業知識與技能，並不足以成為一位稱職的老人服務事業專業人員，本章將介紹成為一位稱職的老人服務事業專業人員必備的條件，以及老人服務中的倫理議題與原則，如此方能成就自己，服務老人，創造雙贏的局面。此外，本章亦包含行政工作所需具備的技能、工作準備以及行政人員Q&A，提供有志從事行政方面相關工作的讀者一個參考依據。

第一節　老人服務人員應具備之能力

欲成為一位優秀的老人服務事業專業人員，必先培養自我具備以下之能力：

1. 瞭解老人相關之生理、心理與社會方面知識，且需培養個人敏銳的觀察力與善解人意的心。老人家因為身體機能退化，在各方面的表現或許不如年輕時候，此時更需要的是他人的尊重與關懷，稱職的老人服務專業人員，應以冷靜的態度從旁觀察週遭發生的事物，培養自己的思考與判斷，應由老年人的一舉一動，觀察出對方目前的身體與心理狀態。在工作態度上，則應處處以老人家的感受與需要為主，站在老年人的立場提供最適當的服務，切勿以其身體不佳為由，私自為其決定與其切身權利相關之事，應尊重其自主權。

2. 規劃能力決定了你是否能把事情做好的第一步，有了規劃能力，無論是工作上的追求績效，或是個人生活中的問題處理皆能力求圓滿。凡是組織概念強的人，工作就有計劃，能運用全局的觀念思考。因此，要培養好的規劃力，先要讓自己建立系統化的邏輯思考，運用自己的觀察力，察覺同樣事情不同安排規劃的差異性，並

試著剖析其精髓，經常練習融會貫通，在面對問題或任務時，即能很快地進行定義，瞭解與正確敘述規劃工作的重點與評估成敗的指標，且能獨立完成制訂目標與工作分解的作業，清楚知道自己能夠運用之工具與技能，並加以活用，以達到規劃的目的，提升其工作上的效率。

3.增強執行能力，即是提升競爭力。美國ABB公司董事長巴尼維克曾說過：「一個管理者的成功，5%在戰略，95%在執行。」（歐陽明，2008）強而有力的執行能力，落實執行是達成策略目標的不二法門，換句話說，再好的策略，若無良好的執行，也無法顯示其價值。何謂執行？「執行是一個系統化的流程，它包括對策略的制定、實施、跟蹤，以及責任的具體落實，包括對企業組織能力的評估、對執行相關資源進行有效配置，以及為提高企業執行能力以適應競爭戰略挑戰的實際流程與機制。」（陳彥博，2007，p.82）可見良好的執行能力其牽涉層面之廣，不只企業談執行能力，個人的執行能力亦決定了個人的競爭力，個人能將交付之工作做好，需將資源整合，具溝通協調之能力，方能達成組織目標。在老人服務事業中，如何能做好老人服務，且不與組織目標相衝突，則端看個人之執行能力。

 ## 第二節　老人服務中的倫理課題與原則

　　老人服務事業是以老人為特定服務對象的服務工作，工作的目的在協助個人、家庭、團體、社區及政府機關，能夠提供一個適當的環境，讓老人家的退休生活能健康、愉快、安逸及無憂無慮。

　　老人服務事業涵蓋的範圍有：老人的生活、醫療、健康、教育、財務的諮商或規劃及老人照護機構的經營和管理等。這是一門受社會大眾

肯定的專業性工作，絕非是單純的僅需要愛心和服務熱誠，且也不是大家所認為不重視工作績效的慈善性工作，乃是一門極具專業性之工作。老人服務事業既然是一門專業，自然和其他職業一樣有倫理兩難的議題。因此，專業人員須熟悉下列基本的倫理規範原則，善加利用，成功地處理日常接觸到的人、事與物：

1. 維護個人利益的原則：處理業務上的工作時，憑藉你的專業知識，做出最佳的判斷，創造個人最大的利益。尤其在從事老人健康方面的服務，此工作領域中，許多醫療的手段與治療，多少都會有副作用的產生，要如何讓老人獲得最佳的醫療效果，而將副作用的損害減少到最低的程度，醫療人員應謹慎地處理。

2. 不傷害的原則：不傷害他人的身體，不使人心靈受創。在醫療照護的工作領域中，如同維護個人利益原則一樣，有其困難度。病患因疾病的損傷而求診，侵入性醫療行為的最終目的是消除病患的病痛，但是在進行中卻會造成疼痛。要如何讓病患得到最好的治療，將疼痛或痛苦減到最低的程度，醫療人員應謹慎地處理。

3. 尊重自主決定權的原則：個人的尊嚴、自主決定的權利、選擇的生活方式和個人隱私都應被尊重。沒有人（獨裁者）或團體（政府機關）擁有特權，可以剝奪個人自主決定的意識，限制個人活動的空間，或操縱他人的思想和意志。醫師對病患的醫療建議，確實可影響病患的決定，但最後建議是否被病患採納，甚至拒絕醫療，放棄診治的決定，都應當被尊重。此外個人的自主決定權並不會因為心智或意識的喪失而消失，應由合法的代理人代為行使。

4. 公正與正義的原則：資源分配時，應一視同仁，公平地對待所有的人。社會資源和醫療資源日益短缺的情況下，如何做到公平分配，是社會工作者和醫護人員非常大的挑戰。分配法則的制定會因需求物質的特性、供應量和需求量而異。分配者應謹守法則，公平處

理。

5. **善待人原則**：善待人是個人的美德，心存同情、憐憫、慈悲、和藹、善意和親善，是從事老人服務事業工作基本上應該具有的品格。服務他人時，設身處地感受他們的心，針對他們的需求，誠心地予以協助。

6. **社會利益的原則**：採取行動時，應確知這個行動將會爲社會上最多數人謀求到最大的福利。

7. **代理主事的原則**：如果當事人因意識不清或知識不足，無法行使自主決定權時，代理主事者應抱持以當事人的利益爲出發點的態度，替當事人追求到最大的利益。

8. **誠實的原則**：說謊是不對的，因此在任何情況下都不得說謊，要誠實地對待週遭的人。然而說實話時也要認清對話的對象、時間和地點，如果談論的事物涉及到機密或隱私權，可選擇緘默或僅談論被允許透露的部分。

9. **遵守法律的原則**：法律是社會生活規範的一種，它和倫理規範相同，都是爲了維持社會秩序，確保個人生活的利益而制定。在實質的內容上，法律規範和倫理規範是相互平行的，法律規範是外部行爲的規範，具有強制力來貫徹實施，行爲上違反了法律規範，將遭受司法治罪和刑責，而倫理規範是內部的行爲規範，行爲上違反了倫理規範，但未牴觸法律規範時，將受到良心和輿論的譴責。

10. **尊重基本人權的原則**：基本人權是上天所賦予，人有權掌握自己的生命，獲取資訊，保護私人隱密，自由表達意願和要求自身安全的權利。

以上所論述的規範原則，都是由應用倫理學中的結果論和義務論演繹而出。第一和第六原則出於結果論，原則中所闡述的是，行事的最高原則乃是謀求最多數人的最大福利，所以是行爲結果決定行爲的道德善

惡，道德要求人要能帶給相關各造最大幸福的行為。其他的原則都是從義務論衍生而來，因為善待人、協助人追求最高利益、不傷害人、不對人說謊和不做違法的事，在道德上根本就是應盡的責任和義務。

 ## 第三節　倫理問題思考與討論

　　下面的一篇短文，描述了老年人在健康狀況的變化下，日常生活的安排也跟著有了不同的模式。請讀者仔細閱讀後，試著列出有可能涉及爭議的倫理議題。

　　由於醫療科技的進步，和衛生營養常識的普及，人們的壽命逐年大幅度增長。老年人口比率快速增加，在全世界已開發或正開發中的國家，都是一個非常普遍的現象。對這些年紀過了六十五歲的人來說，人生算是超越了一個新的里程碑，也意味著他們正式進入了老年期。

　　不可否認的，人生在不同的成長階段，都會面對到特殊倫理議題的挑戰，尤其在機能退化、身體日益衰老的老年期，這些議題也就更多，也更為敏感。雖然被牽涉到的議題，遍及日常生活的各層面，然而最常發生的還是在老年醫療、照護和安養等問題上，這些也就是最常引起社會團體、政治團體和宗教團體熱心討論和關懷的議題。

　　一般來說，初進入老年期，也剛從職場退休下來，身體健康情形仍然很好，一些不曾遭受疾病困擾過的幸運者，看起來甚至和中年人幾乎沒有兩樣。他們把退休後的休閒生活視為辛苦工作多年後的一項回報，會善加利用不再工作的機會，去完成年輕時無法達成的願望，積極地參與各項的學習或活動，把日子過得是朝氣蓬勃、多彩多姿。

　　另有一些想法較為消極保守的，認為退休乃是被競爭劇烈的職場所淘汰，為了證明自己仍然是個有用的人，不甘閒賦在家，選擇再度進

入職場，從事較為輕鬆的工作。但是又有一些人，由於中年時不善於理財，退休後沒有固定的退休金可供日常支出，經濟上的壓力，迫使他需要再度進入職場。然而，在尋職的過程中，時常是一個自己熟悉的業務，又不需要太多體力的適當工作，在應徵的過程中，卻因為年齡的關係而被拒於門外。

退休後數年，身體機能逐日衰退，很多活動限於體力已經無法參與，故而慢慢地疏離了人群，老伴和子女成為日常生活唯一的重心。他們仍有獨立照顧自己生活的能力，但是要處理一般的家務事，已經不是他們體力可負擔得了的，這時和兒女同住一個屋簷下，可方便接受他們平時的照顧。

有些老人家們生性樂觀，為了減少兒女照顧他們的負擔，高興地移住養老院，愉快地迎接著每一天的來臨。另有一些老人，子女成家後都離開老家，散居各處，兄弟們為了分擔奉養年邁父母的責任，定期地讓父母遊走於兒女的家庭之間。起初老人家們覺得新鮮有趣，日子一久，疲於奔命，渴望安定而不可得，他們知道，如果住在養老院，平日有專業人員照護，偶爾回到兒女家中團聚，應該是一個最佳的選擇，但是礙於孩子們的孝心，實在是難以啟口。

還有一些老人家懼怕孤單，平時就活在懷念已不在身邊親友的日子裏，常為那些已逝的年華悲嘆，如今又眼看兒媳忙於生活，根本無暇照料他們的生活，深怕有朝一日會被兒女拋棄在養老院不顧而擔心害怕。

最後，老人家的慢性疾病逐日加重，身體脆弱而不得不完全仰賴家人，或安養院內的照護員，來照顧他們的日常生活。醫院成了一個讓他們聞之色變的場所，因為住院意味著重病、手術、疼痛和死亡，但最後仍是逃不了宿命，住進了醫院。

常見一些家人為了鼓舞老人家的求生意志，減輕他對死亡的恐懼，在已被診斷為不癒之症後，刻意隱瞞老人家的病情和死期，期望他可以安祥地離開人世。然而，對那些罹患惡性腫瘤的老人家，卻不是那麼

幸運，醫師試過各種療程不見起色，在疼痛難挨，失眠、缺乏食慾和藥物副作用的摧殘下，老人家日子過得痛苦，在很短的時間就變得瘦骨如柴，在求生不得之下，起了早日解脫的念頭，請求自願放棄一切醫療行動，冀望醫師能助他脫離苦海。家人陪伴在側，目睹此景，雖然不忍眼看老人家繼續遭受如此的折磨，但又不敢違逆傳統社會對孝道的觀念，仍然要求醫療人員盡全力予以施救，拖延生命，對老人家期望早日解脫的願望，只能擱置一旁不予理會。

更不幸的是那些在晚年得了失憶症的老人家，他們關閉心智上所有對外界溝通的管道，讓自己生活在過去舊有的記憶中。病情輕微或個性溫和的，平時在藥物的控制下，毫無意識地活在自我封閉的世界裏，這種情況對家庭造成的影響尚可承受。病情嚴重或具有暴力行為的，只見他平日生活我行我素，怪異的行徑困擾著整個家庭，也騷擾著左鄰右舍。雖然他日常生活的每一個細節，都需要家人照料，卻又不見他願意配合，一不留意就會離家走失，家人怕他在外受到傷害，又怕他傷害到別人，試圖強制局限他的活動空間，但是恐怕鄰居誤會家人對老人施虐，又不忍心看他因失去自由痛苦的模樣。家人在左右為難、疲於應付的狀況下，想把老人家送去養老院，或其他經由政府立案的機構，卻頻頻遭到拒絕。一般私人機構和養老院，拒絕收容具有暴力傾向的老人，所持有的理由，多是因為院內人力資源有限，花費大量的人力在一位住院老人身上，而疏於對其他入住老人的照護，是極不公平的。

第四節　行政工作所需具備的技能與工作準備

　　行政人員的工作內容包羅萬象，除本身行政類工作，如監督與負責辦公室的管理作業、文書資料的準備、檔案系統化管理及保存、訊息的發布、收集帳目等工作外，有時也會涉及到人事類及總務類工作，如從

事人員規劃、人事管理、薪資管理、財產管理、一般行政用品採買、團膳管理、災害疏散及應變計畫、廢棄物回收與一般庶務等工作，在不同情況下各類別的比重皆有所差異。

從事此工作並非需要有特殊的技能，但要有基本的技能與個人特質。基本技能為文書處理、財會、公文辦理及電腦應用等等；個人特質方面為提供客戶服務、進行溝通協調、危機處理、負責任、分析判斷、遵守規定、培養對工作的熱忱及主動積極、吃苦耐勞精神、壓力忍受及情緒穩定、提供一定品質的工作效率、與長官及部門間的人際關係良好、應變反應等能力。

除此上述外，為拉進彼此間的距離，在語言方面中也會因地方方言及公司成員不同需要進行學習，如日文會話、英文會話、商用英文、台語、客家話等。（資料來源:http://www.104learn.com.tw/career/admin.htm）

一、如何成為具專業素養之行政人員

Chris Argris認為，行政人員應具備下列九項外顯的行為特質：

1. 在困難的環境下，仍能有效工作。
2. 能讓他人參與解決難題。
3. 客觀反省自己的判斷和行動。
4. 調查研究時，能不引致他人的敵視及抱怨。
5. 有婉轉表達不滿的技巧。
6. 「勝」不驕，「敗」不餒。
7. 適當地應付上級相反之決定。
8. 認同於工作或專業團體。
9. 能確立切合實際之目標。

二、具專業素養之行政Q&A

Q1：如何有效提升行政績效，推動單位運作責任，充分發揮行政效
　　能，使工作順利達到預期目標？

A：一個高效能的行政人員應具備正確的判斷能力、積極主動的工作
　　熱誠、和諧的人際關係、可信賴的工作態度及穩定的工作情緒管
　　理。行政人員面對單位內部長官、同仁及部屬需維持良好的人際
　　關係，對外與跨機關、部門之溝通與協商，有良好的互動，亦是
　　行政人員重要工作項目之一。

Q2：行政專員或助理的工作內容與範疇包括？

A：1.上級交辦業務。

　　2.行政單位交辦業務。

　　3.其他單位交辦業務。

　　4.部門業務處理。

　　5.文件簽收、簽辦與歸檔。

　　6.簽稿行文。

Q3：行政專員或助理需具備之基本電腦技能有？

A：1.Office軟體應用。

　　2.行政系統運用與管理。

　　3.網頁設計與維護。

　　4.影像編輯軟體。

Q4：行政專員或助理應具備之工作態度包括？

A：1.積極且正面地面對問題。

　　2.努力充實學能。

　　3.務實執行職務。

　　4.保持工作熱誠及親切態度。

Q5：公文撰寫需掌握的要點有哪些？

A：1.公文為處理公務之重要工具，行文必須講求效率。公文製作應具備行文之原因、依據、目的與立場。

2.行文時，撰擬過程必須要有高度之責任心，不但要對機關團體負責，還要向對方負責。

3.在寫作公文時，態度要嚴正，不可苟且敷衍，不宜意氣用事，才能綜覈名實，事情才會處理的合法、合理、合情。

4.撰擬公文要把握重點，主旨須確定，用字用語須適宜、恰當，做到「簡、淺、明、確」，化繁為簡，使公文結構及文字都趨於簡單明瞭，不用奇字，以求淺顯易懂，節省閱讀者時間及精力，條理分明，使公文充分發揮意見溝通，達成處理公務之功能。主旨明確、語氣肯定，且時間、空間、數字需精確，不可模稜兩可，以建立處理公務之責任觀念，提高行政效率。

除上述法定要求外，對於簽稿撰擬之一般原則中有幾項要求：

1.正確：文字敘述應避免錯誤和遺漏，內容主忌主觀、偏見。

2.清晰：文義清楚、肯定且具體。

3.簡明：用語簡潔，詞句通順，段落分明，主題鮮明。

4.完整：從各種角度、立場考慮問題，對相關單位取得協調聯繫。

5.正確使用標點符號。

Q6：公文的結構有哪些？

A：公文結構包括「主旨」、「說明」與「擬辦」。

1.「主旨」：為全篇公文之精華所在，扼要敘述，使閱讀者一目瞭然行文之目的與期望，不分項，一段完成。

2.「說明」：對事件來源、經過與有關法規或前案，以及處理方法之分析等，作簡要之敘述，並視需要分項條列。其內容重點在於敘述「何故」行文，明確敘述人、事、時、地。如內容繁

多，可列為附件附錄。

3.「擬辦」：內容重點在於提出「如何」辦理之敘述，針對事件提出具體處理意見或解決方案。

Q7：預算的執行與核銷需注意的部分包括哪些：

A：1.確實掌握預算執行的成效，有效管控經費的運用。

2.確實掌握預算執行的進度，有效控管經費的額度。

3.發票與收據的核銷需注意發票及收據本身是否具合法性。

4.經費的核銷需符合所屬單位的流程，粘貼憑證力求整齊與乾淨。

5.完成核銷後，正本需送會計單位支付帳款，影本需留存予以備查。

Q8：行政工作上其他應注意事項有哪些？

A：1.對於職務上所保管之文書、財物及器材，應使用於公務上，並善盡保管之責。

2.各項文件歸檔工作需確實完成。

3.遇緊急事件需保持冷靜尋求有效解決方法。

4.面對交辦任務應迅速處理，保持良好的工作態度。

5.簽稿送請核判須附參考資料，若附件資料多筆時，需標示清楚，以利閱讀者審核。

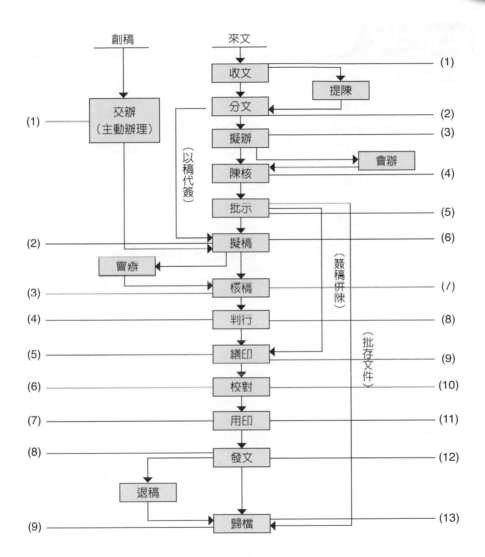

圖13-1　公文流程圖

資料來源：行政院秘書處《公文處理手冊》。

問題與討論

1.哪些是行政人員應具備的專業素養？

2.行政人員工作範圍包括哪些？

3.行政人員應具備的基本技能包括哪些？

參考書目

吳成豐（2005），《企業倫理的實踐》，台北縣：前程文化。

孫效智（2001），〈與他者的關係——倫理學導論〉,《哲學概論》，台北市：五南。

陳彥博（2007），《執行力》，台北：久佑達文化事業有限公司。

黃培鈺（2004），《企業倫理學——企業倫理研究與教育》，台北縣：新文京。

曾華源、胡慧嫈、李仰慈、郭世豐（2006），《社會工作專業價值與理論概論》，台北：洪葉文化。

鄔昆如（1996），〈倫理學是什麼——基本概念〉，《哲學與文化》，23卷7期，頁1748-1763。

鄔昆如（1996），〈倫理學的各種學說〉，《哲學與文化》，23卷10期，頁3044-3055。

歐陽明（2006），〈淺淡如何提升管理者的執行力〉，http://fjt.51big5.com/gate/big5/www.wzjt.gov.cn/wzjtdz/200603/gzyj/06112412254403562.htm，2008年7月檢索。

Bandman, E. & Badman, B. (2002), *Nursing Ethics: Through the Life Span*. New Jersey: Pearson Education, Inc.

Chadwick, R. F. (1994), *Ethics and the Professions*. Vermont: Avebury Series in Philosophy.

Davis, M. (2002), *Profession, Code and Ethics*. Illinois: Ashgate Studies in Applied Ethics.

Hugman, R. (2005), *New Approaches in Ethics for the Caring Professions*. New York: Palgrave MacMillan.

Jones, W. T., Songtag, F., Beckner, M. O. & Fogelin, R. J. (1977), *Approaches to Ethics*. New York: McGraw-Hill.

Loewenberg, F. M., Dolgoff, G. & Garrington, D. (2000), *Ethical Decisions for Social Work Practice*. Illinois: F. E. Peacock Publishers, Inc.

Parsons, R. D. (2001), *The Ethics of Professional Practice*. Massachusetts: A Pearson

Education Company.

Tepper, L. M. & Cassidy, T. M.(2004), *Multidisciplinary Perspectives on Aging*. New
York: Springer Publishing Company.

老人服務叢書 2

老人服務事業概論

作　　　者／陳年、林伯岡、羅保羅、簡鴻儒、蔡芳文、盧昱樺、
　　　　　　簡慧雯、王素琴、謝於真、李佳儒、林清隆、陳永
　　　　　　德、黃久秦、黃鎮墻、徐慶發、胡舒雯、蔡靜枝、
　　　　　　陳美琴
出 版 者／威仕曼文化事業股份有限公司
發 行 人／葉忠賢
總 編 輯／閻富萍
地　　　址／台北縣深坑鄉北深路三段 260 號 8 樓
電　　　話／(02)8662-6826
傳　　　真／(02)2664-7633
網　　　址／http://www.ycrc.com.tw
　E-mail ／service@ycrc.com.tw
印　　　刷／鼎易印刷事業股份有限公司
　ISBN ／978-986-84317-3-7
初版四刷／2012 年 9 月
定　　　價／新台幣 500 元

國家圖書館出版品預行編目資料

老人服務事業概論 = Introduction to senior
services / 陳年等著. -- 初版. -- 臺北縣深
坑鄉：威仕曼文化, 2008.12
　　面：　公分（老人服務叢書：2）

ISBN 978-986-84317-3-7 (平裝)

1.老人福利　2.老人養護

544.85　　　　　　　　　　　　97020754